아무리 크고 험하다 한들

아무리 크고 험하다 한들

아무리 크고 험하다 한들

지은이 | 강덕기

1판 1쇄 인쇄 | 2009. 11. 8
1판 1쇄 발행 | 2009. 11. 12

펴낸곳 | 예·지
펴낸이 | 김종욱
책임편집 | 황경주

경기도 고양시 일산동구 장항2동 751번지
전화 | 031-900-8061(마케팅), 8060(편집)　팩스 | 031-900-8062
등록번호 | 제1-2893호·등록일자 | 2001. 7. 23

표지 디자인·마야 | 편집디자인·신성기획 | 분판 출력·경운프린테크
종이·화인페이퍼 | 인쇄 제본·서정문화인쇄사

ⓒ KANG, DEOCK-KI
Published by Wisdom Publishing, Co.
Printed in Korea.

ISBN 978-89-89797-67-8 03040

예 지의 책은 오늘보다 나은 내일을 위한 선택입니다.

서울을 가슴에 품으며

서울 개혁 40년

내가 강 시장을 처음 만난 것은 1997년 6월의 그믐께입니다. 서울시라고 하는 거대한 조직을 책임지는 민선 1기의 시장으로 당선되어 임기 시작일 3일을 앞둔 날, 삼풍백화점이 무너지는 사고가 있었고, 이때 강 시장은 부시장으로 있었습니다. 본인도 6월 말일이 되면 전임시장과 함께 시청을 떠나야 할 처지에 있으면서도 삼풍 사고의 수습과 전임시장의 이임, 그리고 새 시장의 부임 등 실로 이질적이면서도 다양하며 산더미같이 밀려오는 이재민의 애원을 업무의 완급과 경중에 따라 선후를 가리면서 조리 정연하게 처리하는 자세는 가히 발군의 능력을 과시하고도 남음이 있었습니다.

이번에 강 시장이 파란만장의 서울시에 근무하는 동안, 닥쳐 올 일들을 예측하면서, 현실적으로 부닥치고 처리한 일들 가운데, 수도 서울의 혁신을 도모한 용기와 시련들을 정리하여 공직생활을 회고하는 수상록을 『아무리 크고 험하다 한들』이라는 제목으로 발간하는 것은, 본인으로서는 필사즉생(必死則生)의 신념으로 업무에 임했고, 국가적으로는 나라의 발전과 변혁에 도전해 오는 저항과 난제들을 정면으로 돌파한 지혜와 용기 있는 결단들의 집대성이 될 것입니다. 이 책이 사회적으로는 적나라한 진실을 알리고, 후진들에게는 난해한 일들을 해결하는 훌륭한 길잡이가 될 것으로 믿어서 참으로 기쁜 마음으로 축하의 뜻을 전하는 것입니다.

수백 수천의 민원인을 만나 정의로 설득하여 비굴하지 아니하였고, 업무를 완수하기 위해 상사들이 제지하는 일임에도 굴하지 아니한 강인한 의지는 사회 발전의 초석을 다졌고, 국가와 국민을 위해 새로운 제도의 도입을 주창한 설득력은 드디어 우리 사회의 기본법인 민법을 고치게 하였으니 가히 공직자의 수범이라 할 것입니다.

맹자(孟子)는 이해(利害)를 떠나 인의(仁義)를 말씀하시면서, 인은 사람의 마음이고 의는 사람이 가야 할 길이라고 가르치셨습니다. 천하의 정위(正位)에 서서 대도(大道)를 행하되 뜻을 얻으면 국민과 더불어 이를 따르고, 뜻을 얻지 못하면 홀로 그 길을 간다. 인을 위해서 마음을 수련하고, 예(禮)를 위해서 몸을 닦고, 의를 위해서 자각(自覺)이 투철해야 한다고 하셨습니다. 우리는 이런 사람을 본보기로 해야 할 것 같습니다.

강 시장은 자신의 떳떳한 삶을 위해 나의 만류에도 무릅쓰고 서울시의 부시장을 떠났었고, 나는 시민의 안녕과 시정의 안정을 위해 다시 부시장으로 초빙한 인연도 있습니다.

재삼 수상록 발간을 축하드립니다.

2009년 10월 그믐에

조 순

열정으로 키운 '서울 나무'

1994년, 나는 그때 여섯 번째 시집 『서울의 새벽』을 펴냈습니다. 그리고 '서울'에 빠져 있던 그는 그 책을 여러 곳으로 띄웠습니다. 빠르고 정확하며, 따뜻하면서도 힘 있는 모습이었습니다. 이번에 수상집을 펴낸다는 소식을 듣고 반가운 마음이 컸던 것은 그때의 고마움이 되살아났기 때문일 것입니다.

수상집 속에는 서울의 역사가 살아 숨을 쉽니다. 찬바람 부는 서울의 골목길에 그가 걸어가고, 하늘로 솟아오르는 건설의 현장에 그가 서 있습니다. 책상에 앉아 계획안에 몰두하던 그는 어느 틈에 달려가 어려운 서민의 곁에, 땅 속 지하철 현장에 있습니다. 와우산 시민아파트, 세운상가, 삼풍백화점, 난지도… 그리고 올림픽과 월드컵의 성공을 위해 땀 흘리는 그를 볼 수 있습니다. 그가 가는 곳에서 '서울 발전 40년'의 역사가 새롭게 써집니다.

그는 두려움 없이 서울의 미래를 열었습니다. 길 없는 곳에 길을 내며 서울의 하늘 아래 그의 웅지를 펼쳤습니다. 그가 성공적으로 임기를 마칠 수 있었던 것은 무엇보다 사사로운 마음이 없었기 때문입니다. 언제나 갈데없는 사람의 어려운 사정을 헤아리고, 부당함을 호소하는 시민의 편에 서서 생각했습니다. 아무리 어려운 일이 닥쳐와도 내 고장, 내 나라의 앞날을 내다보고 행동했습니다. 여러 갈래의 길 위에 서 있었지만, 결국 그가 간 길은 언제나 한 길이었습니다. 그 길을 걷게 한 변함없는 열정은 그의 사람에 대한 애정에서 비롯됩니다. 나는 서울의 곳곳에 그의 사랑이 살아 숨 쉬고 있음을 봅니다.

수상집 원고를 대하면서, 그 바쁜 가운데 이토록 방대한 양의 기록을 남길 수 있었다는 사실에 놀라움을 금치 못했습니다. 이 책의 간행으로 그의 행보가 또 한 획을 그었습니다. 이제 그의 발길이 어디로 향할지는 아무도 모릅니다. 그러나 나는 그가 가는 곳에 늘 열정과 희망의 씨앗이 뿌려질 것을 의심하지 않습니다.

수상집 발간을 진심으로 축하드립니다.

2009년 10월

'문학의 집 · 서울' 이사장

김후란

서울을 가슴에 품고

돌이켜 보니 세월은 허망하게 흘러, 지난 일들이 자주 머리를 스친다. 6·25 이후 어지럽던 시기에 서울시에 몸담으면서 3·15와 4·19, 5·16을 거치는 동안 서울시의 역사와 함께해 왔다. 그 혼란의 시기, 밀려오는 시민의 욕구는 거대한 파도와 같고 해야 할 일들은 태산처럼 쌓여만 갔다. 나라가 온통 이러했으니 수도 서울의 일이야 오죽했으랴.

전쟁의 참화와 잿더미 속에서 세계 10대 선진국으로 도약해 온 기간이 불과 40년, 그동안 국가 발전의 중심부인 수도행정의 일익을 맡았던 사람으로서 세계인이 칭송하는 '한강의 기적'은 과연 우연이었을까 하는 생각을 해본다. 우리는 다행히도 국가의 근대화를 제창한 지도자를 만났고, '잘 살아 보세' 기치 아래 국민이 단결하고, 공직자는 충성스럽게 봉직해 왔던 것이다. 오늘의 서울은 이 시기를 밑거름으로 성장해 왔다.

당시 서울은 경향 각지에서 몰려드는 사람을 모두 받아들여야 했다. 부족한 식량난을 해결하고 모자라는 주택을 지으며 수돗물을 증산·공급하는 한편, 생업을 위해 출퇴근하는 시민의 교통난을 해결해 서민생활을 안정시켜야 했다.

시청은 24시간 불이 꺼지지 않았고 직원들은 공휴일과 휴가를 반납했다. 농수산물 도매시장을 만들어 공급을 원활하게 함으로써 가격의 안정을 도모하고, 주택을 고층 아파트로 유도했으며, 수도시설의 확장과 수질의 개선으로 시민의 건강을 도모했다. 지하철 건설로 대량, 신속, 정확한 교통수단을 확대했으며 올림픽과 월드컵대회를 성공적으로 치르기 위해 시설과 기초를 다지는 등 참으로 많은 일을 했다. 짧은 기간에 많은 일을 하다 보니 시행착오도 있었다.

그러나 닥쳐오는 일들이 아무리 크고 험하다 한들 태산준령은 넘어 갔고, 험한 파도는 건너왔다. 찾아오신 민원인에게는 나라가 처한 현실을 바탕으로 장래를 내다보기를 정의로 설득하여 기피하지 않았으며, 생사의 갈림길에서는 내 일신의 편의를 버리고 시민의 이익을 위해 결단했고, 혹시 있을 수도 있는 실수에 대비해서는 언제라도 자리에서 물러날 각오로 공무에 임했다. 마음을 수련하고 몸을 닦으며 매사에 자각이 투철하기를 가훈으로 배워 왔으나, 부족하여 생각대로 이루지 못한 것을 뉘우치기 한두 번이었던가. 하지만 "기회를 얻으면 국민과 더불어 뜻을 펴고, 기회를 얻지 못하면 홀로 그 길을 간다."는 맹자의 말씀을 늘 새롭게 새겨, 큰일 앞에서 마음의 평정을 찾았다.

어느 누가 지나온 세월에 대한 추억과 감회가 없으랴만 졸저를

대하는 여러분께서 넓은 아량으로 정을 베풀어 주시길 감히 바란
다. 아울러 후진들이 사회와 시민을 위하는 길에 이 책의 한 부분
이라도 참고삼을 수 있다면 더없는 영광으로 알 것이다.

책을 상재하는 과정에서, 출판의 역경을 맡아주신 신일학원의
이세웅 이사장님과 예지출판사 김종욱 사장님께 감사드리며, 수상
집이 모양을 갖추도록 도움 말씀을 주신 문학의 집 김후란 이사장
님께 감사의 인사를 드린다. 또한 원고를 정리해준 유진미 양, 자
문과 격려를 아끼지 않은 '21세기 도시정책개발원'의 벗님들께도
감사드린다.

2009년 10월 한가위

구룡산 자락 우거에서

강덕기

 예산 관리의 체계화　　　　87

 지하철 시대를 열다　　　　109

chapter 1

서울을 향하여

아무리
크고
험하다 한들

동구 밖 나들이

　가을 햇살 따사로운 아침나절, 여섯 살 철부지는 마냥 즐겁다. 부모님 손을 잡고 나선 오늘은 세상이 온통 내 것만 같다. 태어나 처음으로 동리를 벗어나건만, 어디로 가는지는 아이의 관심 밖이다. 눈앞에 보이는 세상이 아름답기만 하다.

　시원한 가을바람이 이마를 스친다. 내리쬐는 햇볕이 점차 따가워진다. 황금빛 들판, 논 가장자리로 흐르는 수로의 물이 맑아 한 길이나 되는 바닥이 들여다보인다. 파란 하늘이 점점이 떠 있는 구름과 함께 가라앉아 있는 위로 물고기도 신이 난 듯 몰려다니며 힘차게 헤엄쳐 오르내린다.

　동구 밖을 벗어나 자그마한 마을 두어 군데를 지난다. 눈앞이 환히 트이는 곳에 다다르자 넓고 깊은 물줄기가 앞을 가로막는다. 덕천강(德川江), 강 건너 저 산자락 밑에는 무엇이 있을까. 아이의 가슴이 설렘으로 두근거린다. 행인을 본 나룻배가 건너편에서 천천히 다가온다. 처음 타 보는 나룻배, 두렵고 신기했으나 부모님을 올려다보는 사내아이의 눈에 기쁨이 가득하다.

　들길 물길 지나고 산길을 따라 반나절 걸어 도착한 곳은 기와지붕이 새까만 낯선 집. 흰색 정결한 옷을 입은 사람들이 모였는데 여자들은 음식을 들고 종종걸음이고, 남자들은 이사람 저사람 찾아다니며 인사를 나눈다. 아이는 또래들과 어울려 어제오늘 같이 놀던 사이인 듯 들판을 누빈다.

시간이 얼마나 지났을까. 이제 막 동산도, 안산도, 서산도 모두 황갈색 물감으로 단장하는 산촌의 풍광은 그림같이 아름다웠다. 유난히 밝고 강렬한 가을 햇살이 청룡등 매봉산의 서쪽 비탈을 비스듬히 비출 무렵 해가 기울었다. 오랜만에 만난 친지며 벗들이 잔칫상 마주하고 막걸리 잔 나누며 흥거웠던 시간도 지나가고, 손님들도 거나한 뒷모습을 보이며 제각기 집으로 돌아갔다. 청신한 가을바람이 너른 마당을 감돌아 잔치를 마친 집안이 유난히 조용해진다.

그 무렵, 아이도 부모님을 따라 아침에 왔던 길을 되짚어간다. 서쪽 하늘엔 뭉게구름이 황금빛을 피워 올려 어둠을 쫓고 있었다. 얼마 지나지 않아 땅거미가 내리고 사위가 어두컴컴해지는 속에 억새가 하얗게 빛을 발했다. 아직까지 보금자리에 들지 않은 산새는 갈 길을 안내하듯 앞뒤로 날고, 풀숲엔 풀벌레 소리가 가득했다. 이제 산길의 돌멩이는 발끝에 채이기 일쑤여서 그 부딪는 소리가 산길의 적막을 깬다.

한참을 걷다 보니 들판너머 초가집 굴뚝으로 새털구름 같은 저녁연기가 희미하게 퍼져나간다. 동리가 가까워진 것이다. 덕천강 물길 위로 수천 개의 별이 빛나고 있다. 어둠 속에서 들길을 더듬으며 몇 개의 마을을 지난다. 별빛은 이제 밤하늘을 밝힌다. 지나는 집집마다 개 짖는 소리 요란한 가운데 문틈으로 새어나오는 등잔 불빛을 이정표 삼아 집에 당도했다. 황토재에서 밀려, 진주땅으로 쫓기던 동학군이 마지막으로 관군에 전멸을 당한 하동(河東)땅

고승산성을 넘어, 30리 길을 걸어 외가에 다녀온 것이다.

어머니는 집에 도착하자마자 석유 불을 켜고 저녁상을 보았다. 그러나 드나드는 사람마다 바삐 움직이며 떡이랑 술, 갖가지 음식이 놓인 큰 상을 장정들이 들어 나르던 잔칫집 풍경이 눈앞에 어른거려 아이는 좀처럼 기분이 나질 않았다. 외가는 커다란 기와집이었다. 크고 둥근 나무 기둥이 앞줄만 하더라도 여섯이요 옆에는 같은 크기의 기둥이 넷이나 되는데다, 방문은 두 짝씩 달린 큰 빗살문의 여닫이였으며 커다란 경첩이 위아래뿐 아니라 중간에도 있어 보기 좋았다. 은연중에 자랑스러운 마음이 들면서도 한편으로는 비교하게 되는 것이었다. 그러나 시골길 30리를 급하게 걸어오느라 고단했던 아이는 이내 잠들고 말았다. 내일 아침 해가 뜨면 곧장 동네아이들과 어울려 풀숲을 헤치고, 밤이 되면 피곤이 몰려와 골아떨어질 것이었다. 하루해가 짧은 철부지 시절이었다.

부산 시절

고등학교 친구들이 한참 서울로 가겠다고 법석을 떨 때 나 또한 그런 생각으로 서울에 있는 모 대학에 입시 원서를 제출하고 돌아왔던 어느 토요일, 서울 갈 여비를 주십사 아버님께 말씀드렸다. 그러나 아버님께서는 어머니와 형님 두 분을 비롯한 8남매를 불러 앉히시고는 옛날 중국 춘추전국시대 위인들의 예를 드시면서, 대학 진학의 방향을 교육비가 비교적 적게 드는 부산으로 바꾸는 것이 어떻겠느냐고 말씀하셨다. 부모님으로서는 다섯 동생들의 학비도 생각하셔야 할 터였다. 나는 그 말씀에 따르기로 했다. 부모님이 마음 상해 하실까봐 입 밖에 내어 말은 하지 않았지만, 생에 대한 오기와 결의 같은 것이 마음속 깊은 곳에 자리 잡은 것은 그때부터가 아니었을까.

부산으로 가는 버스는 언제나 만원이었다. 진주의 정류장에서 비봉산과 남강을 굽이굽이 돌아 나와 국도를 따라 달리면 부산진역 앞 시외버스 정류장까지 7시간이 걸렸다. 자동차도 힘이 없어 작은 언덕길도 혼신의 힘을 다해야 겨우 오를 수 있었으며 조금이라도 실수하면 길가의 개울에 틀어박혀 수십 명이 부상당하기 일쑤였던 시절이었다.

부산까지 가는 길은 평탄치 않았다. 남강을 건너는 진주다리는 6·25 전쟁 통에 한가운데의 다릿발 두어 경간이 부러져 임시방편 삼아 나무로 만들어 놓은 가교였다. 또 진주에서 마산으로 가는 길에 제법 큰 고개가 있는데 6·25 당시 전선이 형성되었던 곳이다. 대부분의 전선이 낙동강에 형성되어 있었으나, 특이하게 남해 바다에서 이곳까지 전선이 그어졌다. 산과 고개가 이어져 지형이 제법 험했기 때문에 전쟁의 방어선이 되었던 곳이다. 그 전선에 속했던 진동고개에 도로가 나 있었는데 국도라고 하나 옛날에 만들어진 도로여서 버스가 이 고개를 넘으려면 몇 번이고 한숨을 쉬어야 하는 길이었다.

부산에 일가친척이 한두 사람 있기는 했으나 반갑게 찾아갈 곳

은 달리 없었다. 덜컹거리는 버스에 좌석이 없어 앉지도 못한 채
책을 싼 보따리를 들고 차창 밖을 내다보노라면, 머릿속에 온갖 생
각이 교차했다.

부산에서 하숙을 시작하고 보니 하숙비를 내고 나면 교통비도
남지 않았다. 부모님께서는 빠듯한 살림에 보내주는 귀한 돈이었
으나 객지생활을 하는 나로서는 턱없이 부족한 돈이기도 했다. 할
수 없이 한동안은 김해읍에서 교편생활을 하던 형님 댁에서 다녔
다. 그러나 김해에서 대신동에 있는 학교까지는 무려 3시간이 걸렸
다. 하루에 왕복 6시간을 빼고 나면 공부할 시간이 턱없이 부족했
다. 그러던 어느 날, 우연히 길에서 형의 친구인 조경호 형을 만나
게 되었다. 혼자 자취하면서 직장생활을 하던 경호 형은 내 딱한
사정을 듣더니 나만 좋으면 자기 방에서 같이 생활해도 괜찮다고
했다.

부산에서의 자취생활이 그렇게 시작되었다. 경호 형의 자취방으
로 짐을 옮긴 후, 나는 하루하루가 즐거웠다. 학교도 가깝고 마음
도 편하여 수업이 끝나면 하루 종일 도서관에 있을 수 있어서 나는
그저 행복하기만 했다. 부모님께서 하숙비로 주시는 돈은 받는 즉
시 서점으로 달려가 읽고 싶은 책을 10여 권씩 사고도 천원 가까이
남아 그 돈으로 한 달을 살 수 있었다.

작은 계곡 양쪽으로 게딱지 같은 집들이 다닥다닥 붙어 있는 그
동네는 구덕산 계곡에서 흐르는 물소리가 언제나 세찼다. 그다지
정취 있는 동네는 아니었으나 집집마다 콩나물을 기르고, 언덕 비
탈에는 빨래하는 아낙들이 하루 종일 오가는 활기찬 동네였다.

그러나 그런 즐거움도 오래가지는 못했다. 경호 형이 다른 곳으로 거처를 옮기게 된 데다 집주인이 집이 비좁다며 방을 빼줄 것을 요구했다. 다른 곳에 세를 얻어갈 형편이 안되는 나는 3장짜리 다다미방에 6명의 친구들이 생활하는 비좁은 공동 자취방으로 이사를 했다. 그래도 마음만은 편했다.

국제시장 뒷골목에서 산 신발은 바닥이 닳아 양말에 흙이 묻을 때까지 신고 다녔고, 와이셔츠 한 장으로 여름부터 겨울방학이 될 때까지 입고 다녔어도 언제나 책만은 넉넉하게 사서 읽는 즐거움을 맛보았다. 지금 돌아보면 아마도 젊었기에 모든 것에 당당할 수 있지 않았을까 싶다.

이렇게 살다보니 부산에 대한 매력을 느끼지 못했던 것일까. 서울에서 생활 터전을 잡고 살다보니 지역적 한계도 있어서 2005년에야 처음으로 모교를 방문하는 기회를 가질 수 있었다. 대학을 빛낸 동문으로 선정되어 수상의 영광된 자리에 참석하기 위하여 찾아간 대학은 잊혔던 옛날을 더듬어보기에 부족함이 없었다.

부산항이 내려다보이는 초량 언덕으로 자취방을 옮긴 후부터는 이제 초량에서 대신동까지 산을 넘어 다녀야 했다. 그러나 저녁마다 항구의 뱃머리에 비치는 찬란한 전등불이며 이따금 들려오는 뱃고동 소리가 힘든 부산 생활에 힘이 되어 주기도 했다. 그것들은 벗들이 송도나 태종대, 범어사나 통도사에 놀러갔던 얘기를 할 때마다 슬그머니 그 자리를 떠야 했던 쓸쓸함, 그 외에도 씁쓸하게 떠오르는 여러 가지 기억을 지우고 나의 미래를 그려보게 하였고, 포기해야만 했던 서울 생활을 생각하게 했다.

돌이켜보면 어려웠던 시절은 나를 한층 성숙하게 했다. 그 시기를 통해 나는 보다 넓은 세상을 향해 꿈을 키울 수 있었다.

미련을 결의로

어린 마음에 자리 잡았던 막연한 동경은 자그마한 현실로 표출되기도 했다. 서울로 가서 공부하고 싶었으나 그나마 대학에 진학하는 것만으로도 만족해야 했던 나는 그 한을 고등학교 친구들을 통해 풀어보려 했던가 보다. 그러다 보니 서울 간 친구로부터 오는 편지가 퍽 기다려졌다. 한데 그 사연보다는 편지에 담긴 서울의 지명, 청량리 퇴계원 동구릉 서오릉 수색 뚝섬… 그 모든 어휘가 왜 그렇게도 내 마음을 사로잡던지, 참으로 이해하기 어려운 노릇이었다.

굳이 쟁취해야 할 일이라면 4년 뒤 남부럽지 않은 직장을 마련해 그곳에서 희망찬 인생을 시작하면 될 것이 아닌가. 마음속에 그렇게 결론짓고 그때부터 나는 행동에 옮겼다. 당시 내 머릿속에는 고시 과목이 가장 중요시되는 학문이라는 생각이 가득했다. 눈앞에 육법전서가 어른거렸다. 책방에 가면 자연스레 고시와 관련된 신간만 눈에 띄었다.

대학에서는 훌륭한 교수님들이 그래도 따뜻하게 대해 주셨지만, 그 가운데서도 헌법을 강의하시던 문홍주 학장님을 자주 찾아가

학문에 관한 의견을 나누기도 했기에 자연히 나는 헌법에 보다 관심을 갖게 되었다. 그러다 보니 대학 졸업 논문의 제목 또한 〈우리 헌법에 비추인 인권 보장 정신을 구명함〉이었다. 단순한 법 규정만이 법의 전부가 아니듯이, 헌법에서 국가의 형성과 국체(國體) 및 정체(政體)를 탐구하려 하니 정치학 분야를 개괄해 보지 않을 수가 없었고 헌법 제정의 논의(論議) 과정도 더듬어 봐야 했다. 법이란 무엇인가 하는 의문의 해답을 얻고자 법철학에 관한 여러 가지 책도 읽었다. 특히 나의 사고 영역에 영향을 끼친 책은 '루돌프 V. 예링'이 저술한 『권리를 위한 투쟁』이었다.

그 당시 부산에서의 한 달 하숙비는 4천 원이었다. 보고 싶은 책들은 보통 300원 안팎이어서 대청동 뒷골목의 싼 책방을 들르더라도 한 달에 10여 권의 책을 사고 나면 남는 돈은 7, 8백 원 밖에 되지 않았다. 신발이며 옷가지는 엄두도 낼 수 없는 형편이었다. 12월 10일경 시작되는 겨울방학까지 여름 셔츠를 입고 다닌 사람은 아마 나밖에 없었을 것이다.

그렇게 4년이 흘렀다. 졸업을 하게 되었어도 정 붙여 찾아갈 곳은 한 군데도 없었다. 어느 날 용기를 내어 문홍주 학장님을 찾아갔다. 학장님께 취직 부탁을 드렸더니 곧바로 학장실로 출근을 하라고 말씀하셨다. 그러나 한편 생각해 보니, 부산에 머물러 있으면 그 나름대로 생활비가 들 뿐 아니라 대학 4년간 꿈꾸었던 '떳떳한 사회인'의 길에서 멀어질 것만 같았다. 결국 나는 학장님 연구실에 머물지 못하고 고향집으로 돌아오고 말았다.

서울로, 서울로

1959년 여름은 유난히 더웠다. 고시는 언제나 삼복더위가 기승을 부리는 8월 중순에 있었다. 1950년대와 60년대 초만 해도 우리나라에는 이렇다 할 직장이 많지 않아 취직이 어려웠다. 그렇기 때문에 직장에 다닌다고 하면 엄청난 벼슬이나 한 것처럼 여겨져 화제의 중심에 올랐다. 나 같은 농촌 출신들이 농업이나 어업과 같은 전래의 직업에서 벗어나기 위해서는 국가에서 시행하는 고시에 매달리는 수밖에 없었다.

고향으로 돌아온 후 나름대로 준비는 했으나 전망은 미지수였다. 졸업한 지도 어느새 반년이 흘러갔다. 보다 넓은 세상으로 나가 보고 싶은 생각은 깊어져만 갔다. 뜻을 이룰 수 있는 방법은 시험을 쳐서 직장을 구하는 수밖에 없다고 생각했다. 시험만 있으면 어느 곳이든 응시할 수 있는 갖가지 서류를 10여 통 작성하여, 진주역에서 좌석도 없는 완행열차를 탔다. 다음날 아침 서울역에 도착하니 기차를 탄 시간만 13시간, 밤새도록 더위에 시달린 데다 열차의 석탄가루까지 내려앉은 내 몰골은 보지 않아도 짐작이 되는 모습이었다.

목표했던 시험은 3일 뒤였으나 아침신문을 보니 서울시에서 채용하는 지방공무원 시험 공고가 나 있었다. 지원서를 넣고 그 다음날 시험을 쳤다. 계획했던 시험 기간 3일은 사촌누님 집에 머물렀다. 그러나 시험이 끝나고 나니 할 일 없이 누님 집에 붙어 있기가 미안했다. 마침 서울에서 하숙을 하는 이종형이 있어 찾아갔더니 반갑게 맞아 주었다. 형님과 함께 보름을 지냈다. 점차 여비도 동이 나고 형님한테 눈치도 보여 다시 고향으로 내려가야 될 지경에 이르렀다. 마침 그때, 누님으로부터 서울시에서 보낸 등기우편물이 도착했으니 가져가라는 연락이 왔다. 행여나 서울 시청의 공무원 시험 합격 통지가 아닌가 하여 즉시 달려갔다. 예상대로 그렇게 기다리던 합격 통지서였다. 통지서에는 9월 28일부터 나와서 교육을 받으라는 내용이 적혀 있었다.

그로부터 며칠 뒤, 서울 시청의 대회의실에서 나를 포함한 150명이 5일간의 교육을 받았다. 교육이 끝나는 날, 나는 종로구청 징수과에서 임시 서기로 근무하라는 발령장을 받았다. 발령 날짜는 10월 6일.

종로 구청의 임시 서기 생활은 내게 살맛나는 기간이었다. 직종이나 직급에는 아무런 관심이 없었다. 먼저 실업자라는 이름을 벗어버릴 수가 있어 좋았고, 같은 처지의 친구들과 어울릴 수 있어서 좋았다. 또 한 가지 내게 더욱 의미 있는 것은 대학 진학시 서울로 오지 못한 울분을 해소할 수 있다는 점이었다. 부산이나 고향에 머물러 있었다면 최상급의 근무처가 경남 도청이었을 것인데, 그에 비하면 서울 시청은 훨씬 낫지 않은가. 공부하기 위해 그토록 오고 싶어 했던 곳, 나의 서울 생활은 이렇게 시작되었다.

내게 부여된 업무는 세금을 징수하는 일이었다. 처음에는 사무실에서 체납자 명부를 만들고 체납 세금의 고지서를 작성하는 일을 맡았다. 그러나 일주일도 안 돼 그 일은 끝이 났고, 10월 중순부터는 체납자의 집을 가가호호 방문해 세금을 받는 징세 현장으로 나가게 되었다.

내가 담당한 곳은 인왕산 기슭의 옥인, 통인동과 누상, 누하동이었다. 당시 인사동에 있던 종로구청에서 광화문 네거리와 세종로를 지나 담당한 구역까지 가노라면, 가끔 눈발이 날리는 날씨에 광화문 앞 세종로 녹지대에서 장끼가 멋진 자태로 날개를 퍼덕이며 날아올랐다. 소리를 내지르며 인왕산으로 날아가는 모습이 아름다워 산촌에서 자란 젊은 마음은 때때로 향수에 젖어들었다.

세금을 받는 일은 확실히 쉬운 일은 아니었다. 세금을 내지 못했을 때에는 말 못할 그만한 사유가 있기 마련이었다. 나는 우선 납세자의 입장에서 납세의무 이행 여부를 생각해 보기로 하고, 그날 징수하지 못하면 두 번 세 번을 찾아가리라 마음먹고 있었으므로 내 징수성적은 비교적 좋았으며, 마음속에 크게 갈등을 일으킬 만한 일도 벌어지지 않았다.

chapter 2

초년생

아무리
크고
험하다 한들

통인동 친구집

시청의 대회의실에서 150명이 5일간의 교육을 받았다. 그런데 당시 제5회 지방공무원 채용시험을 거쳐 합격한 사람은 32명으로 알고 있는데 그 숫자가 다른 것은 어찌된 것인지 알 수가 없었다. 어찌되었든 교육을 마친 후 종로구청에 배치된 사람은 모두 13, 4명이었다. 그 가운데서도 세금을 받는 징수과에 근무하게 된 사람은 9명으로 기억된다.

이들 9명 가운데서도 비교적 자주 만나 커피도 한 잔씩 하면서 즐거운 일, 고민스러운 일을 나눈 벗은 박훈배와 신팔용이었다. 박 군은 서울 상대 출신으로 재학시에는 학생회장은 물론 전국 총학생회장의 일도 맡아 보던 친구였다. 키는 180cm가 훨씬 넘고 체중도 100kg에 가까웠다. 한강에 홍수가 나면 광나루 물가에서 시작해 그 거센 물살을 이기고 세 번이나 강을 헤엄쳐 건너는 완력을 가진, 건장하면서도 의기가 몸에 밴 지식인이었다. 또한 신 군은 시청에 입사하기 전 해군 법무장교를 지낸 서울 법대 출신으로 훗날 이름을 신현석으로 개명하고 마포구청장을 역임했다. 둘 다 모두 나보다는 학번이 2, 3년 앞서는 벗이었다. 우리가 만나서 나눈 얘기의 대부분은 당시 구직의 어려움, 그나마 세금을 받으러 다니는 것도 사회가 우리를 필요로 하는 것이니 우리 일에 자긍심을 가져야 한다는 것 등이었다. 우리들은 자기가 맡은 일에 대해 아마도 다른 사람보다 더욱 열심히 했을 것이다.

하루는 오후에 일과가 끝나고, 우리 세 사람이 청진동의 해장국 집에 모여 막걸리 한 잔씩을 나누는데, 박 군의 코에서 피가 쏟아졌다. 별로 하는 일없이 세월을 보내던 사람이 하루에도 수십 km씩, 반갑지도 않은 세금 받는 일로 바삐 걸어야 하니 몹시 피곤했던 모양이다. 그리고 2, 3일이 지나니 신 군도 코피를 흘렸다. 두 사람은 내게 괜찮으냐고 안부를 물었다. 그러면서 박 군이 하는 말이 "강 군의 징세 구역이 옥인동, 통인동 일대이니 통인동의 이 집에 가서 점심 도시락도 먹고, 밥이 차가우면 더운 물을 달래서 먹으면 훨씬 나을 것이다. 또 피곤할 때는 잠시 쉬어가겠다고 하면 방을 내줄 터이니 얼마든지 이용하라."고 하면서 주소를 적어 주었다. 내가 박 군에게 그곳이 여관이냐, 또는 누구와 인연이 있는 곳이냐고 물었지만 대답이 없었다. 며칠 뒤, 그가 다시 "왜 전후 사정을 모두 얘기해 두었는데 가서 쉬지 않느냐?" 하며 책망어린 독촉을 했다.

당시는 자유당 정권 말기였으나 공직 기강 확립 차원에서 꼭 도시락을 지참하게 했다. 도시락을 가져오지 않으면 사무실에 들어오지도 못하게 하던 시절이었다. 10월의 차가운 날씨 속에 인왕산 비탈에서 낙엽을 깔고 앉아 도시락을 먹노라면 싸늘한 밥알이 꼭 얼음을 씹는 기분이었다. 박 군이 그런 나를 동병상련의 기분으로 배려하는 줄 충분히 알고 있던 터라 나는 그 집을 꼭 찾아가 보리라 마음먹었다. 다음날 오후 2시경에 그 집을 찾아갔다. 집은 자그마하여 대지가 30여 평에 건물이 20평도 채 되지 않는 한옥이었다.

내가 들어서자 아래위로 하얀 무명옷을 입은, 오십은 조금 넘어 보이는 아주머니 한 분이 반갑게 맞으면서 "며칠 전에 오리라 생각했는데 어째 이리 늦었느냐."고 했다.

나는 하도 고맙고 반가워 "종로구청에 있는 박 형이 몇 번이고 찾아보라고 해서 이렇게 왔습니다만 도대체 아주머니는 누구시며, 이 집은 박 형과 어떤 관계가 있는 것입니까?" 물었다. 그랬더니 아주머니는 "내가 박 군의 어머니"라고 말씀하시는 것이 아닌가. 또 "건넌방이 훈배가 쓰는 방이니 언제라도 오고, 또 밤에도 같이 지내면서 앞날을 설계해 가면 서로에게 큰 도움이 될 것"이란 말씀도 곁들여 주셨다. 그 순간 나는 '서울 천지에서 이렇게 고마운 분도 계시는구나.' 생각하면서 짧은 사회생활 동안 좋은 친구를 만났다는 기쁨과 함께 사회는 언제나 냉정하고 사술이 판을 치는 곳만이 아니라, 각자가 떳떳하게 생각하고 처신할 때에는 얼마든지 온정이 넘치는 곳이라는 생각을 하게 되었다.

존경과 경멸 그리고 교훈

어느 날, 체납자 명부에 김○○이라는 이름이 보였다. 서울에서 발간되는 유명 일간지의 정치부장이라 시골 출신인 내 눈에도 그 이름은 생소하지 않았다. 그래서 동사무소에 들러 혹 세금을 내지 못할 만큼 가정형편이 어려운지 혹은 특별한 사유가 있는지를 알아보았다. 그러나 특별한 사유는 없었다. 내가 그 집 대문을 두드린 것은 오후 3시경이었다.

대문은 잠기지 않았으나 닫혀 있었고, 마당에서 부인네로 보이는 여자 두 사람이 무슨 일인가를 하고 있기에 다시 한 번 기척을 했다. "누구요?" 하는 말소리가 들려와 나는 "종로구청 징수과에서 김 선생님의 체납세금 관계로 말씀드리려 나왔습니다." 했다. 그런데 내 말이 채 끝나기도 전에 대문 밖까지 들려오는 소리가 "재수가 없으니 세금쟁이가 다 찾아오네. 쓸데없는 소리 마시오!" 였다.

그 순간 우리나라 유명 일간지의 정치부장 집이라면 그래도 인격과 소양이 있을 것이라 생각했던 내 기대는 일시에 무너지고 지금까지 어렵게 공부한 결과가 겨우 이렇게 '세금쟁이'라는 소리를 들으며 문전박대를 당하려고 했단 말인가 하는 자조감에 화가 치밀었다. 나는 바로 대문을 밀치고 들어가 세금 자료가 든 봉투를 그 부인의 무릎 앞에 내동댕이쳤다. "그래 세금쟁이가 당신한테 무엇을, 어떤 행동을 했기에 재수가 없다는 말이요? 그래도 나는 김 선생의 사회적인 지위를 생각해서 최선의 예의를 갖추고자 했건만 당신같이 예의 없는 여자 때문에 사회에 대한 기대마저 무너지니, 당신은 물론 김 선생마저 경멸의 대상으로 보일 뿐이오. 사과를 받지 않고는 이대로 돌아갈 수 없으니 어떻게 할 것이오?" 하고 따져 물었다.

갑작스런 내 행동에 놀랐던지 세금쟁이가 찾아와 재수 없다고 했던 여자는 이내 방으로 숨어들었다. 나는 젊은 울분에 마루까지 단박에 따라 올라갔다. 그러자 함께 있던 여인이 "언니가 잘못했으니 용서해 달라."는 말을 수없이 되뇌는 게 아닌가. 그제야 방 안에 있는 여자 또한 "사람 잘 못 보았으니 용서해 달라."고 했다.

불편한 상황이 아마 30분 정도는 계속되었던 것 같다. 시간이 지나니 나도 평정심을 찾게 되었다. 나는 그 집을 나오기 전에 "내일 이 시간에 다시 올 테니 체납된 세금을 마련해 김 선생님과 함께 있어 주겠는가?" 하고 물었다. 여인은 서슴지 않고 그러겠다고 대답했다. 그리고 다음날, 정확하게 같은 시간에 나는 그 집 대문을 두드렸다. 마당에는 김 선생이 나와 서서, 나를 기다린 듯 웃으며 마루로 올라오기를 정중하게 권하는 것이 아닌가.

"어제는 하도 어이가 없어 부인께 몇 말씀 드리려고 했습니다만, 공무를 집행하는 사람이 마루까지 올라간 것은 죄송하게 됐습니다. 제 업무는 선생님께서 체납한 세금을 받는 것이니 주시면 받고 돌아가겠습니다." 내 말에 김 선생은 "어제 일은 이야기 들었습니다. 오늘 오전에 구청에 가서 세금을 내고 왔으니 지나간 일은 이해해 주십시오."라고 대답했다.

다음날 구청에 출근하니 과장이 나를 데리고 총무과장실로 가는 것이었다. 총무과장이 내게 "김○○ 부장 집에 갔느냐?"고 물으며 "어제 오전에 김 선생이 청장님을 찾아와 사과했으며 세금은 이의 신청을 통해 곧 납부될 것이니 그리 알고 있으라."고 설명해 주었다. 그러면서 "근무 성적에 반영하겠다."는 말도 덧붙였다.

오래 전 일이지만 이 일은 공직자로서 갖추어야 할 기본적인 예의를 생각하게 하고, 업무 처리에 있어서는 사회적 지위 고하를 불문하고 엄정하게 형평성을 지켜야 한다는 생각을 하게 해 준다.

한 번은 이런 일도 있었다. 지금은 부동산 중개업, 공인중개사로 그 이름이 달라졌지만 1959년에는 흔히 복덕방이라 불렀으며, 이 일은 영업이 이루어지는 것에 따라 구청에 면허세를 내야 하는 직종이었다. 면허세가 체납된 복덕방은 인왕산 입구 폭 6m 정도의 길가에 동향으로 있었다. 사무실 크기가 두어 평 남짓한 곳으로 제법 연세가 드신 분이 운영하고 있었다.

첫 대면이라 정중히 인사를 하고 면허세를 납부해 달라 설득했더니 이틀 후 5시경에 찾아오면 반드시 납부하겠다고 약속하신다. 이틀 후, 약속한 시간에 찾아갔다. 그러나 사무실은 닫힌 채 기척이 없었다. 마냥 기다릴 수는 없어 방문 사실을 메모로 남길 생각으로 문을 열려는데 문이 잠겨 있어 시간이 제법 걸렸다. 그런데 인왕산을 넘어가는 햇빛에 비친 주인영감의 모습이 사무실 유리창에 완연히 비치는 게 아닌가. 그는 반대편 담장 아래 서서 내 모습을 물끄러미 지켜보고 있었다.

순간 화가 치밀었다. 그래서 담장 쪽을 돌아보며 목소리를 높였다.

"영감님, 지나가는 개가 영감님 가게를 들여다보면 쫓기 위해서라도 얼른 소리를 지를 것인데, 하물며 약속한 시간에 만나기로 한 사람이 영감님 가게 문을 열려고 애쓰는 것을 보고도 뒤에서 바라만 보고 있으니 도대체 영감님은 연장자의 도리마저 저버리는 파렴치한 아닙니까? 이래서야 어찌 신용을 얘기하고 인정을 주고받는 사회가 마련되겠습니까. 혹시 내 행동이나 말씨에 조금이라도 불쾌하거나 결례되는 일이 있던가요?"

복덕방 영감님은 그제야 미안하게 되었다며 사과를 하고 세금을 내주었다. 나는 그 뒤로도 그 길을 지날 때면 복덕방에 꼭 들러 영감님께 안부 인사를 건넸다.

광활한 영등포

1959년 10월 말일, 난데없이 종로구청에서 임시 서기의 해임 발령이 났다. 징수과장은 2, 3일 안으로 재발령이 날 것이니 기다리라고 한다. 발령도 나지 않은 상태에서 매일 출근하고 있었는데, 박 군이나 신 군을 비롯한 모두는 지방 서기로 임명되었다는 것이다. 그런데 나에게는 아무런 소식이 없었다. 과장에게 다시 물어봐도 모르겠다는 대답뿐이었다. 그래서 어떻게 된 일인가 알아봐 줄 것을 부탁했더니 3일이 지나고 나서 알려주었다. "자네는 시에서 시험을 치고 들어 왔기 때문에 구청에서 발령하는 것이 아니라고 하네. 시청으로 가서 알아봐야 할 것 같네." 곧바로 시청 인사과로 찾아갔다. 출입문 앞 벽에 프린트한 종이가 붙어 있었다. 깨알 같은 글씨를 보니 이미 인사 발령이 나 있는데 11월 6일까지 영등포구청으로 가라는 것이었다.

대학에 다니는 친구들과 함께 용두동에서 하숙을 하고 있었는데 발령지가 영등포라고 하니 난감했다. 일단 영등포구청으로 찾아가 보기로 했다. 다음날 아침 7시경 용두동에서 출발, 동대문에서 버스를 갈아타고 서울역을 지나 한강을 건너 영등포구청을 찾아가니 오전 9시가 조금 넘었다. 인사를 맡아 보는 총무과로 갔더니, 인사 담당 직원은 인상이 제법 무서워 보이는 영감이다. "다른 사람은 다 왔는데 왜 인제 왔느냐?"고 호통을 친다. 그러고는 오늘은 그만 집에 가고 내일 10시까지 다시 오라고 한다. 다음날 정해진 시간에 맞춰가니 발령을 받아야 할 사람이 무려 120명은 넘어 보였다. 사람을 호명하면서 먼저 사람의 뒤에 차례대로 서라는 것이다.

박훈배나 신팔용과도 헤어졌고 서울 하늘 아래 나를 도와줄 사람도 없으니 다시 외톨이가 된 심정으로 구청의 처분을 기다릴 수밖에 없었다. 또다시 세금이나 받으라 하면, 종로는 그래도 시내라서 세금을 받는 거리도 그다지 멀지 않고 주택 사이로 다니기 때문에 심심치 않았으나 이 광활한 영등포, 시가지도 쓸쓸하기만 한 이곳에서도 그 알량한 세금 보따리를 들고 인생을 경영해야 할 것인가 생각하니 마음이 편치 않았다. 그렇다면 차라리 절[寺]로 가서 공부를 더 하는 것이 낫지 않을까, 이런저런 생각을 하는 사이 내 차례가 되었다. 내 앞에 호명한 사람 뒤로 가 섰더니 내 이름을 다시 부르면서 새로운 줄을 만들라고 한다. 그러면서 다음에 부르는 사람을 또 내 옆에 세워 줄을 만들라고 하는 게 아닌가. 홀로 서 있게 되니 머릿속에 여러 생각이 교차했다. 틀림없이 제일 좋은 곳이겠지, 아니 저 멀리 떨어져 혼자 근무해야 하는 어려운 곳은 아닐까. 생각하는 사이 먼저 부른 줄의 사람부터 발령장을 준다. 처음은 총무과였다. 다음은 부과과, 그 다음은 징수과. 나에게 주어진 발령장은 '사회과'였다. 그리고 잠시 뒤, 한 사람이 다가와 자기와 함께 가자고 했다. 그를 따라간 곳이 사회과 사무실이었고, 나를 데리고 간 사람은 사회과장이었다. 당시 발령받은 사람이 많았던 까닭은 자유당 정권 말기 임시직을 대폭 정규직으로 채용하는 획기적인 대책의 일환이었다.

사회과에서 내게 부여된 일은 군·경 원호 사무였고, 과장은 "여러 사람 가운데서 대학을 마치고 시험에 의해 시청에 들어온 당신을 내가 발탁했다."고 했다.

이때는 이미 그 다음해의 3·15 선거가 공고된 뒤라 행정은 선거 분위기에 휩싸여 있었다. 어려운 시민을 도와야 하는 사회과도 제법 바빴다. 군경 유가족을 돕는 나 또한 예외일 수 없었다. 시청에서는 여론조사를 통해 시민의 욕구를 우선순위에 따라 처리하겠다는 생각으로 '시민여론조사' 사업을 벌였는데 각 구청에서도 학력이 높은 사람 위주로 인력을 차출했다. 나는 내가 맡은 본래의 업무 외에도 낮에 용산구의 4, 5개 동을 다니면서 하루 4, 50가구를 방문, 여론조사를 하고 다녔다.

이미 하루해가 저문 시간, 밤늦게 사무실에 들러 보면 주소도 없고 군번도 모르며 이름도 없는 6·25 한국 전쟁의 전·사상자 명단이 매일같이 3, 4백 명 이상 도착했다. 주소가 있는 사람은 개별적으로 통보하겠으나 이름, 주소, 군번도 확실치 않은 사람들은 유가족이나 일가친척을 찾아서 알려야 하므로 공고할 수밖에 없었는데, 그 명단을 철판에 대고 유지(油紙)를 긁어 복사한 후 각 동이나 공공장소에 배정하자니 밤 10시 이후 통행금지가 가까워져서야 동대문구의 집으로 돌아갈 수 있었다. 그러나 매일같이 반복되는 고

생스러움 속에서도 한두 사람 연고자가 나타나 찾아오면 그렇게 반가울 수가 없었다.

영문도 모르고 본 승진시험

1959년은 나에게 뜻 깊은 한 해였다. 우선 미래가 불확실해 암울했던 농촌 생활을 벗어나 꿈에도 그리던 서울 생활을 시작한 것이 그랬고, 또 직장을 갖게 되어 실업자란 말을 듣지 않게 되었을 뿐 아니라 부산에서 공부한 사람으로 경남 도청보다 더 큰 관청인 서울 시청에서 근무하게 된 것이 뿌듯하게 여겨지던 한 해였다.

연말이 되었다. 떳떳한 직업을 가진 사회인으로 고향집을 찾아 부모님께 귀성인사를 드릴 수 있게 되었다. 처음으로 효도를 하는 것 같아 흐뭇한 마음으로 금의환향의 고사를 몇 번이나 마음속으로 뇌어 봤다. 3개월치 월급을 아껴 모은 돈으로 종로 1가의 번화가로 나갔다. 제법 큰 양복점에서 처음으로 양복 한 벌을 맞춰 입고, 명동에 있는 구둣가게에서 새 신발을 사 신고 나니 그 기분은 날아갈 듯했다. 반겨 주실 부모님의 모습이 눈에 선했다.

하루 종일 걸려 타고 온 기차가 진주역에 도착한 시간은 오후 네 시경, 겨울 해가 서산에 넘어가려는 즈음이었다. 아무리 급해도 빈손으로 부모님을 뵐 수 없어서 시장으로 갔다. 시장에서 큼직한 대구 두 마리를 사 들고 버스 정류장에 도착하니 막차가 이제 곧 떠나려는 듯 시동을 걸고 있었다. 차 안에는 낯익은 고향 어른들이 몇 분 보였다. 만원버스는 이내 출발의 경적을 울리고 자갈길을 달렸다. 조금이라도 빨리 부모님을 뵙고 싶었던 나는 덜커덩덜커덩 소리와 함께 뽀얀 흙먼지를 내며 열심히 달리는 버스가 느리게만 느껴졌다. 차창으로 스며드는 흙먼지는 시골길의 정경 같아 아름답고, 전조등에 비치는 자갈들은 어릴 적 친구들과 둘러앉아 던지고 놀던 공깃돌마냥 다정하기만 했다. 버스 바퀴에 걸린 자갈이 튀는 소리가 밤바람에 섞여 크게 들려왔다. 그러나 더 큰 소리가 나더라도 빨리 달려주기만 바라는 마음이었다.

진주에서 50리가 넘는 자갈길을 지나, 드디어 집에 도착하니 이제 막 호롱불 밑에서 부모님을 비롯한 가족들이 저녁 식사를 하려는 참이었다. 사립문에 들어서면서 "어머니!" 하고 소리 높여 불렀다. 부모님과 가족들 모두 마당으로 내려와 반겨 주는데, 지금도 그 순간은 잊을 수가 없다.

저녁을 먹고 온 가족이 호롱불 아래 모여 지난 몇 달간의 얘기에 시간 가는 줄 모르고 겨울밤을 지새웠다. 언제나 그랬듯 아버님은 중국의 고서와 위인들의 사상, 처세담을 인용하시면서 "사람은 자기에게 부여된 환경과 맡겨진 일에 최선을 다해야 한다."는 가르침을 주셨다. 나도 그동안 서울에서 있었던 일들을 말씀드렸다. 대략 이런 내용의 말씀을 드렸던 것 같다.

집으로 오기 전, 12월 20일에 또 시험을 치라고 하는데 시험을 보기 위해 호적등본과 신원증명서를 첨부해야 했다. 인사 담당자에게 "이 서류는 면사무소에서 발급하기 때문에 우편으로는 10여 일이 걸리고, 고향의 면사무소에 다녀오려면 3일이 소요된다."고 했더니 그러면 "너는 시험을 칠 수 없다."는 것이어서, 무슨 시험인지 물어 보지도 못했다. 그런데 총무계장(홍익섭)이 인사 담당자의 말을 듣고 나를 부르더니 "어떻게 해서라도 이틀 안으로 서류를 내야 하니 무슨 방도가 없느냐?"고 동정어린 어조로 물었다. 그러더니 다시 인사 담당자를 불러 "강 군은 2개월 전에 서울시에 들어올 때에 시험을 쳐서 들어왔으니 그때 제출한 서류를 찾으라."고 했다. 게다가 "서류가 영등포구청에 와 있으면 그것을 가져오고, 그렇지 않으면 내가 직접 서울시의 인사과에 가서 찾아오겠다."는 것이 아닌가. 고마운 마음에 말도 못하고 우두커니 서 있는데 다행히 인사 담당이 서류를 찾아왔다. 곧 바로 사본이 만들어졌고, 홍 계장님은 거기에 '원본 대조 필'이란 도장을 찍어주면서 인사 담당자에게 "이제 서류는 완성됐으니 시청에 제출하라."고 했다. 그리고 내게는 "시험을 잘 치러 영등포구청의 명예를 빛내주기 바란다."는 당부의 말도 잊지 않았다. 무슨 시험인지 묻지도 못한 채 나는 시험장으로 갔고 "시험은 잘 본 것 같습니다."는 말씀을 드릴 수 있었다. 서울이란 객지에 이렇게 고마운 분도 있더라는 말을 하면서 그날 밤을 지새웠는데, 아버님께서는 "그건 틀림없이 좋은 일일 것이니 서울에 가거든 홍 계장님께 꼭 감사하다는 인사를 전해라." 말씀하셨다.

해가 바뀌어 1960년의 1월 중순. 내가 자리에 앉아 열심히 일을 하고 있는데, 오전에 서울로 출장을 나갔던 옆자리의 최 여사가 오후 2시경 돌아오더니 출장 갔던 업무 애기도 하기 전에 사무실이 떠나갈 듯 큰 소리로 "강덕기 씨가 우수한 성적으로 시험에 합격했다."고 했다. 그 얘기가 시청에 파다해 일부러 인사과에 가서 확인까지 하고 왔다는 것이다. 그러면서 축하 인사를 건넸다.

그때까지도 나는 그 시험이 무슨 시험이었는지 몰랐다. 그래서 최 여사에게 "시험을 치기는 쳤고 시험장을 나올 때 잘 본 것 같다고 생각하긴 했는데 도대체 그 시험이 무엇입니까?" 하고 물었다. 그러자 최 여사는 "무슨 시험인지 지금까지도 모르고 있다는 말이냐?"며 더욱 눈이 휘둥그레지는 것이었다. 그러면서 "그게 바로 주사 승진 시험이니 이제 곧 주사가 되는 것이오." 하는 것이었다.

시험을 통하여 시에 들어왔으며, 취직을 한 것이 불과 4개월 전이고 서기로 있는 기간이 2개월 밖에 지나지 않은 데다 영문도 모르고 서류를 내라는 닦달에 시험을 친 것이 주사 시험이고, 또 우수한 성적으로 합격했다 하니 이렇게 나를 도와주는 곳이 서울, 그리고 영등포구청인 것만 같았다. 자연스레 사무실에 대한 애정은 점점 깊어 가고, 벗들과의 인연은 보다 더 돈독해졌다. 공무에 성실히 임하고 일과 후 책을 읽는데 시간을 보내며 나의 서울 생활은 점차 익숙해지기 시작했다.

지각하는 공무원: 4·19 전후

1960년 1월 말경 승진 시험 합격통지를 받고 구청의 여러 간부와 동료들로부터 축하 인사를 받으니 사회가 그렇게 냉정한 것만 같지는 않았다. 드러내 놓고 표현은 하지 않았지만 나 자신도 약간 들떠 있었다. 청 내의 분위기가 모두 축하하고 격려하는 말들로 가득 찬 듯했다. 1960년 2월 8일 주사 승진 발령을 받았다. 종로구청에서 임시 서기로 1개월, 영등포구청에서 지방 서기 생활 3개월 만에 주사가 된 것이다.

새로 담당한 업무는 총무과에서 직원들의 근태(勤怠) 상황을 점검하는 일이었다. 총무과장이 찾아와 당부하는 말이 "스물넷, 20대 초반의 나이에 주사가 된 것을 축하하네! 주사가 되었으니 구청에서는 계장인데, 아직 나이도 어리고 행정 경험도 적으니 우선은 전체 직원의 기강을 확립하고, 행정에 관련되는 법규 해석도 하는 법제 업무를 맡으면서, 다가오는 3월 15일의 선거 업무를 도와줬으면 좋겠다."고 했다. 그러면서 "나와 성씨(강봉규)가 같으니 자네에게 거는 기대가 더 크네." 하는 말을 덧붙인다.

주사로서의 새 업무를 파악해 보니 구청과 동 직원 210여 명의 출근과 지각, 결근 여부를 챙기는 일이 있었다. 나는 매일 출근 시간 1시간 전에 사무실에 가서 출근부를 챙겨 현관의 가장 잘 보이는 곳에 놓고, 그 옆에 서서 기다리는 것으로 일과를 시작했다. 출근부는 거두는 즉시 정리해 그날그날의 실황을 보고서로 정리했는데, 시간 전에 출근하는 직원이 80%는 넘으나 90%가 채 안 되는 실정이었다. 2주간 정도의 성적을 종합하여 과장과 청장님께 보고를 했으나 특별한 말씀이나 지시가 없었다.

한 달쯤 되는 때에 나는 출근 시간보다 1시간 늦은 10시에 출근부를 정리하기로 했다. 조금 늦게 출근하는 직원들도 출근부에 날인을 하도록 내버려 둔 것이다. 총무계장(강윤희)이 "그렇게 관리해서는 안 되니 단속을 강화하라."고 했다. 나는 "지난번에 출근 상황을 보고하면서 그 보고서에 각 과장은 소속 과 직원에 대한 단속을 강화하고, 또 구청장의 특별지시로 근무 기강 확립을 강조해 줄 것을 건의했는데도 아무 반응이 없었고 담당자 혼자의 힘으로는 바로잡기 어렵다고 생각합니다. 또 하나, 우리 구청의 근태 상황이 시청에 보고되면 오히려 영등포구청 전체 직원의 근무 성적이 다른 구청에 비해 불량할 것이 뻔하니 구청 전체의 기강 확립 대책을 구청장이 강구하시든지 그렇지 않으면 구청의 근무 성적을 양호하게 문서로 남기는 것이 좋을 듯합니다."라는 의견을 강력히 제시했으나 아무런 반응이 없었다. 자유당 말기, 공직자의 기강과 사회상이 이미 흐트러질 대로 흐트러진 시기임을 어린 나이에도 느낄 수 있었다.

원칙과 권력 사이에서: 3·15 선거

1960년의 2월, 직원의 근태 관리와 기강 확립 업무를 맡고 있던 나는 다른 한편으로 법령의 해석과 행정법규 적용의 적정성을 판단하는 일도 맡게 되었다. 그런데 3월 15일에 치러지는 국회의원 총선이 가까이 다가오면서 선거법의 시행에 관한 일도 맡았다. 자연히 각 후보들의 선거 행위에 대한 적정성을 판정하는 일이 많아졌다. 그러니까 요즈음의 선거관리위원회가 하는 일이었다.

자유당 정권 말기이던 당시, 사회 기강은 혼란스러운 반면 정부의 정권 보호 정책은 강화되어 여야 간의 정치적 쟁점이 첨예하게 대립되었다. 선거와 관련해서 내가 해야 하는 일은 현수막의 크기와 색도 등을 선거관계 법규에 맞는지 검사하고 확인하는가 하면, 그 숫자도 통제하고 선전벽보의 검인, 연설회의 장소도 승인해야 했다. 그런데 집권 자유당의 후보는 선전 현수막도 규정을 벗어나게 많이 가져와 검인날인을 요구하는가 하면, 청중이 가장 많이 모이고 또 운집하기 쉬운 곳에서만 네 번이고 다섯 번이고 연설하겠다며 승인을 요청했다. 나는 이를 거부하고 현수막과 벽보는 물론 연설회 장소에 대해서도 선거법이 정하는 대로 지도해 후보자가 요구하는 대로 연설할 수 없도록 통제를 강화했다.

어느 날, 구청장실이 떠나갈 듯이 시끄러워졌다. 모두들 무슨 일인가 궁금해 하는데 구청장실에서 나를 급히 찾는다는 전갈이 왔다. 나는 총무과장(강봉규)을 따라 구청장실로 갔다. 한 후보의 격한 항의가 있어 담당자인 나를 부른 것이었다. 구청장실에서는 선전물의 수량에 대해 편법으로 초과할 수 있는 재량을 베풀어주라는 의견이 연발했다. 또 연설 장소도 이미 지난 선거 때에 실시한 전례가 있으니 후보자가 원하는 장소에서 여러 번 연설할 수 있도록 허가해 줄 것을 지시하는 것이었다. 그러나 나는 이 모두가 선거법령에 의해 불가함을 강력하게 말하고 물러서지 않았다. 결국 타협안이 나오는데 "본청에 유권 해석을 구하여 보자는 것"이었다. 행정이 정치권력에 의해 이루어질 때니 그 결과는 뻔했으나 곤란한 현실을 벗어나기 위한 방편인 것 같았다. 그러나 실무자인 나는 질의 자체를 완강히 거부했다. 그랬더니 내가 아닌 제3의 직원으로 하여금 질의하게 했다. 그 결과는 신속하게도 이틀 만에 회시되었는데 "실무자의 의견이 옳다."는 것으로 결론이 났다.

사회에 진출하여 처음으로 겪은 행정과 법규, 정치권력 사이에서 벌어진 일이었다. 법 집행하는 자세를 끝까지 견지하는 의지를 키운 좋은 경험이 아닐 수 없다. 오래도록 잊을 수 없는 일 가운데 하나일 것이다.

양말산에 눈은 내리고

1963년 5월, 제대를 한 나는 군에 가기 전에 근무했던 영등포구청에 복직했다. 1961년 5월에 일어난 혁명 때에 병역을 마치지 않고는 떳떳한 사회생활을 하기가 어렵겠다는 생각으로 군대에 지원 입대한 지 만 2년 만에 영등포구청으로 다시 돌아온 것이다. 당시 나는 동대문구의 제기동에 살고 있었다. 인사과에서 발령장을 주기 전에 "어디로 발령 받기를 희망하느냐?"고 묻기에 "집 가까운 곳으로 발령해 주시기를 바랍니다."라고 대답했다. 그러나 인사 담당자는 최근의 풍조가 새로 전입하는 사람을 거의 동사무소에 배치하고 있는 데다 나는 군에 가기 전에 영등포구청 총무과에 있었으니 영등포구로 가는 것이 좋겠다고 친절하게 일러 주며 선택할 것을 요구했다.

하는 수 없이 영등포구청을 희망했더니 영등포구청에서는 청장, 총무과장, 계장이 나를 청장실로 불러 타이르고 동사무소 근무로 발령하는 데 대한 동의를 구한다. 나는 "발령을 하지 않았으면 구청에서 근무하게 해 주시고, 발령을 했으면 나의 동의를 구할 필요는 없지 않습니까? 좀 고려해 주십시오!" 하고 강력한 의견을 제시했다. 그러나 서울 시내에서 제일 면적이 넓고 인구가 많은 영등포 제5동사무소의 사무장으로 발령이 났다. 당시 영등포 5동은 영등포구의 7, 8가와 여의도(汝矣島)를 관할하고 있었다. 그 당시의 동사무소는 일상적인 일 외에도 하루에 밀가루 두 트럭 450부대와 쌀 한 트럭 80부대를 배급하는 일이 많아, 그 해 여름 동사무소는 매일같이 배급받으러 오는 동민으로 붐볐다. 게다가 10월에 있을 헌법 개정을 위한 국민 투표는 무엇보다 중요한 일이었다. 동세는 크지만, 그 큰일을 무사히 치르기에는 동사무소의 근무 자세가 구청 간부의 눈에 걱정스러웠던 것이다.

늦가을에 접어들면서 그렇게도 많이 나가던 쌀과 밀가루의 배급은 끝이 나고 국민 투표도 아무 탈 없이 마무리되었다. 사무실은 비교적 평온해졌다. 비로소 나 자신을 돌아보는 시간도 갖게 되었다. 그러자 제일 먼저, 조금이라도 집 가까운 곳에서 근무하기를 바라는 마음이 일어났다. 집은 제기동에 있으면서 영등포 5동사무소에 다니려니 무엇보다도 하루 네 시간씩 버스에서 시달리는 괴로움이 컸다. 이때만 해도 동사무소의 사무장은 대체로 연령이 50

대를 훨씬 넘은 사람을 보내는 것이 상례인데, 나이 겨우 28세인 나를 동사무소의 사무장으로 보내 놓고 언제까지 그대로 둘 것인 가 하는 원망도 일기 시작했다.

사무실이 평온을 되찾자, 그동안 챙기지 못했던 통장회의를 퇴 근시간이 되는 시간에 동사무소 사무실에서 열었다. 20여 명의 통 장이 자리에 앉았다. 회의시간이 되니 동장은 슬그머니 자리를 뜬 후 돌아오지 않고, 시간이 흐르면서 점차 통장들의 불평이 일기 시 작했다. 내가 동사무소가 해야 할 당면사항을 설명하려는데 통장 한 분이 갑자기 일어서면서 "젊은 사무장, 통장이 요구하는 일은 얼른얼른 처리되도록 직원들이 도장을 빨리 찍도록 하시오!" 하고 고함을 지른다. 그러고는 정적이 흘렀다. 내가 다음 얘기를 설명하 려는데 "지금 내가 한 말부터 답변하시오!" 하고 먼저보다 더 큰소 리를 지르는 게 아닌가. 나는 여러 통장에게 회의 진행의 의견을 물었다. 동사무소의 지시는 문서로 가름하고, 통장의 의견에 대한 답변을 하는 것이 좋겠다는 말이 나왔다. 나는 "어느 누가 도장을 늦게 찍어서 통장님의 마음을 상하게 했는지 모르겠으나 구체적인 사례가 있으면 나에게 알려 주십시오. 사안에 따라 현실을 파악하 고 나서 결정해야 하는 일이 있을 수 있고, 또 어떤 때는 도장을 늦 게 찍는 경우도 있을 것이며 심지어 도장을 안 찍을 수도 있는 것 이니 그리 아시고, 동직원이 잘못하는 때에는 그때마다 나에게 얘 기하든지 그렇지 않으면 구청장이나 정보수사기관에 고발해도 좋 습니다. 내가 동 사무장으로 있는 동안에는 동 행정의 질서 유지는 내 책임으로 확립할 것입니다. 통장님들의 협조가 있기를 바랍니다."고 했더니 모두 아무런 말이 없었다. "또 하실 말씀이 있으면 어느 분이라도 좋으니 말씀해 주시기 바랍니다."고 했으나 아무도 말을 하지 않았다. 이날의 회의는 이렇게 끝이 났는데, 이러한 분위기를 예감한 동장이 미리 자리를 피했던 것이라고 했다.

계절은 어느덧 12월의 중순. 날씨는 차고 바람은 세차게 부는데 하늘이 잔뜩 흐려서 당장에라도 폭설이 쏟아질 것 같은 날씨였다. 그날따라 찾아오는 민원인도 없어 조용한 오전이었다. 10시쯤이 되었을까, 사무실의 전화 소리가 요란하게 울렸다. 수화기를 들었더니 느닷없이 동장을 바꾸라는 것이었다. 동장이 안 계신다고 하였더니 사무장을 대라고 했다. "내가 사무장인데, 도대체 무슨 일이 있어 그러십니까?" 했더니 "내가 하는 말을 잘 듣고 일을 신속히 처리하시오. 지금 여의도의 비행장 철조망 너머에 있는 돼지우리에는 돼지도 먹기가 어려운 잔반(殘飯)을 사서 먹겠다는 사람들이 줄을 서 있소. 빨리 조사해서 구호해야 할 것이오." 하는 게 아닌가. "어디에 사시는 누구냐?"고 물었더니 "나는 정보 계통에 있는 사람이오. 이 정도로만 알고 일이나 신속히 처리하시오." 하면서 전화를 끊어버렸다.

쌀과 밀가루를 배급한 것이 한 달 남짓, 벌써 먹을 식량이 떨어졌단 말인가? 잠시 생각하던 나는 현장의 실상을 알아보는 것이 도리라 생각하고 여의도를 담당하는 직원과 구호 업무를 맡고 있는 직원을 대동해 여의도의 비행장 울타리 쪽으로 향했다. 사무소에서 한강까지의 거리만 해도 2km는 되는데 물이 마른 한강의 샛강을 건너는 길은 신발이 흙모래에 빠지는 길이었다. 샛강을 건너는 거리만도 500m를 넘는데 거센 강바람에 함박눈이 모래와 함께 휘몰아치니, 눈을 제대로 뜨기가 어렵고 얼굴도 들 수 없었다. 우리 세 사람이 철조망 가까이에 있는 돼지우리를 찾아보니, 눈보라 속에 30여 명의 동민이 2리터 정도의 음식물을 담을 수 있는 빈 깡통을 들고 줄을 서 있는 게 아닌가. 돼지 주인은 무슨 쪽지를 확인해 가면서 문제의 돼지죽을 팔고 있었다. 돼지죽을 들여다봤다. 부대에서 먹다 남은 음식 찌꺼기에, 부러진 나무젓가락을 비롯해 담배꽁초에 이르기까지 도저히 먹을 수 있는 음식이 아니었다. "이것을 왜 팔고 있느냐?"고 주인에게 물었더니 "보다시피 저분들이 먹고 살려고 이것을 팔아 달라고 애걸을 하므로 통장을 만들어 3일이 지나서 찾아오는 분에게만 팔고 있는 것입니다."라고 대답한다. "아니, 그러면 이 돼지죽을 사람이 먹는단 말이오?" 다시 물으니 줄을 섰던 주민들이 "그냥 팔게 놔두고 못 본 체 해 달라."는 것이었다. 기가 찰 노릇이었다. 동사무소에 전화를 걸어온 그분이 몹시 고마웠다. 나는 돼지 주인을 보고 "일단, 파는 일은 더 이상 하지 마십시오." 했더니 "솔직히 돼지 먹일 것도 모자라 걱정이 되었는데 고맙습니다." 하고 오히려 반가워했다.

양말산 기슭에 있는 민가를 찾아 갔다. 돼지죽 사온 집을 찾아 어떻게 해 먹는가를 물었다. 사 온 돼지죽을 물통에 붓고, 여기에 물을 많이 부으면 먹을 수 없는 물건은 물에 뜨거나 가라앉게 되어 제거할 수 있고, 나머지를 두 번 세 번 헹궈서 3등분하여 3일을 먹은 다음, 다시 돼지 주인에게로 가서 사 온다고 하니 기가 막혔다. 이날 우리가 방문한 양말산 언저리의 민가는 무려 50여 호가 넘었다. 집이라 해도 대문이나 방문이 있는 것이 아니라 땅을 1m 내지 1.5m 가량 파고 지상으로는 3, 40cm 정도의 높이에 불에 탄 함석을 지붕 삼아 덮고 집 앞은 가마니로 차양을 친 것이 전부였다. 어떤 집은 흙벽에 흙바닥인데, 가운데에 약간 두꺼운 종이를 깔고 아무런 침구나 가재도구도 없이 서로의 체온으로 훈기를 유지하기 위해 어머니가 아이를 부둥켜안고 있었다. 우리가 말을 걸어도 대꾸도 하지 않았다.

　여의도에는 4개의 통이 있었고, 약 500가구에 2,500여 명의 동민이 살고 있었다. 남자들은 일일 노동으로, 여자들은 영등포 등지로 나와 껌을 파는 일 따위로 생계를 유지하는 사람이 대부분이었다. 나는 사무실로 돌아와 누구에게 시킬 것도 없이 전언통신문을 만들었다. 먼저 시청 사회과로 보냈다. 다음은 구청으로 보냈으나 기대하지도 않았다. 시청 사회과로 전화를 걸었더니 전언통신문은 받았는데 구청을 통해 보내야지 왜 동사무소에서 직접 전화를 하느냐고 오히려 큰소리를 친다. "그래, 어떻게 처리되는가?" 하고 물었더니 "처리할 수 없다."는 대답이었다. 과장을 바꾸라고 했다. 전화를 끊어 버린다. 또 전화를 했다. 이러기를 서너 번 반복하니 나중에는 과장이 전화를 받았다. 여의도의 실상을 간단히 설명하고, "오늘 안으로 밀가루 두 트럭(440부대)을 여의도의 마을회관 앞 광장으로 보내 주시오. 만일 그렇지 못할 경우에는 이 건으로 일어나는 사태에 대한 책임은 과장님이 지셔야 합니다." 하고 전화를 끊었다.

　12월의 오후 햇살은 이미 약해지고 있다. 급한 마음에 전화를 여러 번 했더니, 사방에 어둠이 깃드는 오후 5시경에 "1시간 안으로 밀가루 두 트럭이 도착할 것이니 사무장이 현장에 나와서 인수하고 인수증을 보내라."는 연락이 왔다. 그렇게 고마울 수가 없었다. 즐거운 마음으로 직원들을 모두 데리고 여의도 현장으로 갔다. 저녁 6시가 되니 사방은 완전히 어두워졌고, 마을회관 앞은 희미한 외등이 켜졌다. 통 반장들을 모두 나오게 했다.

여의도를 담당한 직원과 구호를 담당한 직원을 불렀다. "이 서류에는 나만 서명을 할 것이니 어느 누구도 이 서류를 보았다는 흔적을 남기지 마십시오. 그리고 지금 도착한 구호양곡은 무조건 한 집에 반 부대씩 부대까지 모두 나누어 주십시오." 했더니, 담당자가 반대를 했다. "안 됩니다. 구호양곡 지급 기준이 있으니 그 기준대로 지급해야 하고, 부대는 반납해야 합니다." 나는 "내가 몰라서 그러는 것이 아니니 내 의견대로 분배해 주시오. 낮에 한 집을 들여다보니 구호양곡을 담아둘 어떠한 용기도 없었습니다. 그러니 부대째로 주어야 하고, 또 지급 기준대로 한다면 양곡을 끓여 먹을 연료도 없어서 허둥대고 있을 것입니다. 그래서 이 서류에 관한 한 일체의 책임은 내가 질 것이니 다른 직원은 그저 내 의견에 따라 신속하게 배분하여 주십시오."라고 대답했다.

밤이 깊어가는 10시쯤 되어서 구호양곡의 분배가 거의 끝났다. 일을 마친 우리는 사무실로 돌아왔다. 통행금지가 있으니 빨리 집으로 가야 했다. 집으로 가는 버스 안에서 만 가지 생각이 교차했다. 참으로 열심히 공부했던 보답이 이런 것인가. 이제 법규를 어긴 행정처분이 나로 하여금 어떠한 벌을 받게 할 것인가. 아직 나이 젊은데 공직에서 물러나 이렇게 각박한 세상에 무엇으로 인생을 경영할 것인가. 이럴 때는 군대를 갔다 온 것이 오히려 후회스럽지 않은가. 아내와 아이들에게는 무슨 말을 해야 떳떳한 가장이될 수 있을까.

통행금지 시간이 가까워진 12시가 다 되어 집에 도착했다. 집에서는 걱정을 하고 있다가 그래도 가장이라고 반갑게 맞아 준다. "배가 고프니 밥을 좀 주시오. 점심도 저녁도 굶었소." 했더니 집사람이 "무슨 일이 있었느냐?"며 궁금해 한다. 밥을 먹으며 이날 있었던 얘기를 간추려 들려주었다. 그런데 내 말을 듣고 난 집사람이 뜻밖의 말로 나를 위로하는 게 아닌가. "참 현명하게 잘 처리했네요. 우리는 아직 젊어요. 만약 그 일로 인해 직장을 그만 두게 되더라도 다른 일을 하면 되니 너무 걱정하지 마세요. 우리 식구 끼니 걱정은 아예 하지 마세요. 어떻게 해서라도 먹고 사는 길이 있지 않겠어요. 어쩌면 오늘 일로 인해 당신에게 보다 큰 행운이 찾아올는지도 모르잖아요."

다음날 여의도의 4개 통장님들이 함께 나를 찾아왔다. 고맙다는 인사를 하려고 온 것이었다. 나도 덩달아 고마운 마음이 들었다.

봄이 되니 여의도에 다니는 배를 수리하고 인천지방 해운청의 선박 검사도 받아야 했다. 이런 일들은 동사무소에서 감당하기엔 힘겨운 일들이다. 동사무소는 법적으로 구청장의 보조기관으로서 법인격이 없으므로 대외적으로 의사표시 능력이 없는 곳이다. 그런데도 이 일을 동사무소에 맡긴 것은 구청 관계자의 무지의 소치로 보았다. 구청에 분동 신청서를 제출했다. 또 네 분의 통장님들이 함께 오셨다. 어떻게 알았는지, "영5동을 여의도와 영등포 7, 8가에서 떼어내는 분동 신청을 하셨다는데 분동이 되면 여의도동의 동장으로 와 주십시오. 그 말씀을 드리려고 우리 다 같이 왔습니다." 하며 분에 넘치는 말씀을 하신다. 나는 "통장님들이 아시다시피 저는 아직 나이 30도 채 되지 않았습니다. 고맙기는 합니다만 그 말씀은 제 마음속에만 접어두고 있겠습니다."

여의도는 한강 개발사업의 일환으로 오늘과 같은 모습으로 발전되었다. 당시의 양말산은 서울 사람들의 뇌리에서 점차 잊혀졌다. 이제는 지도상에서도 영원히 사라진 양말산. 그러나 국회의사당이 바로 그 산의 정상 부분에 위치하고 있다는 사실을 기억한다면 그것만으로도 충분할 것 같다.

양말산에 의지하여 그 어려운 삶을 살면서 하늘도 국가도 이웃도 원망하지 않던, 천사같이 선량한 주민들은 그 후 관악구의 신림동과 봉천동으로 이주했다. 그 뒤의 소식은 모두가 바쁜 생활에 묻혀 서로 잊고 말았으나 아마도 모두 행복한 인생을 누리고 있으리라. 하늘은 스스로 돕는 자를 돕는 것이기에….

chapter 3

주택에 관련된 일들

아무리
크고
험하다 한들

중산층 아파트의 공모금 반환

아파트 사업소가 발족하면서 제일 먼저 해야 할 사업은 사업소 발족 이전에 이미 주택공사과에서 위치를 정하고 공모해 둔 중산층 아파트를 약속된 기간 안에 준공하는 일이었다.

아파트의 크기가 대체로 9~11평의 소형을 시민아파트라고 부른 반면, 중산층 아파트는 20평 내외의 크기에 그 위치도 도심에 가깝거나 주변 환경이 생활 여건에 맞게 아늑한 곳을 위주로 선정되어 있었다.

아파트공사과에서 건설 위치와 건설 규모, 동수와 호수를 넘겨받고 건설될 아파트에 거주할 예상 인구를 검토해 봤다. 아파트 가구당 5, 6인으로 계산하여 단지별 인구를 추정해 사람 수와 구성에 따라 부수적으로 필요한 생활 시설을 검토했다.

1. 전기시설의 인입(引込)은 가능한가.
2. 학교(초등학교와 중학교)는 도보로 통학 거리 안에 있는가.
3. 버스 정류장까지의 거리가 얼마나 되는가.
4. 쓰레기를 반출하기 위한 도로는 개설이 가능한가.
5. 수도를 시설하기 위한 거리는 어느 정도이며 지형의 고도와 경사도는 어떠한지, 또한 출수(出水) 불량지역은 아닌가.
6. 공중전화를 인입하기 위한 거리는 얼마나 되는가.

7. 생필품 조달을 위한 시장과의 거리는 생활에 불편하지 않은
   정도인가.

  하는 등의 검토 사항을 미리 표로 만들어 같이 일하던 동료 직원
(강성환)과 함께 한 곳도 빠짐없이 현지를 답사했다. 이중에서 남산
자락의 필동에 건립하려던 단지 전체와 옥수동의 건립 계획은 완
전히 백지화했다. 누상동과 청운동의 단지는 축소해 건립하는 수
정안을 만들어 시장의 결재를 받으려 하니 이미 공모해 둔 응모자
에게는 어떻게 설명하고, 또 납부한 건립 공사비는 어떤 방법으로
환불할 것이며, 서울시 행정 신뢰도의 추락은 어떻게 막을 것인가
하는 반대 의견도 만만치가 않았다. 우리들의 주장은 "개인의 기호
에 따라 집을 짓는 경우는 그 집이 산의 정상이든 계곡이든 불평이
없겠지만 공공기관, 특히 서울시가 주택단지를 조성할 때에는 시
민의 생활에 미치는 여러 가지 요건을 갖추지 못할 경우 두고두고
비판과 빈축을 면할 수 없다."는 것이었다. 나는 중산층 아파트를
건립한 이후 입주민으로부터 제기될 민원을 생각하면, 짓기 전에
솔직하게 시의 판단 미흡으로 행정착오가 있었음을 시인하고 사과
하는 것이 옳다는 의견을 강력히 내세웠다. 그래서 그 계획의 수정
을 관철했고 결국 아파트는 청운동과 옥인동의 일부만을 건설하도
록 했다.
  이는 공공 행정의 어려움을 제시한 사안으로, 상당히 과감한 처
분이었다고 생각된다. 이후 응모하여 납부한 자금을 모두 환불할
때까지 많은 원망을 듣고 애로를 겪으면서 이 일을 끝낼 수 있었다.

와우산 시민아파트

　1969년 9월, 사무관이 되어 받은 첫 보직이 아파트 건설사업소의 기획예산계장이었다. 400여 동의 시민아파트를 성공적으로 건설한 후 부족한 주택난을 조기에 해소하고자 하는 서울시의 정책의지가 담긴 새로운 기구가 아파트 건설사업소였다. 아파트 건설사업소의 소장을 비롯한 전 간부가 새로 승진한 인사로 충원되었다. 참신하게 조직하여 활력을 도모하면서 업무의 능률과 정책의 성공을 기대하는 획기적인 출발이었다. 다행히 사업소의 총무과에는 성동구와 동대문 방면에 거주하는 세 사람이 보직 받았으므로, 출근할 때 같은 자동차를 이용할 수 있었다. 자동차 안에서부터 하루의 일과를 논의하는 등 사무실의 분위기는 매우 좋았다.

　새로운 목표를 설정하고 목표의 달성을 위해 탄생된 조직에 승진의 기쁨을 안고 있는 직원들이 모여 있으니 근무 분위기도 좋았다. 또한 국내외로부터 훌륭한 평가를 받고 있었으므로 이 사업을 주관하는 부서에 근무하는 우리들은 근무 의욕이 넘치는 가운데 새 봄을 맞이했고, 우리들은 1970년도의 사업을 준비하는 일에 화제의 대부분을 할애하고 있었다.

　1969년의 겨울이 가고 1970년 4월이 되었다. 5일은 식목일이었고, 이날의 식목 행사는 마포구에 있는 와우산에서 가졌다. 서울시 전체 직원은 물론 중앙 부처의 여러 기관도 참여하는 큰 행사였다.

감사원의 직원도 함께 나무를 심은 다음 인근에 있는 시민아파트를 둘러보았다. 서민주택 건설의 성공적인 실적을 칭송하는 소리가 자자했다. 또 식목일 전날에는 UN의 주택 부문 담당 직원이 이곳을 둘러보고 서울의 성공적인 주택보급 정책을 세계적 모범 사례로 평가했는데, UN에서 오신 손님들의 안내는 내가 맡아 건립과정과 규모 등을 설명했다.

식목일과 일요일의 연휴를 보낸 우리들 계장 세 사람(박준환, 유래봉)은 4월 8일 월요일 아침, 그날도 같은 얘기를 하면서 흥겨운 기분으로 출근하는 자동차 안에서 라디오를 켰다. 그런데 라디오에서 긴급 뉴스가 흘러나왔다. 아침 7시경, 마포구의 와우산에 있는 시민아파트 1동이 붕괴돼 사상자가 발생했는데, 피해 상황이 파악되는 대로 속보로 전하겠다는 내용이었다.

자동차 안에는 잠깐 동안 침묵이 흘렀다. 그리고 잠시 후 우리는 사무실로 갈 것인가 사고 현장으로 갈 것인가를 의논한 뒤에 자동차를 사고 현장으로 몰았다. 현장에 도착해 보니 시청이나 구청에서 나온 직원은 아무도 없고 소방서원과 이웃 주민이 청소 미화원과 함께 어설픈 구조 활동을 하고 있었다. 약 30분의 시간이 지나고 나니 구청의 간부와 아파트를 시공 감독했던 담당 부서의 직원이 현장에 도착했다. 우리들은 사무실로 돌아왔다. 매서운 설한풍이 지나간 듯 사무실에는 냉기류가 흘렀다. 소장은 시장실에서 열리는 간부회의에 참석하고 과장은 아무런 말이 없는 침묵의 시간이 계속되었다. 소장이 자리에 돌아왔다. 역시 아무런 지시나 지침도 없다. 밖에 나갔다 돌아온 직원들이 저마다 주워들은 얘기를 토해

내느라 사무실이 소란스러워졌다.

사무실에서 나와 시장실과 기자실이 있는 2층으로 가 보았다. 시장은 사의를 표한 후 집무실을 나갔고, 제1부시장이 회의를 주재하고 있었다. 우선 결정된 것은 신속한 구조 작업이었다. 사고 현장의 구조 인력은 구청에서 최대한으로 투입하고, 장비는 아파트를 건설한 회사 책임하에 인근에서 시공하고 있던 회사 장비를 우선적으로 동원하여 신속하게 인명을 구조하는 데 최선을 다하기로 했다. 오후가 되면서 피해 상황이 서서히 전해 오기 시작했다. 사망자가 30여 명이고 부상자가 상당히 많아서 유가족의 오열과 부상자의 원성이 커지고 있었다. 부상자는 인근에 있는 어느 병원이든 쉽게 접근할 수 있는 곳으로 보내 입원 치료하게 하고, 사망자는 시립병원과 적십자병원으로 후송하는 것을 원칙으로 하여 구호에 만전을 기하도록 했다.

늦은 오후가 되니 구조 작업은 거의 끝이 나고 현장 정리 작업이 이루어지고 있으며, 붕괴된 아파트를 건설한 회사는 물론 시공회사의 사장 이하 현장 감독을 비롯한 간부와 시청의 아파트건설공사과의 계·과장 및 현장 감독 전원을 수사 기관에서 연행해 갔다는 소식이 전해졌다.

구조 작업이 진행되는 시간에 제2부시장실에서는 아파트의 붕괴 원인을 규명하는 일과 나머지 시민아파트에 대한 안전진단 문제를 논의하고 있었는데, 관련자들이 연행됨으로 인하여 일의 추진에 차질이 생길 수밖에 없게 되었다. 이제 일은 새로운 방향으로 전개되어 갔다. 남아 있던 직원들도 자리를 뜨거나 수사기관의 눈치를 살피는 데 많은 시간을 빼앗기고 정작 해야 할 본래의 일은 뒷전으로 미루는 분위기가 감돌고 있었던 것이다.

내가 제일 먼저 할 일은 사고 상황을 신속하게 대통령 비서실과 국무총리실에 보고하고, 건설부와 내무부에 통보하는 일이었다. 전문가의 진단 결과 붕괴 원인은 산의 위쪽에 있던 건물의 기둥이 하중을 견디지 못하고 부러지면서 아파트가 와우산의 높은 지대에서 낮은 지대로 미끄러지며 붕괴한 것으로 확인되었다. 시공상으로는 아파트의 기둥이 암반에 미치지 않아 슬라이딩(Sliding) 현상이 일어났고, 시멘트의 배합 비율과 철근의 양도 부족했다는 사실이 드러났다. 관계 기관에 보고하는 것으로 사건의 실상을 전하는 일이 끝나는 것은 아니었다. 보도기관에서부터 수사기관과 정보기관은 물론 유가족들에게 실상을 알리는 한편 건물 붕괴로 인해 피해를 입은 이재민의 숙식 문제, 인근 아파트에 거주하는 시민들이 찾아와 불안 해소 대책으로 제기하는 여러 가지 민원 등 잠시도 옆을 돌아볼 겨를이 없었다.

나는 당장에 처리해야 할 일들을 간추려 보았다.

첫째, 사망자에 대한 장의 문제와 보상 대책.

둘째, 부상자의 신속한 치료.

셋째, 이재민의 숙식 대책.

넷째, 사건의 전말을 정확히 알고자 하는 관련자들의 문의에 대한 응대.

다섯째, 와우지구의 시민아파트에 살고 있는 주민은 물론 같은 시기에 건설한 전체 시민아파트 거주민의 불안을 해소하는 일.

할 일이 너무도 많았다. 계·과장과 직원들이 자리를 비운 탓에 통제하거나 감독하는 체제가 무너져 업무의 능률이 저하되었다. 이날부터 나는 집에 들어갈 시간이 없었다. 붕괴의 원인에서부터 건물의 안전 진단과 보강 방법, 소요 기간 등을 도면으로 그리고 슬라이드 사진으로 만들어 사태의 전말이 궁금해 찾아오는 사람들에게 설명했다. 사망자와 이재민 대책은 보건사회국에서 일을 처리하게 했다. 낮에는 찾아오는 시민을 비롯한 관계 인사를 영접하면서 안전대책 회의에 참석하고 밤에는 이들을 정리하고 또 내일 할 일을 챙겨야 했다. 일을 하다가 책상에 엎드려 자고 나면 아침이었다. 아침식사는 부민옥의 선짓국이고, 저녁식사는 사무실에서 시켜 먹는 자장면이었다.

아침을 먹고 사무실에서 일을 챙기는데, 오전이 다 가도록 직원과 간부 할 것 없이 사무실에 나타나는 사람이 없었다. 허탈한 심정으로 소장실을 찾았다. 소장님(정영홍)은 혼자 앉아 하늘만 쳐다보다가 찾아간 나를 무척이나 반가워했다.

나는 당돌하게도 이런 제의를 했다.

"소장님, 이렇게 앉아 계시면 어떻게 하시겠습니까?"

"방도가 없지 않소."

"아닙니다. 이러한 상황이 결코 오래가지는 않을 것입니다. 이때야말로 우리 서울시의 의지를 보여야 할 시기라고 생각합니다. 소장님은 군에서 예편하신 지 얼마 되지 않으니 더욱 좋은 여건을 갖추었다고 생각됩니다. 소장님, 저와 함께 국방부로 가십시다. 국방부에는 우수한 장비와 정예의 건설 인력이 있지 않습니까."

"그래서 어떻게 하려고요?"

"먼저 국무총리실에 들러 조속한 시일 안에 검찰이 연행해 간 아파트 현장감독 공무원과 시공회사 관련자를 훈계 방면하여, 시민아파트를 안전하게 보강하는 사업에 전념하도록 해주시기를 건의해야 합니다. 그리고 다음으로 국방부에 가서 장·차관이나 공병 참모에게 전후 사정을 설명하고 시공회사와 감독 공무원이 수사기관에 연행되어 아파트의 보강 공사를 할 수 없는 실정이니 공병을 투입해서라도 불안에 동요하는 민심을 안정시켜야 할 것을 강력하게 건의하는 것입니다."

내 말이 끝나자 소장은 자리에서 일어나 말도 없이 밖으로 나갔다가 한 시간쯤 있다 돌아왔다. 상황을 전해 들으니, 시장의 사표는 수리되고 제1부시장도 사의를 표명했으며 아파트 건설사업소장도 사표를 제출했다고 한다. 참으로 어려운 시기에 어려운 상황만 가중되고 있는 것이다. 3일이 지나고 나니 검찰에 연행되었던 관계 인사들이 최선을 다하여 시민아파트를 보강하라는 취지의 훈시를 받고 사무실로 복귀했다. 사무실의 분위기는 안정을 찾고 일의 능률이 차츰 오르기 시작했다. 새 시장(양택식)이 부임했다. 다음에는 부시장과 아파트 건설사업소장(장지을)도 새로 부임했다. 조직의 체제가 정비된 것이다.

사망한 시민의 장의가 가까스로 마무리되고, 이제 붕괴된 아파트를 대체하는 새로운 아파트를 마련하는 일이 남았다. 이재민들이 제시하는 조건은 대략 다음과 같았다. "아파트의 전용 면적은 기존의 아파트보다 훨씬 커야 하고, 지대는 산기슭이 아닌 평지라야 하며, 교통이 편리한 도심지에 건물의 높이도 옛날의 아파트 정도로 해서 생활이 불편하지 않은 곳이라야 한다. 몇 군데의 후보지를 찾아 협의가 이루어 진 후에 건립하도록 한다." 우여곡절 끝에 영등포구 당산동 강변도로에 인접한 부지로 합의가 되었다.

다음은 나머지 408동의 시민아파트를 보강하는 일이었다. 예산은 1970년도에 새로 건설하기 위해 확보하고 있던 28억 원을 전용하기로 했다. 먼저 보강 공사의 총체적 지휘는 제2부시장이 맡아서 하기로 하고, 건물별 보강 방법을 마련하기 위한 안전 진단반은 건축, 지질 그리고 구조학에 조예가 깊은 학자와 설계 실무 전문가 가운데서 위촉하기로 했다. 인원은 15명 내외로 구성하며 건물의 안전을 진단할 때에는 건물 시공사와 현장감독 공무원이 참석하여 진단과 보강 공사의 효율을 높이도록 했다. 비로소 조직의 안정과 업무의 질서가 회복되어 갔다. 이에 소요된 기간은 10일이 넘었으며, 이 기간 동안 나를 비롯한 기획예산계의 직원(강성환, 이을삼)은 줄곧 사무실에서 먹고 자면서 일을 하느라 집에도 들르지 못했다. 아파트의 진단과 보강 공사는 비교적 순조롭게 진행되었다. 보강 공사에 6개월이 소요되었다. 우리들이 소속된 아파트 건설사업소는 안정을 되찾고 서울시도 새로운 정책을 구상하는 여유를 가질 수 있게 되었다.

이 시기에 마련된 아파트사업소의 구호는 "아파트에서 실추된 서울시의 신뢰를 아파트로 회복한다."였고, 추진된 정책 사업은 여의도 시범아파트 사업이었다. 여의도 시범아파트 사업은 우리들 기획예산계에서 계획의 수립에서 착공까지의 일을 담당했는데, 설계는 시민아파트의 진단과 보강 지침을 마련해 준 진단 반에 단지 조성 전문가(박병주 교수)를 추가 보완하였으며, 시공은 서울에서 부산까지의 고속도로를 건설한 회사가 각 공구별로 맡아서 공사하도록 했다.

길음동의 건물 보전

여의도에 짓고 있는 시범아파트 건설 현장을 돌아보고 사무실에 들어왔더니 아파트 건설사업소장(장지을)이 나를 찾는다는 전갈이 왔다.

소장실에 들어서니 자리를 권하고 커피를 내주면서 "강 계장은 나하고 같이 가야 합니다. 내가 그렇게 만들어 놨으니 양해해 주시면 고맙겠소." 하는 것이 아닌가. 나는 서울시의 직제 개정을 모르고 있었던 데다 그런 일은 나와 전혀 무관한 일로 생각했다. 순간적으로 "그러면 나는 어디로 갑니까?" 물었더니 "강 계장은 국의 주무 계장을 맡아 주어야 되겠소." 하는 대답이다.

소장의 방을 나서면서 곧 바로 인사과에 있는 조직관리계로 갔다. 가는 길에 머리에 떠오르는 생각은 '또 얼마나 일이 많은 자리이기에 나를 그곳으로 보내는가?' 하는 것이었다. 그도 그럴 것이, 와우산의 시민아파트 붕괴 사고 이후 참으로 많은 일을 처리했으며 그로 인하여 몸과 마음이 지쳐 있는 상태였다.

직제 표를 본 나는 다시 한 번 실망했다. 예상한대로 직제에 나와 있는 주택행정계의 주요 업무는 '주택 정책에 관한 사항, 주택의 건립 계획에 관한 사항, 무허가 건물의 정리에 관한 사항, 세운상가의 정비' 등이었다. 이때만 해도 우리나라의 주택 정책은 거의 불모지 상태였고, 세운상가 정비만 해도 건물 자체가 무허가여서 서울시에서 가장 골치 썩는 일 중 하나였기 때문이었다. 그렇지, 나를 도와줄 사람이 어디에 있겠나, 나는 왜 이렇게 업무 처리가 어렵고 남들이 기피하는 곳으로만 불려 다녀야 하는 걸까, 1년 이상 주말도 없이 일한 사람을 이렇게 처우해도 되는 것일까, 이런 생각이 머리를 꽉 채웠다.

1971년 9월에 보직 받은 자리로 갔다. 다행히 직원들은 1당 백(一當百)의 훌륭한 분들로 충원되어 있었다. 새로 창설된 자리이니 사무를 인수인계할 일이 별로 없었다. 그 가운데 눈에 띄는 사건은 법원으로부터 날아온 지 1개월이 넘은 데다 소송업무를 관장하는 법무과에서 신속한 대응 대책의 강구를 빗발치듯 독촉하던 건이었다. 이 사건은 '길음동의 3거리에 건축되어 있는 5층과 6층 높이의 건물 7동을 철거하고, 또 그 북동쪽에 위치한 약 500여 평의 공지에 가득 들어서 있는 무허가 건물 50여 동을 철거하여 완전한 나대지 상태로 원고에게 명도할 것'을 판시한 민사 사건으로, 원고 측 소송 대리인은 그 당시 서울 변호사회 회장을 맡고 있던 최돈웅 변호사였다.

길음동 3거리와 쟁송 대상의 대지를 세 번이나 가보고 실제 상황을 조사해 이 일대를 항공 촬영한 사진과 대조했다. 소송 기록을 비롯한 관련 공부도 모조리 검토해 보았으나, 이 재판은 1심에서 3심까지의 재판과 재심이 모두 종결된 상태였고, 판결 내용도 재의에 붙일 만한 하자가 전혀 없었다.

판결의 중요한 내용은 '원고의 토지에 아무런 연고도 없는 제3자인, 신당동에서 금호동으로 넘어가는 신설되는 도로부지에 살고 있던 현재의 점유자에게 부지를 지정하여 건축허가를 하고 거주하게 한 것은 구획정리법상의 비환지 금지의 원칙을 위반한 불법적 행정처분'이었고 길음동의 토지 소유자는 행정 쟁송과 민사소송을 제기하여 최종적으로 쟁송이 종결되기까지 5년이라는 긴 세월이 흘렀으므로 소송비용만 하더라도 적지 않은 금액이 발생한 사건이었다. 그도 그럴 것이 현재의 점유자가 금호동에서 신당동으로 통하는 도로를 개설할 때에 그 도로 선에 저촉되는 소유자들이 보상금을 현금으로 수령할 것을 거부하고 대지를 현물로 교환하여 줄 것을 요구함에 따라, 서울시에서는 그 요구대로 길음동의 사유지에 정착하도록 건축허가를 해준 위법적 처분을 한 사건이었다.

이제는 7동의 건물에 대한 가격을 측정하는 일과, 50여 동의 무허가 건물을 철거하는 일을 검토해야 했다. 이렇게 되고 보니 문제의 7동의 소유주와 거주하고 있는 분들이 자신들의 권리보호와 생활 안정을 호소하는 민원을 매일같이 제기하고 있었던 것이다.

먼저 이 건에 대한 처리방안을 상의하고자 원고를 찾아 갔다. 원고는 연세가 70이 넘어 보이는 영감님이었다. 오래도록 소송에 지쳐 매우 신경질적으로 변해 있을 것이라 짐작하고 만났더니 의외로 차분하게 내 말을 경청하는 것이었다. 그러고는 "모든 일은 변호사와 의논하시오. 이 일에 관한 사항은 모두 변호사에게 위임한 상태이니 나는 실질적으로 권한이 없습니다." 했다. 다음날 최 변호사를 만나기 위하여 사무실로 찾아갔다. 최 변호사는 "이제 서울시가 정신을 차린 모양이구려. 직원이 찾아오는 것을 보니." 하면서 자리를 권했다. 그간에 있었던 여러 가지 얘기를 주고받으며 나는 대화가 통하는 분이라는 느낌을 받았다. 최 변호사 이야기의 요지는 다음과 같았다. "이 사건은 법에 명문화되어 있어 소송 결과 서울시가 패소할 것이 명백하므로 소송 진행 중이라도 화해로 종결할 것을 서울시의 소송대리인인 변호사에게 말한 바 있다. 그러나 서울시에서는 일언반구 회신이 없었다. 결과적으로 시일만 끌고 비용만 증가되었으니 쓸데없이 일을 키운 셈이다."

함께 차 한 잔을 나누고 나서 나는 최 변호사에게 말했다. "소송 결과에 관계없이 그 큰 건물 7동을 철거한다는 것은 사회적으로 예삿일이 아니며, 국가적으로도 보탬이 되는 일이 아니기 때문에, 판결문대로 이행하는 일은 매우 현명하지 못한 처리 방법이라고 생각됩니다. 내 생각으로는 토지의 가격을 계산하고 여기에 소송비용을 합산하여 현금을 지급하도록 하겠으니, 지금이라도 합리적인 선에서 화해를 하는 것이 좋은 처리 방법 같습니다. 그리고 이 건은 하루 이틀 내에 결정짓기 어려울 것이라 예상되니 변호사님이 시간 날 때 나를 불러 주시면 좋겠습니다. 그러면 3일 뒤에 또 오겠습니다."

소송비용은 이미 확정되어 있었지만 반환해야 할 토지의 가액을 산출하고 건물의 철거 비용과 현재 입주자들이 이사할 수 있는 대책, 즉 이사비용과 이사 갈 건물의 확보 비용을 산출해 보니 대체로 1,800만원(1970년 금액)이 소요되는 것으로 추산되었다. 이를 토대로 처리 방안을 마련하고 시장의 결재를 받았는데, 그 요지는 다음과 같았다.

첫째, 판결 결과에 관계없이 화해의 방법으로 종결한다.

둘째, 소송비용과 반환해야 할 토지의 가액, 현재 입주자들의 이주를 위한 건물을 마련하고, 또 이사 비용을 포함한 일체의 금액이 1,800만원으로 추산되므로 화해금의 한도는 최저 1,500만원에서 최고 1,800만원 미만으로 한다. 다만 화해가 성립되지 아니하는 경우에는 별도로 다시 협상 결과에 따라 새 방침을 받는다.

셋째, 50동의 무허가 건물은 서울시가 책임지고 철거하여 명도한다.

결국 최 변호사와 3, 4차례에 걸친 협의 끝에 화해 금액은 1,600만원으로 합의되었다. 무허가 건물을 철거하여 원고가 현장을 확인한 후 원고의 비용으로 철조망을 설치하고, 그 후 화해 합의서를 받아 이 사건을 종결할 수 있었다.

주택정책과 주택건립 10개년 계획

서울시에 주택국(주택관리관실)이 설립되던 당시에는 국이라는 이름을 사용하지 못하고 '주택관리관실'이라는 이름으로 발족되었다. 서울시는 지방자치단체이면서도 서울시장이 국무회의에 참석하는 터라 그 직급도 일반 시도와는 구분되도록 하고 내무부의 산하 조직이 아닌 정부 직할 국무총리 소속으로 격상시킬 필요가 있었다. 그래서 제정된 '서울특별시의 지위와 조직에 관한 특별법'에 국의 이름들이 명기되어 있었으므로 이 법을 개정하지 않으면 국이라는 용어를 쓸 수 없기 때문이었다.

주택국이 생긴 것은 서울시는 물론이요 우리나라에서도 처음 있는 일이었다. 이 시기에 '주택'이라는 용어를 사용하는 기구는 주택은행과 주택공사, 건설부 건축과의 주택계가 전부였다. 나는 주택관리관실의 주무계장이고, 국 단위의 큰 조직이 만들어진 이상 적어도 정책 방향은 뚜렷이 설정되어야 한다고 생각했다. 그 업무를 이행해야 할 사람은 나였다. 나는 주택공사와 주택은행 그리고 건설부를 방문하여 인사하고, 우리나라 주택정책의 방향과 주택행정에서 처리해야 할 일들을 상의하면서 몇 가지 조언을 듣고자 했으나 소득이 되지 못했다.

그래서 대학으로 찾아갔다. 서울대학교의 행정대학원에 갔더니 마침 노융희 교수의 방에 5, 6명의 교수들이 앉아서 여담을 하고 있었다. 우선 인사를 한 다음 나를 소개했다. "서울시에 주택국이 만들어졌는데, 주택정책을 입안해야 하겠습니다. 이 일을 슬기롭게 마무리하기 위해 교수님들을 방문하였으니 지도해 주시고, 참고가 될 자료를 주시면 고맙겠습니다." 교수들은 "그 일이 그리 간단한 게 아닌데 언제까지 어떻게 하겠다는 것입니까?" 하고 되물었다. 내가 "시간이 없어 최대한 1주일 안으로 만들어야 할 처지입니다.”라고 하니 “그렇게는 될 수 없는 일입니다.” 하는 대답이 돌아오고는 더 이상 대화가 이어지지 않았다. 마침 그때 이야기를 듣고 있던 안해균 교수가 어딘가를 다녀온 뒤, “이 글은 내가 일전에 써둔 것이니 참고가 된다면 한번 읽어 보시오.” 하면서「한국의 주택 부족률에 관한 고찰」이라는 논문을 주었다. 이 글을 통해 주택의 보유율보다는 부족률이 더욱 실감나는 용어라는 것을 알게 되었고, 주택행정에 참고로 삼았다.

내가 배우고, 존경하던 박두석 선생님이 부산일보 서울지사장으로 와 계시기에 찾아가서 내가 해야 할 일을 말씀드리고 이에 관한 지침을 주실 것을 바랐더니 이런 말씀을 들려주셨다. “주택은 순수한 경제학적 입장에서 보면 최종 생산물이요, 최종 생산물이 사치스럽거나 분에 넘치게 크거나 하면 이를 활용하는 사람은 사치와 방종에 흐르니, 주택의 크기는 가급적이면 작아야 할 것이네.” 행정인의 지표가 될 만한 말씀이었다.

서울시내의 큰 서점들을 여러 군데 들렀으나 주택에 관련되는 책은 주택공사에서 발간한 월보나 연보 외에는 우리말로 된 책은 찾아볼 수 없었다. 외국 도서를 팔고 있는 책방으로 갔다. 그곳에서 『전후 일본의 주택정책』이라는 책을 반가운 마음으로 구해 열심히 읽었다. 마침 사무실 가까이에 서울시 도서 자료실이 있어 그곳에서 우리나라의 주택통계도 접할 수 있었다.

이렇게 하여 만들어 낸 서울시의 주택정책은 ‘1가구 1주택의 실현, 불량 주택의 개량’이었다. 주택을 양적으로 증대하여 부족률을 감소시키고, 시민이 건전한 주거생활을 영위하는 데 적합하지 않은 주택은 과감하게 개량하여 생활환경을 개선하려는 의지를 보인 정책이었다.

먼저 주택 부족률 감소를 위한 주택 공급계획을 마련하기로 했다. 「주택 및 인구센서스」의 기록에 의하면 1971년 서울시의 주택 사정은 유·무허가 건물을 합해도 보유율이 52.3%에 불과했다. 주거생활에 적합한 주택도 40%를 넘지 못하는 형편이었다. 마침 이때 서울시에서 분야별 '시정 발전 10개년 계획'을 세우고 실행에 들어갔다. 우리도 주택 보유율 80% 달성을 가정하여 주택건설 계획을 광범위하고 치밀하게 검토했다. 우선 서울의 전체 면적에서 산과 하천이 점유하고 있는 면적을 제외하고 기존 시가지와 도로, 공원과 공장지역을 뺀 나머지 땅을 모조리 개발하여 집을 짓는다고 가정해 봤다. 주택 1동당 부지의 면적을 30평으로 하더라도 주택 보유율 80%를 달성하는 데 소요되는 부지는 지금보다 3배가 더 있어야 한다는 계산이 나왔다. 다시 말해 목표 양의 3분의 1을 공급할 부지밖에 없으므로, 서울의 주택 건설방향은 아파트로 갈 수밖에 없다는 결론에 도달했다.

당시 정부에서는 2차에 걸친 경제개발 5개년 계획을 성공적으로 마무리하고 3차 경제 사회개발 5개년 계획을 입안하고 있었다. 주택부문에 비중을 두고 계획을 수립했으나 만족할 만한 자료가 없어 애로가 많았다. 경제기획원에서는 주택부문 계획은 장관(김학열)이 직접 검토했다. 여기에 주택공사, 주택은행, 건설부, 그리고 서울시 관계관들이 참석하는 회의가 있었는데, 서울시에서는 내가 참석해 서울시의 주택정책과 방향 그리고 주택 건설부지 공급의 부족상황 등을 상세하게 보고했다. 김학열 장관이 주택부문 계획은 서울시의 의견에 따르기로 하여, 5개년 계획에 반영하기로 했다. 아파트는 동남아 지역에서는 홍콩과 마카오가 아파트의 건설에 가장 앞선 지역이니 이곳을 시찰한 다음 계획을 확정하자고 했다. 이 의견에 따라 동남아지역 아파트 시찰단이 만들어지고 서울시에서는 주택과장(김택수)이 동남아 지역의 아파트를 돌아보고 왔다.

낙산(駱山)을 보호해야지

1995년 12월 26일, 두 번째 부시장으로 부임한 이후 처음으로 등청한 날이다. 부임했다는 인사를 겸하여 시청에 출입하는 기자 몇 분과 점심을 같이 하고자 막 자리를 뜨려는 시간에 시장실의 비서실장이 찾아와서 "오늘은 집단 민원인을 만나 주어야 합니다. 민원인 수십 명이 오셔서 시장님과의 면담을 청하고 있는데, 시장님이 만나지 못할 급한 일이 있으니 부시장님이 만나야 하겠습니다."라는 것이다. "그러면 노 실장은 기자실에 연락해서 오늘 내가 나가지 못하니 나와의 만남은 다음 기회로 하고, 오늘은 노 실장이 잘 접대해 주셔야 하겠습니다. 그리고 민원인이 몇 분이신지 100여 명이 넘으면 대 회의실로 안내해 주시고 50명 미만이면 상황실로 모셔 주십시오. 대표자를 뽑는 등의 일은 해서는 안 됩니다." 약 5

분이 지나니 수위장이 와서 "민원인 24, 5명을 대표 선발 없이 모두 상황실로 모셨습니다."라고 전해 준다.

시간은 12시 10분경이었다. 나는 찾아온 민원인을 기다리게 할 수는 없다, 어떠한 내용의 민원인지 알아 볼 시간도 없다, 민원인들과 기탄없는 대화를 나누면서 그 내용도 알고 민원도 처리하리라, 하는 생각을 하면서 상황실로 갔다. 찾아오신 분은 모두가 21명이었다. 나는 "어디서 무슨 일로 오셨습니까? 오늘 오신 분은 20여 분이니 시청을 방문하신 뜻을 한 사람도 빠짐없이 말씀해 주시면 기탄없는 대화가 될 것 같습니다. 우선 대표자 되시는 분이 먼저 말씀하시고 앉으신 순서대로 의견을 제시하여 주십시오."라고 말했더니, 대표자 격인 김 모 부인이 "우리는 종로구의 이화동에서 왔으며, 우리가 살고 있는 낙산 시민 아파트를 재개발하여 보다 넓고 깨끗한 집에서 살기를 원하는 심정을 시장님께 말씀드리고자 왔으니 꼭 우리의 뜻이 관철되도록 도와주십시오."라고 서두를 꺼내신다. 차례대로 한 분씩 말씀하실 것을 종용했더니 11명이 12번 말씀을 하셨는데, 그 내용이 대동소이했다. 시간은 어느새 1시를 넘어섰다.

이제 내가 답변을 할 차례였다. 나는 "여러분은 듣기가 거북하겠습니다만, 결론부터 말씀드릴 터이니 내 말이 끝날 때까지 조용히 들어 주십시오. 낙산의 시민 아파트는 어느 때고 헐어서 공원을 만들어야 할 곳입니다. 따라서 거기에는 또다시 아파트를 지어서 서울을 무질서한 도시로 만들 수가 없습니다. 아파트는 한 번 지으면 100년은 보존되어야 하므로, 우리 세대에서 저지른 도시 관리의 잘

못을 우리의 후손 2, 3대에까지 넘겨주는 어리석은 조상이 되어서는 안 됩니다. 더군다나 서울의 자랑거리는 아름다운 산이 있어 자연 경관이 수려한 도시라는 것입니다. 더욱이 낙산은 서울의 4대 내산 가운데 하나입니다. 지난날의 우리나라는 조국 광복 후 해외에 있던 많은 동포가 귀국을 한 데다 6·25로 주택이 턱없이 모자라, 우선 집을 지을 만한 곳에는 모두 집을 지었지만 이제는 우리들이 아파트를 지을 곳과 지어서는 안 되는 곳을 잘 구분해야 합니다. 우리나라 100년 대계에 더 이상 시행착오를 범해서는 안 되지 않겠습니까. 여러분들이 이해를 해 주시기 바랍니다."라고 했더니 "그러면 우리는 얼마나 오랫동안 낙산에서 살 수 있습니까?" 하는 질문이 나왔다. 그래서 나는 "그 문제는 이렇게 판단하십시오. 서울시에서 1년에 한 번씩 시민아파트의 안전 진단을 하고 있지 않습니까. 여러분들이 사시는 시민아파트가 안전하다고 판정되면 계속해서 사실 수 있고, 위험하다고 판단되면 여러분들이 반대를 하셔도 이주시키고 철거할 것입니다. 또 도시계획 차원에서 꼭 낙산을 정비해야 하겠다는 정책이 결정될 때까지는 안심하고 사셔도 됩니다. 낙산 정비 사업에는 많은 예산이 있어야 하는 일입니다. 그러나 서울시는 낙산을 정비할 만한 예산이 없어서 당장 공원을 조성할 수 없고, 또 낙산 정비 사업을 할 때에는 적어도 1년 이상의 기간을 두고 여러분들이 대비하실 수 있게 처리함으로써 적어도 여러분들이 당황하도록 하지는 않을 것입니다. 서울시를 믿어 주십시오."라고 설명했다. 그러자 참석한 시민 모두 "감사합니다." 하면서 일제히 박수를 쳐 주셨다. 숨김없는 자세로 대화에 임할 때, 우리 시민은 선량한 모습으로 적극적인 찬사를 보내 주는 것이었다.

민원인들과의 대담은 오후 2시를 넘겨서야 끝이 났다. 결과를 보고받은 조 순 시장은 "어찌 그럴 수가 있습니까?" 하며 격려를 아끼지 않으셨다.

세운상가의 합법화

주택과에서 처리해야 할 큰 업무 가운데 하나는 김현옥 시장 재임 중에 건립한 세운상가였다. 세운상가는 종묘로부터 남산에 이르는, 폭 80m가 넘는 도로부지에 꽉 들어차 있던 불량 건물을 철거하고 건설한 시설물이었다. 건축법에 의하면 건물은 대지 위에 건설할 수 있으나 지목이 도로인 부지에 건립할 수는 없었다. 따라서 세운상가는 허가나 준공이 나지 않아 건물 안에서 합법적인 영업행위를 할 수 없었다. 주택(아파트) 입주자와 점포주들은 서울시를 원망했다. 특히 건물의 3층에는 동쪽과 서쪽에 데크(deck)로 된 시설물이 있었는데 이것은 설계도상에 도로로 명기되어 있어 3층에 고가도로가 붙어 있는 형국이었다.

건축법상으로는 준공 처리를 할 수 없는데 민원인은 계속 합법적인 영업행위를 할 수 있도록 건물의 합법화를 요구하고 있었으므로 이 문제를 해결하는 데 많은 시간이 소요됐다. 건축과와 도시계획과 도로과 등 세운상가 토지와 건물에 관련되는 부서의 계·

과장을 찾아다니면서 열심히 묻고, 법 규정을 열람하여 얻은 결론은 세운상가 전체 건물을 도시계획 시설로 규정짓고, 건축법상의 건물은 아니더라도 등기부상에 보존 등기를 하고 그 보존 등기 내용에 따라 영업 감찰 등 합법적인 증서를 발부하도록 하면서, 3층의 도로는 사도법에 의해 도로로 확정하여 규율토록 결정하는 것이었다. 김태완 군과 함께 보고 안을 만들었다. 이 보고서는 시청의 관계부서, 국·과장의 합의와 의견을 첨부하고 종로구와 중구청장의 의견도 첨부했는데, 종결하기까지 참으로 많은 부분을 연구하고 검토하고 조율했다.

주택 행정계장에서 예산과로 전보되어 근무하고 있는 어느 날, 주택행정과장(강정희)과 주택행정계장이 큰일이 난 것처럼 놀란 모습으로 찾아왔다. "감사원 감사를 받고 있는데, 세운상가를 방치한 책임을 묻겠다고 하니 업무관리 기간을 지적하고 확인 서명을 해야 한다."는 것이었다. 내가 "이미 3년 전에 관련 부서 책임자의 협의를 거쳐 시장의 방침을 받아둔 서류가 있다."고 했더니 "전혀 본 적이 없다."며 "그런 서류가 어디에 있느냐?"고 묻는다. 나는 사무인계인수 서류를 보면 명백하게 기재되어 있으니 서류를 찾아 감사관에게 보이라고 했다. 이 서류를 본 감사관이 감사보고서에서 행정처리 우수사례로 적출하여 보고하는 것으로 세운상가 업무는 종결되었다.

자기에게 부여된 책무는 언제라도 완결 처리하는 것이 공무를 맡은 자가 갖추어야 할 자세라는 평범한 상식을 실감케 하는 사안이었다.

광주대단지(성남시)를 어찌할꼬?

늦더위가 한창 기승을 부려 불쾌지수가 높아지던 오후였다. 풀어야 할 난제가 산적해 있는 세운상가 합법화 문제에 정신을 쏟고 있을 때, 전화벨 소리가 요란하게 울렸다. 과장과 단지조성계장(권오록)을 찾는 급한 전갈이 빗발쳤다. 무슨 일인가 궁금하여 국장실로 갔다.

국장과 과장은 벌써 부시장의 방으로 불려갔는데, 부속실의 직원이 전해 주는 소식은 "시장님이 광주대단지의 현황을 돌아보기 위하여 현장에 들렀는데, 평소 이주민 생활 실상에 불만을 가졌던 정착민이 난동을 부려, 시장님이 타고 갔던 지프차가 불타고 대단지 사무실도 주민들에 의해 난장판이 되었다."는 것이었다. 그로 인해 부시장실에서 대책회의가 열렸는데, 상세한 사항은 알 수가 없다고 했다.

부시장실에서는 문을 굳게 닫은 채 주요 간부회의를 하고 있고, 시장실에 들르니 분위기가 침울했다. 부속실의 직원들은 시장의 안전을 챙기는 한편 단지조성계장을 찾고 있었다.

그런데 마침 권 계장이 여름휴가 중이었다. 하는 수없이 내가 사무실에 돌아와 담당자(최호민)와 함께 단지 조성의 경위와 개요, 지금까지 이주 정착한 현황들을 정리하고 있는데 과장이 급히 들어오면서 나더러 대단지의 현황을 정리하고 난동의 개황을 만들어 달라는 것이었다. 평소에도 권 계장이 수시로 챙기던 일이므로 개황을 만드는 데 30분도 걸리지 않았다. 밖을 내다보니 부슬비가 내리고 이미 땅거미가 내려, 사위에 어둠이 깃들기 시작했다.

광주대단지는 경기도 광주군 단대동 일대에 서울시가 건립한 이주정착단지로, 서울의 청계천과 욱천변 그리고 세운상가의 옛 도로부지 등 여러 곳에 무질서하게 들어찼던 불량 건물들을 철거하여 서울시 여러 곳에 대 여섯 평의 공지를 지정하여 정착하도록 하던 것을, 소규모 정착지보다는 대규모의 정착지를 만들어 도시화하는 것이 주민의 생활편익을 도모하고 상하수도와 도로 등 각종 도시 시설을 효율적으로 건설할 수 있다는 정책적 배려로 생겨난 단지였다.

과장과 둘이서 먼저 총리실에 가서 보고를 했다. 1시간 여에 걸친 보고를 마친 후 대통령 비서실 보고까지 마치고 나니 밤은 깊었고, 늦여름의 빗발이 제법 차고 거셌다. 광주로 가는 길은 꼬불꼬불한 시골길이었다. 바람 불고 비오는 밤길을 조심스럽게 달려서 대단지 사무실에 도착하니 시간은 10시를 훌쩍 넘겨 허기가 졌다. 사무실에는 부시장을 비롯한 간부들이 있었으나 모두 별말이 없었다. 난동 후 미처 정리하지 못한 실내는 어수선하기만 했다. 서류 보관용 캐비닛 등이 난입한 사람들의 행패로 괭이에 찢기고 우그러들어 태풍이 지나간 폐허를 방불케 했다.

"이제 제2의 집단 난입은 없겠느냐?"고 말을 던졌더니, 대단지 소장이 "군중들이 몰려 나가면서 내일 또 올 것이란 말을 하고 갔기 때문에 안심할 수 없다."고 했다. 나는 주요 문서의 보존 상태를 물었다. "다행히 문서의 훼손은 없으나 보관 용기가 파손되었으므로 다시 난동이 있을 때는 이를 안전하게 관리하기 어려울 것 같아 걱정스럽다."고 했다. 그 양을 물어보니 "아마도 지프차 1대 분량은 될 것"이라는 대답이었다.

나는 즉시 "만사는 미리 챙기는 것이 만전을 기하는 길이니, 중요문서는 가장 가까운 천호출장소로 대피시켜 놓는 것이 좋겠다."고 의견을 내어 좌중의 동의 아래 문서를 옮기기 시작했다. 그러는 동안 내리던 빗줄기도 멈추고 동이 터 왔다. 다행히 더 이상 성난 주민의 난입은 없었다. 이제는 정착민을 위해 급한 일부터 챙겨야 했다.

주민이 이용할 수 있는 공동 화장실, 연탄을 비롯해 생활필수품을 조달할 수 있는 매점의 설치, 안전한 생활용수를 공급하는 급수시설, 비록 도로 포장은 늦는다 하더라도 측구를 잘 시공하여 배수가 되도록 하는 일, 외부와의 소통을 위한 공중전화의 증설 등 사람이 사는데 필요한 시설이 거의 갖추어지지 않은 상태였던 것이다.

나는 이곳에서 이틀 밤을 지새웠다. 그랬더니 소장을 문책하여 직위해제하고 시장이 가장 믿는 감사과의 김진호 계장을 승진시켜 소장으로 보임했는데, 전반적인 업무를 챙겨야 할 과장에는 내 이름이 거론되었다. 아무 소리 없이 귀추를 관망하고 있었더니 다행히 내 이름은 빠지고, 그 대신 나에게는 즉시 '광주대단지의 활성화 계획'을 만들어 오라는 시장의 지시가 있었다.

나는 왜 광주대단지가 빈곤하여 소득이 향상되지 못하는가 하는 점에 착안하여 다음과 같은 계획안을 만들어 시장에게 드렸다. '한 지역 내의 경제적 활력은 그 안에 얼마나 많은 화폐가 유통되느냐에 달려 있다. 통화량을 더 키우기 위해서는 지역 내의 통화 이외에 외부로부터 유입량을 크게 늘려야 하며, 개인적으로는 수단을 가리지 않고 소득을 증대하도록 기회를 부여하자.'는 내용이었다.

이때만 해도 남한산성으로 오르는 길은 지금처럼 성남시에서 서문 쪽으로 오르는 길이 없어 경기도의 광주군 은고개 쪽에서 오르는 수밖에 없었다. 그래서 지금과 같이 대단지에서 진입하게 되면 서울시민이 이곳을 찾으리라는 생각을 했다. 그렇게 되면 자연히 등산 용품 등 많은 물품을 구입하게 될 것이었다. 또한 단대천의 상류 계곡 및 경치 좋은 곳을 골라 휴식처를 제공하고, 판매 시설 등에도 여러 가지 행정 규제를 완화하여 자유롭게 영업할 수 있게 하자고 했다.

나아가, 정착민의 유일한 소득원은 일일 노동에서 얻어지는 노임인데 이 수입의 대부분이 곧바로 쌀과 연탄 등 가정의 생활용품 구입비용으로 지출되는 데 착안해, 물품의 판매는 광주대단지의 주민만이 할 수 있도록 규제하자는 안을 내었다. 판매시설의 운영자가 거의 모두 서울 사람이어서, 오후에 정착민들에게 지급된 노임이 3시간도 채 되지 않는 짧은 시간에 서울로 흡수되고 마는 실정이기 때문이었다.

이 계획서를 받은 시장은 곧 청와대 회의에 보고하여 채택되었고, 광주대단지에 관한 업무는 경기도가 주관 처리하라는 대통령의 지시에 따라 경기도에서 관리하게 되었다. 광주사태가 벌어지고 1주일 만에 이루어진 변화였다.

오늘날 성남시에서 남한산성의 서문 쪽으로 오르는 길을 찾을 때면, 나는 참으로 깊은 감회에 젖지 않을 수 없다.

무허가 건물과 공무원의 사기

1985년 봄에 나는 성동구청장으로 부임했다. 강동구는 구청으로 발족한 연륜이 짧을 뿐만 아니라 아시안 게임과 올림픽을 치르기 위해 경기장과 선수촌을 건설해야 하고 각종 도시 시설들을 정비·단장해야 하는 등 할 일이 많고 시가지도 정비되지 않은 곳이 많았던 반면 성동구는 그 역사도 오래될 뿐 아니라 인품이 훌륭하고 업무에 밝은 구청장들이 거쳐 간 곳이었다. 나는 마음속으로 '이제는 좀 천천히 쉬어 가면서, 직원들에게 기합도 덜 주면서 일해도 되겠거니…' 하고 안도했던 것이 사실이었다. 그런데 이 기대는 며칠이 지나지 않아 무너지기 시작했다. 관내의 뒷골목을 순찰한 결과 행정력이 강동구의 수준에 훨씬 미치지 못한다는 결론에 이르렀다.

성수동의 공장 지역으로 나갔다. 길거리마다 공장에서 배출된 폐기물과 쓰레기가 도로의 거의 대부분을 점령하고 있는가 하면, 크고 작은 도로는 차도와 보도 사이에 설치된 L형 측구마다 흙이 가득 차 보도와 차도가 구분되지 않는 곳이 한두 군데가 아니었다. 가로를 순찰하면서 유심히 살펴보니, 환경 미화원들이 쓸어 모은 흙과 쓰레기들을 빗물받이 있는 곳으로 밀어 붙여 그 안으로 쓸어 넣고 있었다. 그러니 6월 들어 장마가 시작되면 필연적으로 빗물이 배수되지 않아 차도는 수로로 변하고, 심한 경우는 빗물이 가옥에까지 넘쳐들어 침수 피해를 일으킬 것이었다. 다음날 아침 간부회의 시간. 감사과에서는 전 직원을 가로 순찰에 집중시키고, 건설국에서는 모든 가로의 빗물받이와 L형 측구를 전부 준설하며, 환경국에서는 성수동의 도로 위에 적치된 폐기물을 모조리 실어 내도록 지시했다. 또 동장은 가로 환경 미화원이 쓰레기를 빗물받이에 밀어 넣는 사실이 적발되면 동장이 지켜 서서 그 환경 미화원으로 하여금 근처의 빗물받이 10곳을 준설하도록 감독하고, 동장이 이러한 일을 보고도 외면하는 경우에는 동장을 징계하도록 하라는 지침을 시달했으며, 이 일은 비교적 순조롭게 추진되었다.

그런데 이러한 해야 할 일들이 지지부진하고 능률이 오르지 않았다. 이제 아시안 게임이 1년밖에 남지 않았는데 가로 환경정비, 위생업소의 환경 개선과 화장실 개조사업, 무허가 건물의 철거 등은 말할 것도 없고, 시세의 징수율도 다른 구에 비해 성적이 좋지 못했다. 이들 사업에 관한 대책을 지시해도 직원의 움직임이 느리고 시정하는 모습이 쉽사리 보이지 않았다. 그 원인을 찾기 위해 여러모로 생각했으나 꼭 집어서 바로 이것이로구나 하는 결론에 도달하지 못했다. '성동구 조직의 생태와 오랜 전통이 이러한 근무 문화를 만들었나?' 고민하는 한편, 여기에는 반드시 얘기하기 어려운 사연이 있을 것이라 생각했다. 나는 다른 측면에서 그 원인을 찾아 처방을 내려야 되겠다는 생각을 하며 감사과장을 불렀다. "김 과장, 내가 꼭 필요해서 그러니 오늘부터 1주일 안으로 성동구 전체 직원에 대한 과거 3년간의 징계 실태를 그 원인별로 분석해 주시오. 이 자료에는 징계뿐만 아니고 훈계나 경고까지 포함을 시켜야 합니다." 그리고 1주일이 지나 받아본 징계 실태 분석표는 참 잘 만들어져 있었다. 나는 김 과장과 둘이 앉아 한참을 들여다보다 놀라운 사실을 발견했다.

업무 내용별로 살펴보니 주택(무허가 건물)에 관련된 사항이 거의 절대적이었고 시기적으로는 봄과 가을에 집중되고 있었다. 다시 말하면 항공 촬영을 할 때마다 무허가 건물이 적발되는데, 이때 지적된 사항이 시정되지 않고 있으니 그 사항이 누적되어 훈계와 경고를 포함한 약 600여 건 이상의 징계처분이 있었고, 담당 과장인 주택과장은 징계에 회부된 상태였다. 이즈음 시에서 상당히 큰 폭의 인사이동이 있었다. 성동구에도 도시정비국장(원세훈)과 주택과장(배순기)이 새로 부임해 왔다. 국장과 과장이 한꺼번에 교체되었으므로 업무 현황을 파악하도록 2, 3일 시간을 준 다음 두 사람을 함께 불렀다.

징계 실태 분석표를 보이면서 "이것이 성동구 주택행정의 실태요. 그리고 이 문제를 해결하는 것이 당신들 두 사람과 내가 해야 할 일 가운데 제일 중요하고 급선무인 것 같소. 이러한 상황에서 어떻게 직원들이 신바람나게 일할 수 있겠습니까. 생각할 수 있는 시간을 2, 3일간 줄 터이니, 다음 주 월요일에 우리 세 사람이 다시 상의합시다."라고 말했다. 월요일이 되었다. 세 사람이 앉자마자 원 국장이 먼저 말을 꺼냈다. 그리고 배 과장이 결의에 찬 말투로

부언했다. "문제 있는 건물은 철거해야 하겠습니다. 가장 대표적인 것이 무허가 건물을 지어 놓고 ○○노인정, 혹은 ○○경로당, ○○ 연락사무소라는 간판을 붙여 놓은 곳입니다. 구청에서 이들을 묵인 또는 방치하고 있었으니 이를 시정하기가 쉽지는 않겠습니다."

"그럴 것입니다. 내가 내일부터 해당 노인정과 경로당에 찾아가서, 부득이 무허가로 지은 건물은 철거하고 번듯한 노인정을 지어 드릴 것이라는 설명을 할 것이니, 그 뒤에 철거 계고장을 발부하도록 합시다."

철거작업은 시작되었다. 능동(凌洞)의 어린이대공원에 인접한 노인정부터 철거했다. 여기는 노인정 간판 이외에 ○○단체의 연락사무소라는 간판도 있어서 드나드는 어른들이나 이웃 사람도 그 건물이 무허가 건물이라는 것을 전혀 모를 정도로 시일이 오래되고 건물도 제법 짜임새를 갖추고 있었다. 오전에 현장에 나갔던 작업반원들이 그리 늦지 않은 오후 시간에 철거작업이 완료되었다고 보고하기에 "별반 애로나 저항은 없었느냐?"고 물어 보니 아무 일이 없이 순조롭게 일을 마쳤다고 했다. 다음날 아침에 노인회 회장이 구청으로 오셨다. 인사를 드렸더니 인사는 받지도 않고

"구청의 깡패들이 나와서 노인정을 부셨는데, 이래도 되는 겁니까?" 했다.

"그래서 제가 며칠 전에 가서 철거할 수밖에 없다는 말씀을 드렸지 않습니까?"

"그래 철거는 그렇다 치고, 그 깡패들이 사무실에 걸려 있던 국기와 대통령의 영정을 부수고 밟고 했다고 하니 구청장이 어떻게

책임을 질 거요?” 하며 언성을 높였다.

“회장님, 저는 우리 직원을 믿습니다. 절대로 그러한 만행을 저지르지는 않았을 것이니 다시 한 번 알아보십시오.”

그래도 고함을 지르며 기세가 등등하기에 나는 다시 말했다.

“회장님, 회장님의 말씀이 맞으면 나를 비롯한 구청 관련자는 모두 응분의 책임을 지기로 하고, 만일 회장님께서 잘못 아셨으면 회장님은 무고죄의 벌을 받으셔야 합니다. 그렇게 하기 위해 회장님은 먼저 경찰서에 가서 고발을 하십시오. 나는 어제 그곳에 나가 작업을 한 책임자를 불러 조사하겠습니다.”

이렇게 해서 이날의 쟁의는 일단락이 되었는데, 그 다음날 아침 일찍 회장님으로부터 전화가 왔다. 전화로 말씀하시라 해도 굳이 구청으로 오겠다고 하면서 “꼭 좀 만나야 한다.”는 것이었다. 조금 있으려니 회장님이 찾아와 “구청장, 내가 잘못했소. 어제 했던 얘기는 없던 것으로 생각해 주시오.” 했다. “그러기에 제가 뭐라고 했습니까? 우리 직원을 믿으십시오. 그리고 노인정은 빠른 시일 안으로 지어 입주 잔치를 구청에서 마련하겠습니다.”

이러한 우여곡절을 거쳐 무허가 건물을 쓰던 노인정 8곳을 헐고, 12개소의 노인정을 새로 지었다. 그 결과 구청 직원도 징계의 악몽에서 벗어날 수 있었다.

어느 노인회장의 죽음

1987년 4월 5일, 성동구의 식목행사는 응봉동의 매봉산에서 있었다. 성동구의 각급 사회단체원을 비롯한 행정기관의 직원이 모두 모여 열심히 일을 했다. 덕분에 이 날의 식목 행사는 비교적 일찍 끝이 났다. 참석해 준 단체의 간부들과 행정기관의 대표들을 전송하고 마지막으로 이곳 출신 국회의원과 작별 인사를 했다. 사무실로 들어오기 위해 각자의 자동차를 타려 하는데, 의원의 제의로 우리 두 사람이 함께 그의 자동차에 타게 되었다. 출발한 지 10여 분이 지나고 시가지로 접어드는데, "강 청장님, 2, 3일 전에 이곳 응봉동의 노인 회장님이 돌아가신 일을 알고 있소?" 하고 말을 건넨다.

"알고 있습니다. 심장마비로 돌아가셨는데, 별로 치료도 받지 못하셨다고 들었습니다."

"아니, 그 심장마비의 원인이 문제입니다."

"그게 무슨 말입니까. 심장마비의 원인이 따로 있다는 것입니까?"

"아, 그게 바로 노인정을 철거했기 때문에 그 쇼크로 심장마비를 일으킨 겁니다."

"의원님, 그게 말이 되는 얘깁니까? 생각을 해 보세요. 서울 시내에는 매일같이 하루에 적어도 100건 정도의 무허가 건물이 철거되는데, 자기가 살고 있는 집을 헐어도 심장마비로 사망했다는 시민의 얘기는 듣지 못했습니다. 그런데 무허가 노인정을 철거한 것이 어찌 노인 회장님의 심장마비로 연결된다는 말입니까? 그런 말을 다른 곳에서 하시면 의원님의 인격하고 연결될 수 있습니다. 그러니 나는 그런 말씀은 듣지 않은 것으로 하겠습니다.”

하나의 행정 단위 구역이 발전하기 위해서는 그 지역의 모든 인사와 단체가 일심동체로 단결해야 할 것이다. 특히 영향력 있는 사람들의 단합은 더욱 중요한 요인으로 작용한다는 사실을 알고 있는 나에게는 이 일이 엄청난 충격으로 다가왔다. 사회의 의식을 선도해야 할 위치에 있는 사람들의 뜻이 분열되어 있다면 이는 곧 지역 발전의 침체를 가져 올 수밖에 없지 않겠는가.

올바른 법 집행도 쉽지 않은 것이 세상살이구나, 하는 현실을 가르쳐 주는 사례로 내 기억에 남아 있다.

chapter 4

예산 관리의 체계화

아무리
크고
험하다 한들

최초의 연감과 법규집

　주택행정계장으로 있을 때 길음동의 비환지 처리가 서울시 행정의 부당 처리로 패소했다. 그 뒤치다꺼리로 무허가 건물 50여 동을 철거하고 사무실에 들어오니 몸도 피곤하고 마음도 괴롭다. 그도 그럴 것이 연료과에서는 내 분장(分掌) 업무도 아닌 연탄가스 위해 방지 사업을 처리하고, 아파트 건설사업소에서는 이미 입주자 모집까지 끝난 중산층 아파트의 건립 계획을 전면적으로 수정했다. 거기에 더해 와우산 시민아파트 붕괴 사건의 뒤치다꺼리와 남아 있던 시민아파트 보강 공사를 총괄적으로 지휘 통제하기도 했다. 그리고 이제 또 매일같이 무허가 건물과 싸워야 할 생각을 하니 머리는 무겁고 몸은 잘 움직여지지 않는다. 그런데 자리에 앉기도 전에 직원(김한근)이 말을 건넸다.

　"계장님 발령이 났습니다."

　"네, 지금 뭐라 하였소?"

　"인사이동의 발령이 났습니다."

　"어딘데요? 또 내가 가야 할 복잡한 곳이 남아 있는 모양이네."

　"아닙니다, 영전입니다. 예산과 총괄계장입니다."

　이 말을 듣는 순간 나는 지옥에서 천당으로 간 듯 기뻤다. 뒤이어 '누가 나를 도와주는 것일까? 이 시청 안에도 나를 도와주는 분이 있다는 말인가.' 하는 생각이 머리를 스쳤다. 한편으로는 마침 그 날 길음동의 쟁송 패소 치다꺼리를 정리한 것이 잘 된 모양이라는 생각도 스쳐갔다.

발령 날짜가 9월 초순이어서 예산과는 내년도의 예산을 짜느라 한창 바쁠 때였다. 예산과장은 김상진 씨였다. 직제 상으로 내가 해야 할 일은 세입 예산을 추정하고 예산 전체를 균형 있게 조정하는 일이었다.

낮에는 각 국별로 만들어진 내년도 사업계획을 시장에게 보고하는 자리에 배석하여 시장의 시정에 대한 생각을 알아내야 하고, 밤에는 예산에 관한 법규부터 시작해 관계된 자료들을 검토하는 공부를 해야 했다. 그런 속에서도 누가 나를 도와줬을까 하는 생각이 머릿속을 떠나지 않았다. 이틀이 지났다. 나는 더 이상 궁금증을 견딜 수가 없었다.

"과장님, 궁금한 일이 하나 있는데, 도대체 내가 어떻게 이 자리에 오게 됐습니까?"

"몰라도 돼요."

"아니, 고맙다는 말은 못 하더라도 알고는 있어야지요."

그러나 과장님의 대답은 "괜찮아요." 그것으로 끝이었다.

또 이틀이 지났다. 이번에는 자리에 마주앉아 다그치듯 물었더니 "강 계장의 빽은 안찬희와 도지훈이오."라고 대답한다.

그 두 사람은 다른 부서에 있을 때 내가 모셨던 분들이다. 그분들의 이름을 듣는 순간, 내가 서울시청에서 쓸 만한 사람으로 평가를 받는다는 것은 결국 같이 일을 하여 본 분들의 평가에서 좌우되는 것이라는 평범한 진리를 실감했다. 그리고 이 기쁜 생각은 서울시라고 하는 조직 안에서 올바른 평가를 받지 못한다면 나의 입지는 좁아질 수밖에 없으니 더욱 열심히 일해야겠다는 생각으로까지 이어졌다.

그런데 이 시기의 서울시 재정 사정은 매우 어려웠다. 매년 9월이 되면 앞으로 연말까지의 3개월간은 직원의 월급도 지급하지 못할 정도로 적자 재정이 몇 년 동안 계속 되고 있었다. 때문에 월급을 비롯한 필수 경비를 지출하기 위해 은행에서 차입한 자금의 이자만 해도 1년 지출 금액이 한강에 철교를 하나씩 가설할 수 있는 규모였다.

뿐만 아니라 일반 시중은행에서는 서울시에 대출을 해주지 않아 부득이 이율이 가장 높은 신탁은행에서 빌려야 했고, 그 이율은 일반 시중은행의 대출 이자가 16.5%인데 비해 23.5%의 고금리였다. 그러나 그나마도 아쉬워 연말이 가까워지면 재정운용에 직접적으로 관련이 있는 부시장, 기획 관리관, 재무국장은 신탁은행에서 자금을 차입하여 오는 것이 큰일 가운데 하나였다. 따라서 정확한 세입 가능 규모를 판단하고 불급한 지출은 억제하는 것이 예산편성의 요체였음은 말할 것도 없다.

서울시에 의회가 구성되지 않은 시기였으므로 제도적으로 서울시에 대한 감독은 국무총리실(정무비서관)에서 전행하고 있었다. 세입에 관한 예산 편성은 직접적으로 나의 소관이었다. 예산과에는 각 국장을 비롯해 많은 예산을 집행하는 몇몇 과장들이 자주 찾아와 대화를 나누게 되는데, 얘기의 대부분은 "또 총리실의 정무비서관(박승복)으로부터 기합 받을 일"을 걱정하는 것이었다. 나는 내심으로 박승복 비서관이 어떤 분이기에 서울시의 전 국장들이 걱정을 할까 싶으면서도, '세입이 안정되면 세출은 크게 걱정하지 않아도 될 것이다. 따라서 내가 하는 일이 곧 서울시 간부들의 자존심을 살리는 길이 될 수도 있겠다.'는 생각을 했다. 그래서 곧바로 세입 항목 산출 근거를 비롯하여 관련된 법규와 상황에 이르기까지 다시 한 번 하나하나 규명하는 일에 착수했다.

예산을 직접 편성하고 운용하는 일은 아파트 건설사업소에서 해 본 외에는 없었다. 그러나 그 예산은 단위 사업을 계획하고 실행할 수 있도록 하는 단순한 일이었다. 그러나 이제는 종합적인 예산이었다. 서울시 전체의 세입과 세출을 균형 있고 안정성 있게 추정 판단하고, 대외적으로 서울시의 정책 방향이 올바르게 반영되도록 해야 하는 것이 내 임무였다.

그래서 발령을 받자마자 예산회계법, 지방재정법과 그에 관련되는 법규를 몇 번이고 밤새워 읽었으며, 내년 예산을 편성하기 위해 금년의 예산서를 모두 훑어 봤다. 또 과거의 예산서를 결산서와 비교하여 별도의 서식을 만들어 옮겨 써 내려갔다. 1945년 이전의 예산 결산서는 지방에 있는 문서 창고에 있었으므로 1945년 이후 1971년까지의 것만을 예산의 편제에 따라 항목별로 대조표를 만들어 놓고 보니, 4절지(A4용지 3매를 세로로 붙인 크기)로 300여 매가 넘었다. 이 자료를 예산총괄계에서 같이 일을 하던 직원(조학래, 윤병규)으로 하여금 인쇄하도록 해 탄생한 것이 『서울특별시 재정연감』이다. 이 책은 서울시 행정사 최초로 간행된 것이었다. 다음으로 세외수입예산의 책정 근거를 설명하기 위해 항목별 근거 법규를 정리한 자료는 『서울특별시 세외 수입 관련 법규집』으로 편찬되었는데 이 규정집도 또한 서울시 행정 30여 년에 최초로 탄생하여 법규의 현실성과 행정의 능률을 향상하는 데 크게 기여하게 되었다.

예산 수립에는 근거가 중요

예산 책정의 단가가 맞지 않고 그 예산액을 산출한 근거가 법규에 맞지 아니하고 숫자가 상식을 벗어나고 있으니 예산을 심의하는 사람의 입장에서는 짜증이 나지 않겠는가. 자연히 서울시 행정을 의심의 눈초리로 볼 수밖에 없을 터, 내가 해야 할 일은 모든 수입은 근거 법규가 있어야 하므로, 단가를 법규에 맞추는 일 외에 산출의 근거를 합리적으로 판단하기 위한 자료를 수합하는 일이었다. 이를테면 경기의 영향을 받아 그 규모가 일정하지 아니한 취득세와 유흥 음식세 등 이를 예측하여 비교적 근사치를 결정하는 것은 간단한 일이 아니었다. 따라서 지난 3년간 또는 5년간의 결산 수치를 정확히 적시하고 당해 연도의 전망을 추정하기 위해 3년 평균 혹은 5년 평균치를 산출한 다음 예산요구서에는 그 규모를 적시하는 등으로 작업을 해 나갔던 것이다.

세입 예산만 해도 수백 종이 넘는데, 이를 모두 이와 같이 산출하고 표를 만들어야 한다고 동료직원에게 말했더니 직원 가운데

한 사람은 작년 재작년에는 이렇게 어렵게 일을 하지 않아도 예산이 성립되고 아무 차질 없이 예산을 집행할 수 있었는데 왜 이렇게 고생스러운 일을 해야 하느냐고 항의를 했다. 나는 즉석에서 "일이 고생스러워서 못하겠다면 그만두시오. 그리고 오늘부터는 당신이 하던 일은 모두 내가 할 것이오. 당신이 어디서 무엇을 하든 찾지도 않을 것이니 그리 아시오." 하고 대답했다. 그러자 이틀 동안 모습을 보이지 않던 그 직원이 3일 만에 찾아와 "계장님 말이 맞습니다. 지시대로 하겠습니다." 하며 자기 일을 찾아갔다. 이렇게 발췌하여 모아진 자료를 책으로 엮은 것이 『세외수입규정집』이다.

『세외수입규정집』이 만들어진 다음 이를 배부할 겸하여 관련 계장 회의를 소집했다. 이때 세정국장이 나를 보고 항의를 했다. "세외 수입의 업무는 우리 세정국의 업무인데 왜 예산과에서 책을 만들고 회의도 하느냐?" 내 대답은 간단했다. "아, 그것을 알고 있었으면 내가 수고를 하지 않아도 될 걸 괜히 헛수고를 한 것 같습니다. 미안하게 됐습니다." 그리고 회의장에 모인 세외 수입 관계 계장들에게는 다음과 같은 몇 가지를 강조하고 즉각 실천할 것을 요구했다.

첫째, 수록된 규정들 가운데 제정 공포된 연한이 5년 이상 경과된 규정은 모두 개정 요구서를 해당 주무부처에 제출하고 그 사본을 우리 예산과로 보내 줄 것.

둘째, 법규에 정해져 있는 단가가 현실적으로 타당성을 갖지 못한 경우도 과감하게 현실화할 것. 예를 들어 이용사 시험과 미용사 시험의 시험 수수료가 동일하게 규정되어 있는데, 미용사 시험은 시험을 관리하기 위해 보다 많은 기구와 시료가 소모되니 이러한 일 등을 현실화하는 등.

셋째, 국고 보조금 또는 수탁금 등을 당연히 받아와야 할 것임에도 이를 방치하고 있는 것은 결코 일을 잘 처리했다고 할 수 없으니, 필요한 데는 보조금을 받아와야 할 것.

이와 같이 국고 보조금의 수납을 특히 강조하고 촉구한 것은 서울 시내에 분명히 국도가 있는데도 국도 관리비를 보조하지 않아서였는데, 나중에는 건설부에서 서울 시내의 국도를 모조리 지방 도로로 지정하는 현상으로까지 발전하기에 이르렀다.

다음은 지방세의 산출이었다. 자동차세처럼 세액과 자동차의 대수가 정해져 있는 항목은 비교적 간단했다. 자동차의 보급 대수만 추단하면 되기 때문이다. 그러나 취득세 혹은 유흥음식세 등의 세입 예측은 비교적 복잡해 세금 전문 부서인 세무국과 논쟁을 벌이는 것이 1차적 관문이었다.

이와 같은 우여곡절을 거쳐 짜인 예산안을 심의하는 날짜가 되었다. 예상한 대로 총리실의 박 비서관은 세입 예산부터 보기 시작했다. 서울시에서는 부시장 이하 기획관리실장과 몇몇 주요 국장을 비롯한 예산과장이 배석하였고 계장 정도는 이 자리에 들어가지도 못했다. 그러나 나는 관계 자료들을 모두 챙겨서 한쪽 구석에서 사태의 추이를 관망하고 있었다. 예산서를 살펴보던 박 비서관이 지난 연도의 예를 들어가며 하나하나 핀잔을 주기 시작했다. 하지만 우리 쪽 관계자들은 별도의 항변도 없이 듣고만 있었다. 그래서 하는 수 없이 내가 대답을 하기 시작했다. 법적 근거와 산출 방법 등을 소상히 설명하고 나니, 이제 박 비서관은 문제점이나 의문나는 사항이 있으면 내 얼굴을 쳐다보는 것이 공식화되었다. 나중에는 아예 나를 보고 "이것도 유(You)가 만든 것이야?" 하고 물었다. 내가 "그렇습니다." 대답하면 "그러면 더 볼 필요도 없어." 하고 넘어 간 것이 한두 건이 아니었다.

이러한 인간관계는 30년이 지난 뒷날, 서울적십자사의 회원이 줄어들고 회비수납이 점차 감소하여짐에 따라 박승복 전임회장과 최동섭(전 건설부 장관) 회장이 서울적십자사를 부흥하기 위해서는 강 시장에게 적십자를 맡기는 것이 최선이라는 협의에 따라 내가 적십자와 인연을 맺는 계기가 되어 2004년 연말에 서울적십자사의 일을 맡게 되었다. 사람의 만남이 이토록 소중한 것임을 알게 하는 표본이라 할 것이다.

자금 수급 계획과 예산 통제

예산 업무를 다루는 나에게는 서울시의 재정이 적자 상황이었다는 것이 참으로 좋은 공부와 수련의 기회가 되어 주었다. 양출제입(量出制入)의 예산편성 원칙 아래 지출해야 할 소요 예산에 비해 세입이 안정적으로 수입되고 있다면 세입 예산을 비중 있게 생각할 사람은 아마도 거의 없을 것이다. 세입이 부족했기 때문에 세법에서부터 세외 수입 관련 법규를 챙겨 보았고, 세출 예산의 통제와 자금 수급 계획을 마련하는 기회도 가질 수 있었던 것이다.

예산의 통제부터 보기로 하자. 예산이 성립되고 나면 다시 한 번 세입의 안정적 수입 전망을 냉정하게 평가하고, 수입이 의심되는 규모에 해당하는 금액의 지출을 검토하게 된다. 사업의 중요도에 맞게 집행을 지연시키거나 유보하는 작업을 하고, 시장의 결심을 미리 받아 두는 것이 적자 재정을 미연에 방지하는 재정안정 계획의 일부이고, 예산 편성 이후에 해야 하는 첫 작업이다. 이처럼 재정 안정 계획으로 발주가 유보되거나 그 시기가 미루어진 사업의 경우 주무 부서에서는 잘 모르고 있는 일이 많았는데, 이를 사전에 통보함으로써 일의 능률을 향상시키는 것이다.

다음은 자금 수급 계획이다. 자금의 수급 계획은 자금을 지출하는 부서에서 관장하는 것이 상식이지만 재정이 적자인 경우에는 자금의 수입과 지출을 한 곳에서 통제하는 것이 효율적이다. 행정 기관의 세입은 대체로 수입 시기와 날짜가 정해져 있다. 왜냐하면 행정기관의 수입은 법규의 엄격한 규정 아래 집행되기 때문이다. 나는 성립된 예산을 토대로 세입 항목에 따라 그 시기와 날짜까지 예상하여 수입 표를 만들고, 이미 정해진 필수 경비 등의 세출을 지출 날짜에 맞추어 표기한 다음, 사업비가 제 날짜에 지출될 수 있도록 추가 자료를 완성했다. 또 이를 기준으로 자금도 통제함으로써 대형 공사의 발주 시기와 준공 시기도 촉구 또는 지연시키는 일을 하도록 했던 것이다. 결국 예산과 자금의 통제로 재정 안정에 기여할 수 있었다.

세출을 합리적으로 억제하는 일은 참으로 중요한 예산 절감 시

책의 하나다. 잡다하게 설치한 행정 조직을 사업소 별로 그 자체의
수입과 지출 면에서 균형을 유지하고 있는지를 분석하기로 했다.
물론 이 일은 단위 기관별로 검토할 수밖에 없었다. 그 가운데 가
축위생시험소는 농림부 장관 이름으로 일을 처리하면서 직원들의
봉급은 한 푼도 빼놓지 않고 서울시 예산에서 지출하고 있었는데,
그 수입마저 농림부 수입으로 산입되고 있었으므로 해당 업무를
농림부로 이관시키고 시험소는 폐쇄시켰다. 또 남산에 있던 야외
음악당 관리사업소는 남산공원 관리사무소에서 관리하도록 하고
이 또한 폐지할 것을 건의해 관철시켰다. 더불어 시민과에서 발행
하는 원산지 증명은 인건비를 포함하여 이 업무에 소요되는 예산
을 산출하여 상공부에 국고 보조 요청을 했더니 상공부에서 수수
료를 받도록 규정을 정해 주기도 했다.

나아가 도로와 교량 등의 고도의 기술이 필요한 사업 이외에도
하수도와 공원조성 사업 등에도 많은 설계 용역비가 지출되는 점
을 감안해 과거의 용역비 지출 실적을 근거로 이들 용역비의 절감
을 위해 연구원의 보수는 서울시에서 지출하고, 서울시의 사업은
연구위원이 무상으로 연구 또는 설계하도록 했다. 또한 외부로부
터 수주한 용역사업 수입은 연구원 수당으로 지출하는 방침으로
시정개발연구원을 설립할 것을 건의했다. 그러나 연구원 설립은
실현했으나 서울시의 사업도 용역비를 지출하는 모순된 운영으로
그 실효를 거두지 못하고 있는 것은 안타까운 일이 아닐 수 없다.

시립농과대학을 시립대학으로

　　예산 총괄업무를 맡아 있던 9월 말의 토요일이었다. 아침부터 비바람이 불기 시작하더니 한기가 느껴질 만큼 몹시 추웠다. 그 해의 예산 발주 계획도 마무리되어 그날은 특별히 할 일도 없었다. 그래서 퇴근 후 오랜만에 친구들을 만나리라 생각하고 책상 앞에 앉아 이사람 저사람 연락처를 찾고 있었다. 그런데 잠시 후 과장이 투덜대며 들어오더니 나를 찾았다.

　　"이것 좀 챙겨 주시오."

　　"그것이 무엇인데요?"

　　"시립농과대학을 개편하는 것입니다."

　　"그 일은 우리 예산과와는 하등의 관련이 없는 일 아닙니까? 또 우리가 해야 할 일이라면 예산1계에서 해야지 왜 내가 해야 합니까? 저는 할 수 없습니다."

　　"그런 게 아니라 기획관리실장이 이 일을 기획과에서 처리하도록 한 달 전에 지시했는데 손도 안 대고 있다가 오늘 아침에 시장님으로부터 꾸중을 듣고 우리더러 해달라고 하니 어쩌겠습니까? 좀 처리해 주시오."

　　과장의 애원 섞인 부탁이었다.

　　"그러면 언제까지 해 내면 되는 겁니까?"

　　"월요일에는 기획관리실장이 시장님께 보고를 드려야 한답니다."

"아니, 이건 또 무슨 청천벽력 같은 소립니까?"

놀라 큰 소리를 쳤더니 그 사이에 과장은 어디론지 내빼버리고 없었다. 이제 막 10시를 넘어가는 시계를 쳐다보며 투덜거릴 수밖에 별 도리가 없었다. 토요일이라 퇴근시간은 3시간밖에 남지 않았다.

과장에게 받은 서류를 들고 책상에 돌아온 나는 월요일 아침까지 보고서를 작성하기 위해 어디 가서 무슨 자료를 어떻게 구해야 할 것인가 구상했다.

먼저 시립농과대학을 감독하는 기관은 서울시 교육청이므로 여기서는 우선 예산에 관한 자료를 입수해야 할 것이었다. 다음은 대학으로 가야 했다. 대학에는 무슨 학과가 있으며 학과별 정원은 몇 명인가를 알아야 했고, 학과별 전공과목과 선택과목 그리고 교양과목이 무엇인가를 알아야 했으며, 학과 소속교수의 담당 과목을 비롯해 직원의 숫자 및 교수들의 인적 사항을 받아와야 했다. 대학을 개편할 바에야 대학의 성격이 시립대학이므로 서울시의 행정 발전 전망을 예상해서 시가 필요로 하는 인력 공급원으로 개편하는 것이 올바른 길이라는 생각이 들었다. 다음으로 서울대학의 행정대학원과 보건대학원의 편제를 참고할 생각으로 두 대학원의 교무처장을 만나 자문을 받고 자료도 얻기 위해 서울대를 방문하기로 했다. 다음은 문교부를 찾아가야 했다. 문교부에서는 대학을 개편하는 데 반드시 필요한 규정과 지켜야 할 규정을 알아봐야 했다.

이런 생각을 하고 있는 순간에도 창밖에서는 비바람이 쉬지 않고 거세게 불고 있었다. 아무리 교자는 졸지노(巧者 拙之奴)라고 하지만 내 일이 아닌 것까지 나에게 맡기며, 그것도 토요일에 주면서 월요일에 보고해야 한다고 하니 어찌 마음이 편하겠는가.

서울시교육위원회에서는 비교적 자료를 쉽게 입수했다. 곧바로 서울대학으로 달려가 행정대학원장의 방을 찾아갔다. 마침 점심을 앞둔 시간이어서인지 그 방에는 5, 6명의 교수들이 모여 바둑을 두며 한담을 나누는 중이었다. 나는 내 신분부터 밝힌 다음, "서울시에서 서울시립농과대학을 시립 일반대학으로 개편하려고 합니다, 참고가 될 말씀이나 자료를 좀 주시면 고맙겠습니다. 좀 도와주십시오."라고 말을 했다. 그랬더니 "언제까지 해야 하느냐?"는 질문이 나왔다. "오늘과 내일 양일간에 계획을 수립해 월요일에는 시장님의 결심을 받아야 합니다."라고 대답을 했다. 그러자 내 말을 들은 교수들은 이구동성으로 대학을 만드는 일이 그렇게 간단하지 않으니 도움을 줄 길이 없다는 것이었다.

나는 다른 곳을 또다시 찾아가야 하는 사정이라 하는 수없이 돌아서면서 "그러면 대학의 과목별 수강시간과 배정된 학점을 정리한 자료를 얻을 수는 있습니까?"라고 말을 건넸다. 바로 그때 안해균 교수가 자기 방으로 가서 보건대학원과 수원에 있는 농과대학의 교과 편성 내용이 담긴 책자를 건네주며 참고해 보라고 했다. 나는 하도 고마워서 거듭 감사를 표하고 시립농과대학으로 달려갔다. 그러나 그곳에서 의외로 시간이 걸렸다. 교직원들의 구조 조정을 의식한 교무처장이 자꾸 이런저런 핑계를 대며 자료 제공을 미뤘기 때문이다. 시간이 어느새 12시를 넘었다. 비 때문에 전농동에서 세종로 종합청사까지 가는 길이 멀게만 느껴졌다. 퇴근 시간이 지나면 대학 개편에 관해 지켜야 할 준칙을 알 수 없게 되니 일을 더 추진할 수 없다는 조바심이 일었다.

그렇게 마음을 졸이며 종합청사에 도착했을 때 내 옷은 비바람에 모두 젖어 남의 관청에 들르기에는 다소 염치가 없다는 생각이 들 지경이었다. 그러나 목적을 관철하기 위해서는 다른 방도가 없었다. 물에 빠진 생쥐 모양으로 살그머니 노크를 하고 고등국장실로 들어갔다. 그리고 찾아온 목적을 말하려는 순간, 문이 열리고 다른 손님이 찾아왔다. 지금이 아니면 안 되겠다 싶어 나는 급하게 찾아온 목적을 말했다. 다행히 내 뒤에 들어 온 사람은 내가 필요로 했던 대학 교육과장이었다. 너무나 반가워 그에게 국가의 전공별 인력 수급 계획을 주고 대학 개편에 필요한 규정을 줄 것을 요구했더니, 그의 대답이 "알아서 개편하시되 정원은 지켜주시오." 하는 것이었다. "그러면 정원만 증감하지 않으면 학과 등의 신증설은 자유롭게 하여도 무방하겠습니까?" "그렇습니다." "감사합니다. 그렇게 하겠습니다. 개편안이 올라오면 잘 처리해 주시기 바랍니다."

인사를 하고 허둥지둥 사무실로 돌아왔다. 시간은 어느새 오후 3시가 가까워졌다. 옷은 흠뻑 젖었고 배는 고팠다. 시청 직원들은 모두 퇴근했고 예산총괄계의 우리 직원만 나를 기다렸다. "밖에 나갈 수가 없으니 자장면을 한 그릇 시켜 주시고, 이 기사(李 技士)도 식사를 하도록 조치하고 퇴근하시오. 나는 지금부터 일을 해야겠소."

3시가 넘어서 늦은 점심을 먹고, 옷은 벗어서 의자에 걸친 다음 시립대학 개편안을 만들기 시작했다.

　제일 먼저 시립대학의 개편 방향을 적어 보았다. 정원은 문교부의 뜻에 맞추어 현재의 정원을 그대로 유지하기로 하고, 시립대학은 서울시의 발전을 예상해 서울시가 필요한 인력을 공급하는 인재 양성기관으로 전환하기로 했다. 또 학과는 도시행정학과, 세무학과, 보건위생과, 조경과, 건축과 등과 같이 대도시 행정에 필요한 학과를 신설하고, 기존의 학과를 최대한으로 살려서 명칭을 변경하는 방향으로 추진하기로 했다. 예를 들면 축산과는 보건 위생과, 식물과는 조경과, 농업 토목과는 토목공학과 등으로 변경하고, 교수들은 전공을 살려 대학 개편에 따르는 퇴출 사례를 최대한 줄이고, 전공이 맞지 않는 교수들은 개인의 이력서를 보고 대학 다닐 때의 전공 분야를 찾아서 학과별로 배속했더니 기존의 교수 인력을 거의 그대로 활용할 수 있었다.

　작업을 하는 사이에 직원의 감원이나 퇴출 사태를 걱정하는 분으로 추측되는 사람의 전화가 여러 번 걸려왔다. 일하는 데 방해만 돼서 예산과는 그런 일을 하는 곳이 아니라는 대답으로 전화를 따돌리고 더 이상 전화는 받지 않았다. 학교 개편의 방향이 정해지고 학과와 학과별 정원을 책정한 뒤, 전공과목과 교양과목, 선택과목을 나열하는 표를 만들어 붙이니 나름대로 학교 체제가 갖추어졌다. 그러나 학점에 따라 수강 시간을 배정하는 일이 상당히 어려웠다. 밤이 깊었다. 배도 고픈데다 통행금지 시간이 다가오니 조급해졌다. 버스 정류장에 도착하니 우리 집 방향으로 가는 차는 이미 끊어진 지 오래였다. 집과 가장 가까운 노선을 찾았더니 종로 5가를 거쳐 수유리 방면으로 가는 차밖에 없었다. 이 차를 타고 종로 5가에서 내려 왕십리의 집까지 가자니 반쯤 뛰다시피 했다. 검문하는 경찰에게 붙잡히기도 하면서 집에 도착하니 새벽 1시가 가까웠다. 옷은 땀에 젖었고 배가 고팠다.

잠을 자는 둥 마는 둥하고 일요일에 다시 사무실에 나가 어제 만든 계획안을 전면적으로 다시 검토하고 대학교의 명칭을 '시립산업대학'으로 붙이고 나니 개편안이 완결된 듯 보였다.

월요일 아침, 조금 일찍 출근했더니 과장이 오기도 전에 키가 큰 기획관리실장(김성배, 뒷날 서울시장)이 뚜벅뚜벅 나를 찾아왔다.

"시립대학 개편안이 다 되었지?"

"네, 다 만들었습니다. 설명을 하겠습니다."

그는 간단하게 내 얘기를 듣고 자료를 가지고 가더니 20분도 안 되어 시장님의 결재를 받아왔다. 그리고 내게 "정말 수고가 많았소." 하며 간단한 격려 한마디를 했다. 그러나 그 한마디야말로 이틀간의 피로를 일시에 날려 보낼 수 있었다. '선비는 자기를 알아주는 사람을 위하여 죽을 수도 있다(士爲知己者死)'라는 말이 실감이 났다. 이렇게 해서 시립대학 개편안은 종결되었다. 그 분주했던 이틀간의 시간은 내게 두고두고 잊을 수 없는 시간이 되었다. 시립농과대학은 시립산업대학으로 새 출발을 하게 되었으며, 시립대학으로 이름이 바뀐 것은 그 후의 일이다.

불타는 시민회관

1970년대에는 서울시 의회가 구성되지 않아 서울시의 예산은 감독관서인 국무총리실에서 심의, 각 부처의 장으로 구성된 예산심의회를 거쳐 국무총리가 재가함으로써 성립되었다. 심의 시기는 지방자치법이 정하는 규정에 따라 늦어도 연도 개시 1개월 이전에 총리실에 제출하고 심의를 거쳐 연도 개시 전까지 승인받도록 되어 있다. 따라서 1972년도의 예산안을 1971년 11월 28일에 총리실에 제출하였고, 12월 1일부터는 총리실의 심의가 시작되었다. 예산심의는 통상 많은 직원이 운집하고 또 논쟁이 벌어지므로 독립된 회의실에서 작업하는 일이 많았는데 서울시의 경우 시민회관 9층에 있는 회의실에서 심의를 했다.

12월 2일 토요일, 마침 이 날은 오후에 문화방송의 창사 기념 축하 쇼가 열리는 날이었다. 세출 예산을 담당하는 직원들은 모두 이 심의실에서 일을 하고 있었으나 나를 비롯한 우리 총괄계 직원은 그냥 사무실에서 일을 했다. 해가 서산에 걸리는 시간에 퇴근을 권했더니 두 사람의 직원(조학래, 김인수)이 함께 시민회관에 가서 쇼를 보고 가자고 하는 것이었다. "그러면 자네들만 보고 가게. 나는 바로 집으로 가겠네." 했더니 자기들만 가면 입장을 할 수 없으니 입장만 시켜 주고 가라는 것이었다. 할 수 없이 시민회관으로 갔다. 예상보다 관람객이 많고 복잡해 내가 가지 않았더라면 두 직원은 입장하기 어려울 지경이었다. 우리 세 사람이 9층 심의실로 가는 길에 엘리베이터 앞에서 한 직원(채병훈)을 만났는데 지금 사무실에는 아무도 없고 모두 쇼 구경을 갔다고 했다. 사무실에 잠깐 들렀다가 4층의 관람석 맨 뒤쪽으로 가니 이제 막 마지막 공연이 시작되고 있었다. 나는 같이 갔던 두 사람을 보고 공연이 끝나면 복잡해 빠져 나가기도 어려울 테니 바로 나가자고 독촉했다. 그들과 함께 공연장을 나와 각자 집으로 향했다. 그런데 집에 들어서자마자 아이들이 "아버지는 어디 계시다가 오셨어요?" 하고 묻는 것이 아닌가.

"사무실에 있다 시민회관에 들러서 막 집으로 오는 길이다."

그러자 아이들 하는 말이

"그럼 시민회관에 불이 났다는데 알고 오셨어요?"

"무슨 소리야? 내가 나올 때는 마지막 프로를 하고 있었는데…"

말을 끝맺기도 전에 TV로 눈이 갔다. 화면에는 시커먼 연기와 함께 시민회관이 불타고 있었다. 신발도 벗지 않는 상태로 다시 시민회관으로 되돌아갔다.

택시에서 내려 맞은편 보도에 서서 보니 우리들이 일하던 9층이 검은 연기에 휩싸여 잘 보이지 않았다. 마음속으로 사무실에 아무도 없었기를 바라면서 시민회관 정문 앞에 있는 진화 지휘 본부 쪽으로 갔다. 그리고 그곳에서 채병훈 씨를 만나 다른 직원의 안부와 소재를 물었다. 그러나 아무도 못 봤다는 게 아닌가. 나는 그에게 우리 예산과 직원의 비상소집을 걸도록 했다. 그러나 그들에게서는 소식이 없고 직원의 가족들로부터 가족을 찾는 전화가 계속해서 사무실과 당직실로 걸려오고 있었다. 시간은 흐르고, 칠흑 같은 어둠은 내리고, 차가운 밤바람은 매서웠다. 화재 진압을 위해 뿌렸던 물이 단단한 얼음으로 변하여 빙판이 되었다. 여전히 직원들의 소식은 알 길이 없었다.

시간이 지나자 어둠속에서 손정목 기획관리실장이 다가와 피해 상황을 물었다. 하지만 진화 작업 중이라 아직 알 길이 없다는 말만 되풀이할 수밖에 없었다. 밤 10시가 되니 진화 작업에 투입됐던 소방관이 1층으로 내려왔다. 그의 말로는 상당히 많은 사망자가 발생했는데 시신은 2층 계단과 6층 그리고 9층의 사무실에도 있다고 했다. 그 말을 듣는 순간 동료 직원 모두 무사하리라고 기대하던 희망은 차츰 낙망으로 변해 갔다. 다만 사망자가 우리 동료가 아니기를 간절히 바라는 심정이었다. 나는 한시바삐 6층과 9층을 둘러보고 싶었다. 이때 종로구청장(안찬희)이 수십 명의 청소원을 데리고 왔다. 나는 건물 내부에 들어가도 괜찮다는 소방 관계자의 말이 떨어지기가 무섭게 10여 명의 청소원과 함께 불에 타서 난간도 없는 층계를 밟고 벽 쪽으로 몸을 기대면서 9층까지 올라갔다. 일말의 희망은 안개인 양 사라졌다. 싸늘한 바닥에 우리 동료 네 사람이 누워 있었다. 모두가 할 말을 잃었다.

시신을 1층으로 운구해야 했다. 같이 갔던 사람들이 아무도 손을 대려 하지 않자 안 청장이 "우리 동료다. 정중히 모셔라." 하면서 시신에 먼저 손을 대니 모두 함께 들어 아래층으로 모셨다. 밤 11시가 되니 계·과장은 연락이 되는데 아직도 두 사람이 소식이 없다. 이제 사망자와 부상자의 대책은 보건사회국에서 책임 수습하기로 하고, 우리는 동료를 찾는 일에 보다 많은 정성을 기울였다. 먼저 부상자가 입원한 병원부터 찾아보기로 하였다. 다행히 적십자병원과 청량리의 한 병원에서 두 사람의 동료를 찾았다. 그러니까 30여 명의 사망자 가운데 우리 예산과 직원 네 사람이 사망하고 두 사람이 중상을 입은 것이다.

악몽 같은 하루가 지나고 새벽이 다가왔다. 일요일이었다. 서무 담당 직원으로 하여금 봉급 조서를 찾아오게 하였다. 사망자 개인별 봉급 조서에 나타난 공제액을 항목별로 정리하고 나니 유가족들이 사무실을 방문하기 시작했다. 우리는 최선을 다해 친절과 성의를 보이도록 노력했다. 만들어진 개인별 조서를 보여주면서 착오가 있으면 말해 줄 것을 당부했다.

11시쯤이 되니 유가족 모두가 자연스럽게 사무실에 모였다. 그런데 모두들 하는 말이 "어찌하여 계·과장은 한 사람도 부상을 당하지 않았느냐? 간부들은 토요일이라 놀러가고 직원들만 일을 하게 한 결과 이런 사태가 벌어진 것 아니냐?" 하면서 원망과 함께 부당함을 말하기 시작했지만, 사실을 설명하고 나니 쉽게 진정되었다. 나는 앞으로의 처리사항을 하나하나 설명했다. 제일 먼저 사망자를 순직 처리하여 1계급 특진하도록 하여 사망연금은 사무관으로 대우받도록 할 것이며, 두 번째는 예상되는 조의금 등은 개인 앞으로 전달되는 것은 당연히 개인 구좌를 설정하여 입금토록 하고, 이를 접수부와 대조하여 교부하겠으며 공동명의로 접수되는 금액은 4등분하여 각 개인별 구좌에 입금하도록 할 것이며, 예금통장은 사망자의 부인과 그 아버지 또는 아들의 공동명의로 하되 통장 교부시 통장은 부인에게 그리고 도장은 아버지 또는 아들에게 교부할 것임을 사전에 양해해 달라고 했다. 이렇게 합의한 다음에는 청산 업무에 추호의 잡음도 없이 일을 종결할 수 있었다.

흔히 인생은 짧고 허망하다고 말한다. 함께 일하던 유능한 인재들이 예상치 못한 사고로 유명을 달리하였고, 또 어떤 분은 회복할 수 없는 중상을 입었으니 이것이 바로 우리들이 흔히 말하는 운명의 장난인가. 고단한 인생길에서 온전한 사회인들과 경쟁하며 어찌 살아갈지, 어떻게 이들을 위로하고 보상해야 할지 암담한 일이었다. 또한 그들의 가족은 얼마나 많은 세월을 탄식으로 보내야 하는 걸까. 나는 한동안 신은 진정 존재하는 것일까 하는 의구심이 들기도 했다. 이 세상에는 어째서 배반이나 시기, 험담이나 하며 남을 폄훼하는 간특한 사람, 정도를 벗어난 이단자가 큰소리치며 살아가기도 하는데, 왜 선량하고 순박하며, 성실하고 정 많은 사람들이 불의의 사고로부터 보호받지 못하는 걸까. 나는 오래도록 이런 생각을 떨치지 못했다. 그러나 어쩌랴. 지성이면 감천이라고 가르친 옛 어른의 말씀을 믿고 인생길 한 발 한 발 그저 성실하게 나아갈 수밖에.

chapter 5

지하철 시대를 열다

아무리
크고
험하다 한들

지하철 건설 계획의 완성

그 날도 여느 때와 같이 차 한 잔 나눌 생각으로 국장실에 들렀다. 다른 과의 과장들은 아직 오지 않았고 국장(이우영) 혼자 무엇인가를 부지런히 챙기더니 "오늘은 강 과장을 영전시켜야지…." 하면서 만지작거리던 문서를 들고 어디론지 바쁘게 나간다.

잠시 후, 인사과장(이의익)이 왔다. 나는 조금 전에 국장이 하던 말을 전하며 무슨 소리냐고 물었다. 인사과장도 잘 모른단다. 다만 "오늘 과장 인사가 있는 것 같은데 어젯밤에 전격적으로 결정된 것 같다."고 한다. 조금 있으니 국장이 돌아와 인사과장에게 "10시에 발령장을 교부하도록 했으니 여기 올라와 있는 사람들을 시장실로 모이게 하시오." 하며 서류를 건넨다. 다섯 사람의 명단이 들어 있는 전보인사 발령 서류였다. 나는 시민과장에서 '지하철건설본부 관리과장'으로 전보되었다.

관리과로 갔다. 지하철건설본부의 김인주 본부장과 도재용 차장은 무척 반가워하는데 관리과의 계장들이 몰려와 "과장님은 여기에 잘못 오셨습니다." 하며 이구동성으로 우려와 원망 섞인 말을 토해낸다. "왜 그러냐?"고 사유를 물으니 "여기는 1년이 다 가도록 시장 얼굴 한 번 볼 수 없고, 누가 찾는 일도 없는 곳입니다." 하며 울분과 서러움이 섞인 심정을 토로한다. 오전에는 환담을 나누고 오후에 계장들을 모이게 한 자리에서 당면 사항을 물었다.

지하철 건설 계획이 있는데, 이 계획을 찾거나 보자고 하는 사람도 없다고 한다. 먼저 계획서를 가져오라고 했다. 18절지 3쪽에 지하철의 노선을 2·3·4·5호선으로 하고, 각 노선의 시발점과 종점, 그리고 연장(延長)과 투자 규모 및 건설 기간을 표시하고 있을 뿐이다. 2호선은 을지로를 지나 왕십리와 뚝섬을 거쳐 광나루에서 한강을 건너고, 잠실과 신림동, 구로동을 통과하여 양화대교 근처에서 다시 한강을 건너 신촌과 서소문을 거쳐 을지로에 연결되는 순환선이고, 3호선은 종로구의 독립문 앞 영천에서 출발하여 강남구의 고속버스터미널에 이르는 선이며, 4호선은 수유리에서 출발하여 강남의 사당동까지 가는 노선이었다. 5호선은 강서구의 신정동 방면에 차량 기지를 만들어 전동차들이 차량 기지에 진출입하도록 만드는 기지 인입선이었다. 기본 구상은 잘 되어 있는 것 같았다.

노선을 순환선과 X자형으로 구성하여, 서울의 변두리 지역에서 도심으로 진입하도록 하고, 시민들이 한두 번만 바꿔 타면 목적지에 도달할 수 있게 구상한 것은 참 생각을 많이 한 구상이라 싶었다. 그 원칙을 존중하되 많은 부분에 보완의 여지가 있다고 생각하고 있을 때, 본부장이 "지하철 건설 노선심의회의가 있어 부시장(곽후섭)실에 갔다 올 예정인데, 오늘은 퇴근할 때 저녁이나 같이 하자."고 한다.

지하철 노선 결정 과정을 보고 싶은 마음에 노선을 심의하는 부시장실에 갔다. 부시장이 도시계획국장, 건설국장, 지하철건설 본부장과 같이 앉아 노선을 논의하고 있었다. 내가 틈을 보아 참견을 했다.

"지하철은 서울시민 대부분의 교통 수요를 충족해야 하는 대동맥이 될 것입니다. 따라서 이 회의에는 교통국장이 참여해야 할 것이며, 또한 지하철이 시민으로부터 사랑받는 대중교통이기 때문에 최대의 시민이 이용할 수 있는 지점을 통과하도록 해야 할 것이므로, 주택건설 계획에 합치되는 노선이 되어야 할 것입니다. 따라서 주택국장도 참여하는 것이 좋겠습니다. 나아가서 지하철의 기점과 종착점은 기존의 철도와 연계되도록 해야 전국적 교통망으로 발전하고 서울 시내만 운행하는 시설이라는 비난을 면할 수가 있을 것입니다."

참석했던 모든 분들이 나의 의견에 일리가 있다고 인정했다. 기왕에 정해 놓은 노선은 현재의 운행 노선과 같이하되 영천에 설치하려던 종점은 구파발의 시계(市界)까지 연장하고, 강남의 종점은 수서의 시계까지, 그리고 수유리의 종점을 상계동까지 연장함으로써 전체 시민이 이용하는 시민을 위한 지하철이라는 명분을 확실히 했다. 또한 노선별 지하철 기지가 정해질 때 건설하는 것이 타당하다는 의견에 따라 5호선의 건설은 보류하기로 하는 등 계획이 근본적으로 재검토되었다.

다음 문제는 지하철 건설 자금의 조달 대책이었다. 실무자에게 "이미 만들어진 계획서에 의하면 총투자 규모가 무려 1조 3천억 원이 넘는 막대한 금액인데 이 자금을 어떻게 조달할 것인지 생각해 본 것이 있느냐?"고 질문을 했더니 "그것은 시장님(구자춘)이 기획관리실을 시켜서 해결할 것이므로, 우리 본부에서는 생각하지 않아도 된다."는 대답이었다. 참으로 편안하고 무책임한 자세다. "그러면 왜 그와 같은 말이 계획서에 기재되어 있지 않은가?" 하고 추궁하자 아무런 말이 없었다.

다음 날 아침 국장회의에 참석하여 분위기를 살폈다. 지하철건설 본부장이 노선 검토 등의 업무에 관하여 보고하고, 지하철건설본부의 차장이 어제의 지하철 공채 판매 실적을 보고했다. 그래서 건설본부에 공채계까지 있는 이유를 알 수 있었다. 상황은 실무자가 설명하던 것과는 전혀 달랐다. 건설 자금도 지하철건설본부에서 책임을 져야 한다는 것이었다.

나는 우선 건설 자금의 재원을 서울시 일반회계자금에서 50%인 6,500억 원, 정부의 보조금에서 30%인 3,900억 원, 나머지는 공채 등의 차입금으로 20%인 2,600억 원을 조달하는 것을 목표로 설정하고, 노선이 확정되면 투자계획을 수정하기로 했다.

다음 날 오전 일찍, 기획계장(서동기)으로 하여금 보조금 신청서를 직접 교통부에 가서 접수시키고 담당과에 가서 설명을 한 다음 의견을 듣고 오도록 했다. 그런데 예상했던 상황과는 너무도 현격한 결과가 일어나고 말았다. 교통부에 갔던 기획계장은 보조금 신청서를 접수조차 시키지 못하고 그냥 돌아왔던 것이다.

내가 직접 교통부에 가서 부임 인사를 겸하여 보조금 신청에 대한 전후의 사정을 설명하기로 했다. 담당 과장을 찾아갔다. 자기로서는 도저히 문서를 받을 수가 없다고 하면서 오히려 교통부의 입장을 생각해 줄 것을 호소한다. 그냥 돌아올 수가 없는 처지다. 육상국장을 찾아갔다. 국장도 같은 말을 하면서 이 문제는 기획관리실장이 결정할 일이라고 한다. 문서의 내용에 따라 그 뜻을 용인하든지 그렇지 않으면 '처리 불가'로 회신을 하면 될 일을 문서 자체도 접수하지 않겠다는 교통부의 자세가 몹시 원망스러웠다. 공직자로서의 의지가 유약하다는 생각을 하면서 수송조정실장실로 갔다.

이종춘 실장은 인상이 좋고 성격에 여유가 있어 보였다. 일의 전말을 얘기했더니 역시 보조금에 관한 한 자기는 가부간 의견을 얘기할 수가 없다고 강하게 거절한다. 그렇다면 이제 누구를 붙들고 말을 해야 할 것인가. 내가 "지하철 건설 사업이 교통부의 일이 아니라면, 우리 시는 지방자치단체이기 때문에 내무부를 통하든지, 그렇지 않으면 서울시의 감독기관이 총리실이므로 총리실을 통해서라도 이 일은 해결해야 합니다."라고 하니 이 건은 기획관리실장의 소관이라고 한다. 다음 기회에 다시 만나자는 인사를 나누고 기획관리실장의 방으로 갔다. 실장을 만났더니 대답은 하지 않고, 급한 일이 있다면서 어디론지 나간다.

나는 다소 화가 치밀어 올랐다. 여기에는 반드시 무슨 곡절이 있으리라는 생각이 머릿속을 파고들었다. 장관실로 갔다. 부재중이시다. 내 명함을 내 놓으면서, "내일 또 오겠으니 꼭 만나 뵐 수 있게 해 달라."고 비서관에게 부탁을 했다.

다음날 장관님(민병권)을 만났다. 찾아온 경위와 서울시의 지하철 건설 계획을 자세하게 설명했다. 그리고 서울시의 지하철이 국철과 연결되지 않은 상태로 건설되는 것은 우리나라 교통 정책 차원에서 보더라도 교통부가 방관해서는 안 될 일이라는 점을 역설했다. 장관의 얼굴이 상기되기 시작했다. 기획관리실장과 수송조정실장을 장관실로 불렀다. 그러고는 "서울시의 말이 맞는 것 같소. 서울시의 건의 사항을 듣고 협조하도록 하시오." 하고 지시하는 게 아닌가.

내친 김에 나는 한걸음 더 나아갔다. "서울시가 되든 혹은 어느 개인이 하든 간에 철도를 건설하겠다는 것은 교통부의 입장에서는 잘 하는 일로, 적극적으로 지원해야 할 일이며, 특히 국무회의에서도 시장님과 장관님이 뜻을 같이해서 지하철 건설의 목표 달성을 위해 보조를 같이하는 공동의 노력이 있으면 일이 훨씬 수월하게 추진될 것이라 봅니다. 장관님께서 짐작하시고 저희들을 도와주십시오."

이날의 면담은 성공적으로 끝이 났다. 나는 보조금 신청서를 기획관리실장에게 주면서, "교통부의 예산에는 조금도 여파가 없도록 할 것이고, 서울시의 지하철 건설 자금은 우리 시에서 노력하되 정부예산에 반영되든 그렇지 않든 이것은 우리 시의 책임으로 하겠으니 아무 걱정 말고 교통부와 서울시가 서로가 협조하는 분위기를 만들어 가면 좋겠다."는 내용의 인사를 나누고 돌아왔다.

교통부에서 있었던 일을 시장에게 보고하고 다음부터 국무회의 석상에서 교통부 장관을 만나면 조금은 달라져 있을 것이라는 점을 말씀드렸다. 며칠이 지나 시장을 만나니 "교통부 장관이 자네가 다녀간 얘기를 하면서 매우 반가워하더라."고 했다. '선비는 자기를 알아주는 사람을 위해 죽는다(士爲知己者死).'고 한다. 내 어찌 일에 대한 의욕이 더욱 왕성해지지 않겠는가.

지하철 건설 계획이 대통령의 재가를 거쳐 확정된 직후 나는 "이제 국내의 지하철 건설만 논의하지 말고 선진국의 지하철 건설과 운영의 실상을 보고 배워오라."는 시장의 지시에 따라 파리, 런던, 스톡홀름, 그리고 뉴욕과 동경의 지하철을 두루 살펴보는 기회를 가지게 되었다. 특히 파리의 지하철은 지상 건물을 철거하거나 훼손하지 않고 지하에서만 터널식으로 굴착하여 건설하고 있는데도 지하철 노선이 그물같이 펼쳐져 있었다. 나는 국공유지는 말할 것도 없고 사유지에서 공사할 때 토지 이용에 관해 어떠한 법적 지원을 하는지 알아보고 싶어 8일 간을 머물며 조사했다.

그런데 귀국 보고를 한 다음날인 9월 초순(4일)에 나는 예산과로 전보되었다. 지하철 건설 촉진법안이 국무회의의 의결을 거쳐 국회의 법제사법위원회에 회부된 상태에서 지하철 업무와는 다소 거리가 먼 일을 맡게 된 것이다.

수도권 전철화 계획을 만들고

외국의 대도시 교통수단별 수송 분담률을 보면 대체로 전철(철도)이 차지하는 비중이 70%를 넘고, 가까운 일본 동경의 경우는 75%가 넘는다. 그런데 서울은 이제 극히 초보적인 시작 단계에서 각 기관 간의 의견이 상충되어 한걸음도 나아가지 못하고 있는 것이 현실이었다.

이를 타파하기 위해서는 교통 대책을 보다 고차적으로 확대하여 승객 수송에 대한 인식을 새롭게 할 필요가 있었다. 인구가 1,000만이 넘는 도시에서 많은 승객을 안전하고 신속하게 목적지까지 수송하는 교통 체계는 오로지 철도의 승차 환경을 개선하여 승객 위주로 개편하고, 부족한 시설을 확충하는 것이 최선의 길이라는 생각으로 나는 수도권 전철화 계획을 만들었다.

먼저 고려되어야 할 부분은 말할 것도 없이 서울의 지하철이 기존의 철도와 연계되도록 노선을 연장하는 것이고, 다음으로는 철도의 동력을 석탄이나 디젤에서 전기로 전환하며, 운행 시격을 승객이 이용하는 데 불편이 없도록 조정하고, 철도와 철도 간에는 환승이 가능하도록 시설을 개선 또는 보완하며, 철도의 노선이 부족한 지역은 철도를 새로 부설해야 한다는 내용이다.

이 계획은 내가 만들어 시장에게만 보고했는데, 시장은 실행이 어려울 것이라는 걱정과 충고의 뜻을 표했다. 그러나 이 계획이 설사 실행되지 못하는 탁상의 계획으로 끝난다 하더라도 교통부를 서울시의 교통 구상으로 끌어들이기 위한 수단이 된다는 나의 결론에 시장은 동의했으며, 이 계획의 추진 방법은 '계획서를 교통부에 넘겨주되 이를 제일 먼저 시장에게 가지고 와서 협의하도록 한 다음, 국무회의를 거쳐 대통령의 재가를 받고, 발표는 교통부 장관과 서울시장이 함께 한다.'는 구상이었다.

이 구상은 교통부에서 대환영이었다. 교통부에서 수송조정실장이 시장을 찾아와 감사 인사를 한 다음 계획서에 협조한다는 시장의 서명이 있었다. 그 이후는 정해진 절차에 따라 차질 없이 추진되었다.

이 계획에 따라 서울시 교외선과 서울 시내에 진입하는 철도는 모두 승객 위주로 개편하기로 했다. 우선적으로 신설해야 할 철도 노선으로 강남에서 강북으로 연결함에 있어 서울시의 동부 지역에서는 경기도의 부곡에서 강북의 도농으로, 그리고 서부 지역은 구로역에서 강북의 수색역으로 각각 한강을 횡단하는 노선을 신설하는 것으로 했으며, 이 계획의 추진 기간은 잠정적으로 10년으로 했다. 지금도 강동구의 고덕지구에 확정되어 있는 폭 100미터의 도로에 접해 도시계획상 철도 부지로 고시되어 있는 것은 이 계획의 소산이다.

주택공채를 지하철공채로 전환

서로 의견 대립이 있었던 과거의 모습은 사라지고 이제 교통부와 서울시는 일사불란하게 대소의 업무들을 유기적으로 추진해 갔다.

그런데 아무리 생각해도 연간 3,000억 원 이상 5,000억 원의 투자 자금을, 그것도 5년간이나 안정적으로 조달하는 길은 막연했다. 우선 서울시 대부분의 행정 처분, 즉 인가나 허가사항에 주택공채 (公債)를 첨가 소화하고 있으니, 지하철공채를 소화할 수 있는 여지가 거의 없었다. 따라서 서울시의 행정처분에는 지하철공채를 매출할 수 있도록 건설부의 양해를 구하는 일이 당면 과제였다. 다음으로, 지하철공채를 첨가 소화하는 현행 조치는 공채 매출의 법적 근거를 주택공채 발행의 근거법을 원용한다 하더라도 국민으로 하여금 주택공채와 목적이 다른 채권을 강제적으로 매입하게 하는 결과가 되므로, 법의 뒷받침 없이 국민의 의무를 강요하는 행위가 되었다. 결국 위법한 행정 처분이 될 것은 불을 보듯 명확했다.

먼저 건설부의 양해를 구하는 일에 매달렸다. 예상한 대로 건설부의 의지는 완강하고 요지부동이었다. 인내심을 갖고 끈질기게 접촉하면서 설득했다. 건설부 입장에서 보면 주택공채 자금 수입의 격감에서 오는 주택건설자금 조달 대책의 변경이 불가피하므로 기본 계획의 수정을 위한 국무회의의 의결을 거쳐야 하는 등 귀찮고 성가신 일임에 틀림이 없었다.

그런데 건설부의 '주택공채 매출 대상을 서울시의 인허가 처분은 제외한다.'는 국무회의 보고사항이, 국무회의 바로 전날에 서울시에 송달되어 왔으므로 나는 감사의 인사를 겸하여 그 실상을 알아 볼 요량으로 건설부와 국무회의를 주관하는 경제기획원으로 공채계장(김석주)을 보냈다. 그랬더니 김 계장이 화가 머리끝까지 나서 씩씩거리며 들어오는 게 아닌가. "과장님, 이것 좀 보십시오. 우리에게 보내준 자료와 국무회의에 상정되는 자료의 내용이 다릅니다. 이 일을 어찌해야 합니까?" 한심한 일이라는 생각이 스쳐 갔다. "김 계장, 나와 같이 건설부로 갑시다. 가서 순순히 우리 의견을 따라주면 그만이지만 그렇지 않을 때는 내가 일부러라도 화를 낼 테니 나보다 목소리가 더 큰 당신도 참지 마시오."

작심을 하고 건설부 주택과로 가니 담당과장이 자리에 없었다. 잠시 기다리니 즐거운 표정으로 자리에 돌아온다. 나는 고의적으

로 시비를 걸었다. "오늘 기분 좋은 일이 있는 모양인데 나는 몹시
기분이 나쁘오. 도대체 이 문서를 보시오. 이것은 귀부에서 보내준
것이고, 저것은 내일 국무회의에 보고될 문서인 것 같소. 어떻게
그 내용이 다를 수가 있으며, 이것은 누구를 궁지에 몰아넣기 위한
수작이오. 어찌 이럴 수가 있다는 말이오."라고 했더니, 주택과장
도 속이 몹시 상했던 것 같다. 서로가 고성이 오고 갔고 자그마한
응접탁자가 뒤집혀지는 사태까지 벌어졌다. 곧 평정을 되찾았다.
주택과장(유상열)은 "서울시 의견대로 할 터이니 조용히 합시다."
라고 했다. 나도 "우리가 개인적인 감정으로 다투는 것은 아니니
좋도록 합시다." 했다. 그렇게 해서 그 날로 주택공채를 부치던 서
울시의 행정 처분에는 모두 지하철공채를 첨가하는 것으로 서울시
의 의견이 관철되었다.

이를 계기로 건설부의 주택 관련 실무자와 서울시에서 지하철을
건설하려는 우리들은 자주 만나는 다정한 벗이 되었고, 계속 공무
를 담당하는 동안 여러 가지 측면에서 업무를 상의하는 반려자의
관계로 발전했다. 그리고 각자 자기가 소속된 부처의 최고 책임자
로 승차하는 영광이 뒤따랐다.

을지로에 지하통로가 생기다

1970년대 초기의 지하철 건설공사는 대부분이 개착식(開鑿式) 공

법으로 시공되고 있었다. 그런데 나는 현장을 자주 방문하면서, 을지로와 같은 도심에 굳이 지하 15미터 이상의 땅을 파고 4미터 높이의 터널을 구축한 다음 굴착한 공간을 막대한 공사비를 들여가면서 그 비싼 모래로 되메우기를 해야 하는가 하는 의구심이 생겼다.

나는 건축과의 성이현 계장에게 전화를 걸었다. "혹시 을지로 연변에 서 있는 건물들 가운데 건폐율이나 용적률 부족으로 합법적 건물로 처리하지 못하는 건물이 어느 정도나 되는지 조사된 것이 있습니까?" 하고 물었더니 "그 자료는 우리가 가지고 있는데 어디다 쓸 생각입니까?" 한다. 나는 그 자리에서 대안을 내놓았다.

"을지로에 굴착한 지하철의 개착공간을 되메우기 하고 있는데, 이곳을 2층의 터널 구조물로 건설하면 어떻겠습니까? 그래서 아래층은 지하철로 활용하고 위층은 용적률 부족 등으로 적법 처리하지 못하는 건물주들을 대상으로 이 지하공간의 일정 면적을 확보하는 건물에 한해서 적법한 건물로 간주해 주는 조례를 만들어 양성화하는 겁니다. 그러면 지하공간의 매각 대금은 지하철 공사비에 보탬이 될 것이고 건물주들은 법적 권리를 확보하게 되어 이들 건물에서 영업행위를 하는 사람들이 각종 불이익 처분을 당하지 않아도 되니 일석이조의 효과가 있지 않겠습니까?"

"좋은 생각 같습니다. 실행하기는 매우 어려울 것 같습니다만 자료는 필요하면 언제라도 드리겠습니다."

성 계장은 듣던 대로, 성실하고 적극적인 성품의 공무원이었다. 한 가닥 희망을 가지고 그 자료를 얻어 보니 무려 100개가 넘는 숫자였다. 사무실에서 새로 생길 공간의 면적을 개략적으로 계산하고, 그 면적에 지표가격의 90%를 곱하여 산출된 금액은 대략 30억 원이 넘었다. 일루의 희망을 가지고 시장의 방침을 받았더니, 결재 과정에 있는 모든 분들이 좋은 착상이라고 기뻐했다.

그렇게 해서 생긴 것이 을지로의 지하공간인데 내가 지하철 업무에서 떠나고 시장이 바뀌면서 이곳의 용도는 지하상가로 변하고 말았다. 이때에 구상했던 계획에는 을지로뿐 아니라 수유리 로터리의 지하 개발도 들어 있었다. 지하철역과 함께 그 옆에 동사무소, 우체국, 은행 등 시민이 자주 이용하는 공공 기관을 유치할 수 있는 공간을 확보하자는 것이었다. 지하공간을 주민생활 편의를 위한 장소로 활용하는 서울의 명소를 만들자는 계획이었는데 이것은 실행에 옮기지 못하고 말았다.

지하철 건설 촉진법 제정과 민법 개정

지하철 건설 촉진법

그런데 탈법적으로 첨가 소화하고 있는 지하철공채의 매출을 합법화해야 하는 과제는 여전히 미결인 상태로 남아 있었다. 이 사실을 문제 삼아 이의 신청이나 쟁송 등의 방법으로 법적 구조 절차를 제기하는 시민이 있다면 서울시는 여지없이 패소하고 시 행정은 신뢰를 잃어버릴 것이다. 결과적으로 지하철 건설 자체에 큰 타격이 있을 것이 분명한 상황이었다. 물론 공채 발행 이외에도 지하철을 효율적으로 건설하기 위해서는 여러 가지 넘어야 할 고비가 많이 남아 있었다.

첫째가 공채 발행의 근거를 마련하는 일이고,

둘째는 지하철을 터널식으로 시공하는 경우 해당 토지의 소유권 제약으로 생기는 토지의 보상금 문제인데, 지하를 터널 방법으로 건설하는 데 굳이 지상의 거주민을 이주하게 하는 것은 사회 정책적으로도 좋은 시책이 아니라고 보며, 지표를 이용하는 토지와 같은 금액의 보상금을 지급하는 것은 형평의 원리에 맞지 않는다고 판단하고 나아가서 보상비를 적게 지출하게 되어 공사비를 대폭 줄이는 효과를 거둘 수 있을 것이다.

셋째는 복잡한 도시에서 지하철과 같은 도시계획 시설을 동일한 토지에 중복으로 시행하게 되면 관련된 도시계획 시설들의 법규와 상충되는 현상이 생기는데, 이로 인해 해당 법에 의한 절차를 모두 이행하는 데에는 일도 많아질 뿐만 아니라 처리 기간이 오래 걸리게 된다. 따라서 목표 기간 안에 지하철을 건설하는 데 막대한 장애가 예상되니 이 일을 미연에 예방할 필요가 있었다.

직원들이 퇴근한 조용한 시간에 해결 방안을 생각하고 있자니 새로운 법을 만드는 길밖에 없다는 결론에 도달했다. 혼자서 입법의 필요성, 법에 담아야 할 내용을 정리하고 조문을 다듬으니 10여 개 조항이면 충분할 것 같았다. 그런데 이 지하철 건설의 법안을 만들려면 발의권자가 교통부 장관이 되어야 하므로, 법안의 명칭을 '지하철 건설 촉진법'이라고 할 경우 우리나라에서 처음으로 시도되는 지하철이라 여러 가지 의견이 쏟아지고 관계자들을 설득하는 데도 시간이 오래 걸릴 것 같았다. 또한 앞으로 우리나라도 일본이나 프랑스와 같이 고속 전철이 건설되어야 할 것이라는 점을 감안해 아예 새로 만드는 법의 명칭을 '고속 전철 건설 촉진법'으로 해 우리가 건설하는 지하철도 전철의 개념에 포함시켰다.

곧 법안이 마무리되었다. 시장으로부터 크게 칭찬 받을 것으로 생각하고 결재서류를 내밀었더니, 이게 무슨 일인가. 일언지하에 "쓸데없는 일 하지 말고 다른 급한 일부터 해!" 하고 거부하는 게 아닌가. 그 자리에 서서 다시 입법의 필요성을 역설했으나 들어 주지 않았다. 돌아서면서 "내일 다시 와서 설명하겠습니다. 이 법을 만들지 않으면 지하철 건설은 포기해야 합니다."라고 했더니, 다시 하는 말씀이 "너는 어째 시키지도 않은 쓸데없는 일을 하고 있느냐?"는 것이었다.

다음 날 또 그 문서를 들고 갔다. "너는 왜 하지 말라는 일까지 들고 다니나! 혼자 힘으로는 법을 만들지 못해!" 하면서 또 거부, 어제와 같은 말을 되풀이하고 나왔다. 세 번째 또 들고 갔다. 이번에는 "시장님, 이 일은 꼭 해야 되니 시장님은 저를 한 번만 도와주시면 됩니다." 했더니, "어떻게 한 번만 도우면 되는가?" 하고 상당히 누그러져 있었다. "예, 그것은 국무회의를 통과하는 때입니다. 저는 국무회의에는 들어가지 못하지 않습니까?" 했더니 "이 친구는 하지 말라는 일까지 만들어 들고 다니는군. 그래, 잘 해 봐!" 하면서 서명하는 것이었다.

나는 시장이 정말 법의 필요성을 몰라서 두 번씩이나 거부했을 까, 아니면 일을 더 열심히, 철저하게 챙기라는 뜻으로 솟아나는 불씨를 일으키는 충동의 방법으로 그랬을까 곰곰이 생각해 봤다. 아무래도 후자가 아니겠는가.

교통부로 갔다. 육운국장을 데리고 수송조정실장을 방문했다. 반갑게 맞이해 준다. 법안의 명칭에서부터 내용을 설명했다. 즉시 추진하겠다는 확답을 받았고, 이 법은 국무회의를 거쳐 국회에 회 부되었다.

이때에도 법안들은 대체로 연말에 처리되는 것이 상례로 되어 있었다. 그런데 나는 인사 전보에 따라 지하철 관리과장에서 예산 과장으로 보직되었고, 서울시의 예산은 국무총리실에서 심의하고 승인하게 되어 있었으므로, 시기적으로도 전적으로 예산과의 일에 매달릴 수밖에 없는 때였다. 교통부에서 전화가 왔다. 국회에서 법 안을 설명해 줄 것을 요구하고 있는데, 잠시 시간을 내어 설명해 주기를 바란다는 내용이었다. 나는 "국회의원의 질문이 있으면 내 가 갈 수 있는 시간을 얻어 주십시오. 법안의 내용을 설명하겠습니 다. 그리고 시간을 얻을 수 없을 때는 '외국에는 이러한 입법 예가 있다.'고 하면 될 것입니다." 통화는 끝났고 법안은 국회의 입법 심 의 과정에서 명칭이 '지하철 건설 촉진법'으로 수정되어 통과되었 다. 이 법의 주요 골자는 지하철공채의 발행 근거가 되고 '구분지 상권(區分地上權)'을 도입하여 보상금을 절약하게 되었으며, 다른 도시계획과 상충이 되는 경우를 예상해서 지하철 노선이 고시되면 다른 법의 적용을 배제하는 효력을 갖게 한 것이다.

'이제 법적 하자는 모두 없어졌다. 공사만 탈 없이 추진되면 남은 문제는 건설 자금이다.' 생각하고 있는데 예상하지 않았던 또 하나의 문제가 생겼다. 터널식으로 건설하는 토지의 보상금을 지급하고, 권리를 보전하기 위해 등기를 신청했더니 모두가 반려되는 것이었다. 나는 등기 신청의 서식과 등기부상에 기재 요령도 만들어 다시 신청했으나, 아무런 설명도 없이 접수 자체를 거부하는 것이다.

법원 행정처장(김용철, 뒷날에 대법원장)을 찾아갔다. 이분은 하도 바빠서 만나기가 쉽지 않았다. 다행히 사무실이 가까운 곳에 있어 자주 갈 수 있었다. 나는 전화를 해서 자리에 있다는 사실만 확인되면 찾아갔다. 첫번째 설명을 듣고, 가져온 서류를 두고 가라고 했다. 두 번째 찾아갔을 때는 "서울시의 의견이 맞는 것 같은데 아직도 담당 부장판사가 좀더 검토를 해야겠다고 하니 시간을 주시오." 한다. 상당히 진전된 것이다. 3일이 지난 다음 세 번째로 만났다. 그런데 이번에는 "부장판사 회의를 했는데도 결론을 얻지 못했으니 좀더 기다려야 하겠습니다."라는 대답이다. 나는 가벼운 실망감을 안고 사무실로 걸어오면서 계속 등기할 수 없는 경우 일어날 여러 가지 일을 생각해 보았다. 권리는 보전되지 못하고 외부로부터 지탄도 받을 수 있으며 담당 공무원들은 감사기관의 질타를 두려워하여 보상업무에 열의를 잃어버릴 것이 아닌가. 그렇다면 대책은 무엇인가.

나는 이 일이 논리의 빈약함이나 설득력의 부족 때문이 아니라, 일을 추진하는 사람의 직위가 낮아 상대방으로 하여금 확신을 갖게 하는 힘이 모자라는데 있다는 결론을 얻었다. 사무실에 오는 즉시 민법학자 안이준 교수의 힘을 빌려야 하겠다는 생각으로 전화를 걸었다. 상황을 설명한 다음 "이것은 다른 문제가 있는 것이 아니라 순전히 내 벼슬이 낮아서 법원에서 확신을 가지지 못하는 것으로 판단됩니다. 교수님께서 우리 서울시를 위하여 처장님을 만나는 수고를 해 주십시오."하니 순순히 받아들이고 2, 3일만 시간을 달란다.

이틀이 지나니 안 교수로부터 전화가 왔다. "내가 김 처장을 만났더니 서울시의 의견이 맞는다고 했습니다. 이제 한 번만 더 가면 될 것 같으니 그리 하십시오." 그 다음날 또 법원 행정처장실로 갔다. 방에 들어서는데 반가이 맞아주면서 "서울시의 의견이 옳으니 곧 등기되도록 하겠습니다. 1주일만 있다가 신청하십시오." 등기법의 개정도 없이, 우리 민법에도 없는 '구분지상권'이 등기되기 시작한 것이다.

구분지상권 도입을 위한 민법 개정

법도 제정 공포하고 등기도 되고 보니 공무원이 제일 싫어하는 감사원의 감사도 별로 걱정할 일이 없게 되었다. 어느 날 건국대학교의 김용한 교수가 찾아왔다. 김 교수는 건국대학교에서 학장의 업무를 맡고 있으면서, 민법을 강의하고 우리나라 민사법학회의 회장을 맡고 계신 분이다. 과거에 한 번도 인사를 나눈 적도 없는 귀한 교수님의 방문이라 고맙기도 하거니와 이유가 매우 궁금했다.

사무실에서 차를 나누면서 물었다. "교수님께서는 하시는 일도 많아 매우 바쁘실 텐데 어떻게 여기까지 오셨습니까?" 했더니 "강 과장님, 지하철 건설 촉진법을 제정하시고 그 법에 구분지상권의 개념을 입법하셨다지요? 정말 존경스럽습니다. 우리 학자들도 못하는 일을 강 과장님이 해낸 것입니다. 머지않은 장래에 민법 개정이 있을 것입니다. 그때 나는 반드시 구분지상권을 우리 민법에 실정법으로 추가하겠습니다. 이것은 단순한 입법적 의미만 갖는 것이 아니고 우리 법제사에 기록되어야 할 사항입니다. 앞으로 자주 연락해 가면서 법제 연구에 의견을 듣도록 하겠습니다."라는 말씀을 한다.

나는 "이것은 단순히 실무 공무원이 자기가 맡은 일을 처리하는 데 필요해서 창안한 것이지, 민법상 법의 흠결을 고쳐 보려는 생각으로 한 일은 아니니 과분한 찬사는 오히려 듣기에 민망합니다. 자주 연락을 주겠다고 하시니 저로서는 고맙기 그지없습니다." 하고 인사를 했다. 오랜만에 즐거운 대화가 오가는 시간을 가질 수가 있었다.

이 일이 있고 나서 9년이 지난 뒤에 민법이 개정되었는데, 민법 289조의 2조에 '구분지상권'이 신설되었다.

지하철 건설 자금의 확실한 대책

공채를 매출하고 을지로에 지하통로를 만들고 보상비를 줄이고,

서울시의 예산을 분석해서 시설물의 관리비와 재해 대책 등에 필수적으로 필요한 경비를 제외한 모든 재원을 총동원하여 지하철에 투입한다 하더라도, 지하철 건설비의 30%를 조달하기는 무리였다. 정부의 보조금에 기대는 수밖에 달리 도리가 없었다.

경제기획원과 재무부에 협조 문서를 보내고, 두 부처의 실무자를 만나기 위해 찾아 나섰다. 먼저 경제기획원으로 갔다. 철도사업의 투자를 심의하는 담당과(김주일)로 찾아갔다. “서울시에서는 문서만 보내놓고, 사람이 와서 설명을 해야 투자 가치에 대한 판단을 할 수 있는데, 얘기를 들어보려고 연락을 해도 아무도 오지 않더니 이번에는 웬일이냐?”고 하면서 옛적 이야기를 한다. 이때가 기회라는 생각이 들어, 지하철 건설의 필요성과, 교통부와 협의한 일을 설명하고 자주 올 것이니 적극적으로 도와 줄 것을 부탁했다.

다음은 예산국으로 갔다. 교통예산담당과장(오세민)과 예산총괄과장(강현욱)을 만났더니, 의외로 친절하고 적극적으로 지원할 뜻을 내비친다. 그런데 막상 일은 진전되지 않았다. 나는 예산실장(김용한)을 찾아갔다. “지하철 건설은 필요한 것 같은데, 투자 우선순위가 정해져야 예산을 편성하게 되니 담당 과장들과 잘 얘기해 보라.”는 언질을 준다.

투자심의를 하고 예산을 편성하는 담당 부서에 여러 번 들렀으나 희망적인 반응은 없다. 대신 이번에는 재무부의 금융 정책과 연계되어 검토될 일이라는 말을 하므로 재무부의 이재과장과 이재국장을 차례로 만나 충분한 설명을 했다. 이 정도면 실무적 설명은 충분하다는 생각을 가지고 경제기획국장을 방문했다. 김재익 국장에게 설명을 했더니 처음부터 말도 적고 반응도 없다.

이번에는 지하철과 연관된 산업 발전의 효과를 설명하는 표를 만들어 갔다. 지하철 건설이 단순한 토목 구조물을 만들고 그 속에 객차가 다니는 교통수단이 아니라 첫째, 궤도의 생산으로 철강의 강도를 유지하는 기술의 개발은 물론 궤도의 장대화로 개발도상국에 수출의 길도 예상할 수 있고, 둘째, 전동차의 생산은 수입 대체 효과가 있으므로 외화 관리상으로도 발전해야 할 분야일 뿐만 아니라 이것도 수출할 수 있는 산업이며, 셋째, 전기 기기의 생산이 확대되는 것은 말할 것도 없고 전동차의 운행이 고도로 정밀해야 하므로 전자산업이 발전될 것이며, 전동차와 역사, 지령실, 그리고 전동차 서로 간에 긴밀한 연락이 이루어져야 하므로 통신의 발달이 필수적으로 수반된다는 등의 내용이었다. 조용히 듣고 있던 김 국장은 "지하철 건설은 내가 도와드리겠습니다." 하고 말한다. 실로 경제기획원과 재무부를 드나든 지 3개월이 지난 때였다. 하도 반갑고 고마워서 "그러면 내가 해야 할 다음 일은 무엇입니까?"라고 물었더니 연락을 할 것이니 기다려 달라는 게 아닌가.

그러나 그 후 여러 날을 기다려도 김 국장의 연락은 오지 않고, 그 사이에 각 부의 장관이 바뀌는 개각이 있었다. 남덕우 경제기획원 장관은 국무총리로 영전하고, 서울시장에 박영수 씨가 부임했다. 내 생각으로는 '이것 참 낭패가 난 것'이었다. 김재익 국장에게로 갔다. "이 일이 어떻게 되는 것입니까?" 김 국장이 웃으면서 하는 말이 "걱정 없습니다. 더 잘된 일이고, 이 개각이 예상되어 내가 연락을 늦췄습니다. 이제 며칠만 기다려 보십시오."라고 하기에

"그러면 안심하고 연락 오기를 기다리겠습니다." 하고 헤어졌다.

개각이 있은 지 1주일쯤 지난 어느 날, '내일(토요일) 오후 2시에 국무총리실에서 서울시의 지하철 건설을 위한 관계 부처 장관 회의가 있으니 참석하라.'는 연락이 왔다. 시장을 따라 배석했다. 참석자는 경제기획원 장관과 예산실장, 재무부 장관과 이재국장, 교통부 장관과 수송조정실장, 건설부 장관, 내무부 장관, 그리고 서울시장이었다.

남덕우 총리의 말로 회의가 시작되었다. "오늘은 서울시의 지하철을 건설하기 위한 회의입니다. 각 부의 장관은 어떻게 지원할 것인지 의견을 차례대로 말씀해 주세요." 각 부의 장관은 별 다른 의견이 없었다. 재무부 장관이 "부임한 지 얼마 되지 않아 업무를 정확히 파악하지 못했으니 실무자로 하여금 말씀드리도록 하겠습니다." "그렇게 하세요." 이재국장이 자리에서 일어났다. "서울시의 지하철은 대략 5년 동안에 1조 5천억 원의 자금이 소요되는 것으로 알고 있습니다. 이 기간에 그 많은 돈이 투자된다면 통화 팽창으로 인한 화폐가치의 변동이 우려되므로 재무부에서는 동의하기가 어렵습니다."라고 한다.

나는 순간적으로 '야단났다.' 생각했다. 그런데 "오늘 회의는 어떠한 방법으로 서울시의 지하철을 건설할 것인가를 얘기하는 자리이니 지원 방법을 얘기하고, 지하철 건설의 가부는 얘기하지 마시오." 하는 총리의 단호한 말이 따르는 게 아닌가. 이재국장이 다시 비슷한 말을 하니 "회의의 성격도 모르고, 말도 못 알아듣는 사람은 더 이상 말을 그만 두시오." 하면서 다른 사람의 의견을 구했다.

나는 "서울시의 지하철 건설 본부 차장입니다. 제 의견을 말씀드리겠습니다." 했다.

"서울시 지하철 건설에 소요되는 자금 규모가 큰 것은 사실입니다. 그런데 서울시의 가용 재원을 총동원하더라도 전체 투자 자금의 40%를 넘을 수가 없습니다. 따라서 정부에서 30%를 보조금으로 주시면 나머지 30%는 공채를 발행하여 차입금으로 충당하겠습니다. 그리고 정부에서는 차입금의 이자를 보전해 주십시오. 한걸음 더 나아가 공채의 경우 국내의 주식 시장에서 매출이 부진할 경우에는 해외 시장에서 매출해서라도 자금을 조달하겠습니다. 채권의 해외 매출 자체도 정부의 승인 사항이니 이 일도 신속하게 처리되도록 도와주십시오."

나의 보고에 총리는 "서울시장은 다른 의견이 있습니까?" 묻고는 "별 의견 없다."는 시장의 답변이 끝나자 "서울시의 실무자 의견이 합당하니 각 부처에서는 적극 지원하여 지하철 건설에 차질이 없도록 해주기 바란다."는 결론으로 회의를 마쳤다.

나는 월요일 오전 일찍 김재익 국장을 찾아가 감사의 인사를 했고 드디어 지하철 공사는 순조롭게 추진되었다.

지하철 7호선 침수 사건

1998년 5월 1일, 지난밤부터 되풀이되던 날씨 보도는 어김없이 맞았다. 새벽에 잠을 깨니 이미 창가에는 빗방울이 맺혀 있었고, 시간이 지나면서 굵은 빗줄기로 변했다.

봄꽃이 막 지면서 신록이 고운 빛깔을 내비쳐, 서울이 아름다운 모습을 한껏 뽐낼 때였다. 이때쯤 내리는 비는 부드럽고 바람은 산들산들 강산을 어루만지는 계절이건만, 제철에 없이 예사롭지 않은 날씨였다. 중랑천 상류, 그러니까 의정부와 동두천 일대에 밤사이 엄청난 폭우가 쏟아졌다는 보도가 있었다.

다른 날보다 일찍 사무실로 나갔다. 사무실로 가는 자동차 안에서 다음 달이면 40년 세월 봉사해 온 공직을 떠나게 되는데, 남은 2개월을 어떻게 유용하게 마무리할 것인가 생각하며 이 달에 챙길 일을 머릿속으로 정리하고 있었다.

그런데 조용하던 차 안에 갑자기 전화벨이 요란하게 울려 퍼진다. 차창 밖의 빗방울은 많이 잦아들고 이제 먼 곳이 차츰 밝아지고 있었다. 수화기를 통해 들려오는 말에 상념이 확 달아났다. "중랑천이 범람하여 태릉 입구 지하철 공사장이 침수되고 있다는 보고가 왔습니다." "지금 전화를 주신 분은 누구십니까?" 반문했더니 "시청 당직 사령입니다." 한다. "그러면 나는 지금 바로 침수 현장으로 가겠으니 부시장과 지하철 관계자에게 연락하여 현장으로 오시도록 해 주시오!"

서둘러 현장에 도착한 것은 8시를 조금 넘긴 시각이었다. 중랑천의 홍수위는 가히 최고조에 이르렀고 하천을 횡단하는 교량의 하단부까지 위협할 정도였다. 침수가 발생한 사고 지점으로 갔다. 폭이 10여 미터에 높이가 3~4미터 되는 성난 홍수가 중랑천으로부터 어디론지 쏟아져 들어가고 있는데, 무슨 구덩이로 들어가는지 알 수가 없었다. 조금 있으려니 지하철건설 본부장과 차장 등 간부들이 현장에 도착했다.

현장소장의 설명은 "지하철 5호선의 건설공사 중, 7호선의 태릉역과 연계되는 통로를 건설하다가 우기를 대비해서 설치한 중랑천과 공사장의 차단벽이 예상한 수위보다 월등히 높은 홍수로 수압을 이기지 못해 무너지면서 7호선의 터널로 물이 쏟아져 들어가고 있다."는 것이었다.

직감적으로 운행 중인 7호선에 큰물이 들이차면 상당 기간 지하철 운행이 중단될 것이라는 데 생각이 미쳤다. 지하철을 이용해 출퇴근과 생계를 유지하던 시민에게 엄청난 고통을 안겨주게 될 것이므로, 첫번째로 교통난 해소 방안이 강구되어야 할 것이었다. 이에 상응하는 조치로 지하철 7호선과 병행하여 운행하는 버스노선에 다른 노선의 버스를 최대한으로 투입해 승차 난을 완화하도록 교통국장에게 지시하고, 지하철공사의 직원과 구청 직원, 그리고 인근 동사무소의 민방위대에 동원령을 내려 7호선 터널 안에 모래주머니를 이용한 방수벽을 설치, 침수 구역을 최소화하도록 했다.

그러나 이것은 소극적인 시책이고, 가장 확실한 조치는 물이 터널 안으로 더 들어오지 못하게 사고 지점의 유입구를 막는 일이었다. 그런데 워낙 물살이 거세어 철판으로 막고 청소차의 적재함에 토석을 실어 밀어 넣어도 모두가 한 줌의 모래인 양 떠내려가는 것이었다. 두어 시간을 정신없이 뛰어다니는 사이 중랑천의 수위가 낮아지고 밀려들던 홍수도 거의 차단되었다. 이제는 복구 사업에 전념해야 하는데 찾아보니 지하철 업무담당 부시장이 보이지 않는다. 전화를 했더니 그때까지 사무실에 있는 게 아닌가. "사고 현장을 진두지휘할 사람이 무슨 중요한 일이 있어 거기 있는 거요! 빨리 현장으로 와서 사고 복구 계획을 만들어야 되겠소!" 했더니 부시장이 급하게 달려왔다.

사고 현장과 가까이 있는 사무실을 어느 독지가가 제공해 주었다. 그곳에 시청의 전 간부가 모였다. 부시장을 중심으로 지하철 운행 재개 계획을 만드는 동안 사고 현장과 침수된 역사를 둘러보고 오니 1시간가량 걸렸다. 계획안의 기초가 마련되었다. 그런데 만들어 온 사고 복구와 운행 재개 계획을 보니 자그마치 29일이나 소요되는 게 아닌가. 거기에는 지하철이 정상적으로 운행되는 날짜가 5월 29일로 기록되어 있다.

침수된 역사는 7군데였고, 지하철 운행에 필요한 기관을 헤아리니 전기, 통신, 신호, 승강기, 청소 등 외부 업체만 해도 6개 기관이다. 시간이 제일 많이 소요되는 분야는 지하철 터널 안에 가득 들어차 있는 물을 뽑아내는 일이었다. 가득찬 물의 양을 계산해 보니 소형 양수기를 이용한 배수에는 적어도 15일이 소요되니 거의 1개월이 걸린다는 보고였다.

홍수가 났을 때 물을 빼낼 수 있도록 시설된 유수지의 대형 배수펌프와 수돗물 생산을 위해 양수하는 450마력 이상의 양수기를 해체하여 사고 터널에 설치하자는 의견이 건설안전 본부장(김진배)으로부터 제기되었다. 부시장과 지하철 본부장, 그리고 종합건설 본부장과 상수도사업 본부장을 별도로 불러 이 작업을 지시했더니,

부시장은 배수펌프는 옮겨 온다 해도 배수관을 투입할 수가 없다는 것이었다. 나는 도로 한가운데 아스팔트를 파서라도 설치할 것을 강력히 촉구하고 즉시 실천에 옮기도록 했다. 동시에 물이 빠지는 정도에 맞추어 청소와 환기, 각종 기기 점검을 빈틈없이 하도록 작업 계획을 작성하고, 각 역사마다 국장 3명을 책임자로 지정하여 3교대 근무하게 했다. 이 조치는, 각 역에서 청소업무로부터 시작해서 여러 가지 기능을 완수하는 데 내가 직접 개별적으로 주무부서 책임자를 지휘, 지시하는 것으로는 불가능하다고 판단, 현장을 책임진 국장들을 호통함으로써 관련 기관에서 파견된 직원들이 분발하도록 하려는 목적에서 취해진 것이었다. '기둥을 치면 봇장이 울린다.'는 격언을 이용한 전술이었다 할까.

일은 순조롭게 진행되었다. 그런데 언론에서는 '지하철 운행 재개에 한 달, 태릉과 면목동 지역 승차난 가중될 것'이라는 보도를 계속하고 있었다. 나는 기자실을 방문하여 1주일 안으로 지하철이 운행될 것이니 희망적인 보도를 해 줄 것을 부탁했으나 소용이 없었다. 나는 "이번에 나의 말을 믿지 아니하고 계속 5월 말에 지하철이 운행된다고 하는 보도는 모두가 오보로 만들고 말 것이니 나의 말을 믿어 주시오! 5월 8일에 운행 재개합니다." 하고 역설했다.

지하철은 약속대로 5월 8일에 운행을 재개했다. 그날은 마침 토요일이었다. 몸도 마음도 쉬고 싶어서 근교의 주말 농장으로 갔더니, 나를 알아 본 주말 농장의 벗들이 몰려와서 하는 말이 "박력 있는 시장님이 지하철 운행 중단 사고를 상상할 수 없는 짧은 기간에 마무리하고 여기에 오셨으니, 우리 모두 농사일은 그만 두고 막걸리 잔치를 합시다." 한다. 내심 흐뭇하고 보람 있는 시간이었다.

월요일에 사무실로 감사관이 찾아왔다. 사실 해빙기에 맞추어 공사장에서 예상되는 재해대책을 공구별로 확실하게 챙겨서 불미스런 재해가 일어나지 아니하도록 대비할 것을 여러 번 강조했음에도 일은 벌어지고 말았던 것이다. 따라서 사고에 대한 문책이 있어야겠다는 것이었다. "어디서 문책에 관해 묻는 곳이 있느냐?"고 반문하니 그런 것은 아니라고 한다. "그러면 잠자코 있어 주시오. 사후 수습이 잘 되었고 모두가 불행 중 다행으로 알고 있는 이 시기에 괜히 긁어 부스럼 만들 필요가 없는 것 같소. 더 두고 봅시다. 기합은 강해도 벌이 강하면 안 됩니다." 결과적으로 문책은 없었고, 문책이 없는 데 따라 감사관은 여러 감독기관으로부터 많은 해명과 시련을 받아야 했다.

이렇게 사고는 마무리되었고, 관련 공무원들은 현직에서 배제되지 아니하고, 더욱 열심히 일을 해서 뒷날 서울시의 보다 중요한 자리에서 큰일들을 처리하고 있으니 얼마나 고마운 일인가.

지하철 탈선 사고

중역 모두를 해임하다

조 순 시장님이 뜻한 바 있어 사퇴한 시기는 1997년 9월 초순으로, 시장 임기를 10개월 남긴 때였다. 남은 임기가 1년 미만인 경우에는 지방자치법에 의거, 후임 시장을 선거하지 않기로 되어 있어, 내가 시장 직무를 대리하게 되었다. 시장 권한대행의 업무를 시작한 날짜가 9월 6일이었다.

여러 가지 면에서 신경을 곤두세우고 행동과 언사뿐 아니라 대인관계에 이르기까지 매사에 조심한 지 거의 한 달이 되어 가는 때, 뜻밖에도 지하철 2호선 선릉역 구간 지하철로에서 전동차가 탈선하는 사고가 벌어졌다. 사고 현장으로 달려가 사고 지점을 아무리 둘러보아도 탈선이 될 수 없는 구간이었다. 기술적으로 문외한인 나는 궤도가 구부러졌거나 수평을 유지하지 못하거나 그렇지 않으면 전동차의 바퀴에 이상이 있어야 일어날 수 있는 사고라고 생각되어, 납득할 수 있는 구체적인 원인을 규명하여 상세히 보고하고 책임 소재를 파악하여 엄중 문책하도록 지시했다.

그런데 다음날, 차량기지 내에서 선로변환 작업을 하다가 비교적 가벼운 궤도이탈 사고가 있었다는 보고를 또 받고 나니, 전날의 선릉역 구간의 사고에 대한 의문이 새삼 깊어져 갔다. 그러던 차에 이번에는 2호선 신도림역 고가 구간에서 탈선 사고가 났다는 보고가 있었다. 더욱이 사고의 발생 시각이 승객이 가장 많이 이용하는 출근시간의 러시아워였다. 급히 현장으로 달려갔다. 지상으로부터 5미터가 넘는 고가였고, 탈선된 전동차의 앞부분이 낙석 등을 방지하기 위해 설치한 벽에까지 돌출하여 조금만 더 밀고 나갔더라면 전동차가 고가로부터 추락하는 사태까지 벌어질 수 있었던 아슬아슬한 상태였다.

사고 지점은 직선 구간으로 정상적으로 전동차가 운행하는 경우라면 어떠한 사고도 일어날 수 없는 지점이었다. 현장에서 사고 원인에 대해 설명하는 것을 들으니, 궤도 탐상차를 이용한 안전 점검을 마친 다음 뒷정리를 깨끗이 하지 않아 궤도 위에 남아 있던 장비의 일부가 전동차의 바퀴와 부딪히면서 일어난 사고라고 한다.

이틀에 세 번의 탈선 사고. 이것은 아무리 생각해도 있을 수 없는 일이었다. 게다가 사고의 경위와 사고 지점의 여건들을 고려한다면 이번 일련의 사고는 태업에서 오는 고의적 사고이거나, 그렇지 않으면 근무 자세의 이완에서 오는 사고라고 볼 수밖에 없었다. 여기서 한 단계 더 깊이 생각한다면, 지금까지 지속해 오던 지하철 노동조합의 격렬한 태업 사태 등을 고려할 때, 시장이 공석인 시기를 이용하여 서울시의 행정력을 철저하게 무력화하기 위해 일으킨 고의적 사고로 짐작할 수 있었다. 나아가 개인적 입장으로는 시장 업무를 감당하기에 능력이 부족한 사람으로 평가되는 결과를 가져오는 게 아닌가 하는 의구심마저 일었다.

오전 9시가 조금 지나 사무실로 들어오는 자동차 안에서 "지금 사무실로 가고 있으니 우선 시민에게 드리는 사과의 말씀을 간략하게 만들어 두라. 사무실에 도착하는 즉시 검토하고 곧 기자실로 갈 것이다."는 전화 지시를 했다. 그때가 9시 반쯤이었고, 출입기자들이 기자실에 나오기 시작할 때였다.

10시에 기자실로 갔다. 준비한 '시민에게 드리는 사과의 말씀'을 배부하고 이를 낭독하듯 설명하고 나니 어느 기자로부터 "사고의 책임은 어느 선에서 지게 되느냐?"는 질문이 있었다. 나는 "오늘 오후 지하철공사 회의실에서 관계관 회의를 열어 광범위한 의견을 들은 다음 책임 소재를 밝혀 조치할 것이며, 그 시기는 가급적 신속하게 처리함으로써 시민의 의구심을 해소하도록 할 것입니다."라고 답변했다.

이 날은 토요일이었다. 지하철공사에는 부장 이상의 간부를 모두 오후 3시에 공사 회의실에서 대기하도록 조치한 다음, 시에서는 지하철과 관련 있는 국장급 이상의 간부가 소형 버스로 같이 갔다. 나의 머릿속에는 문책의 범위를 어느 선으로 할 것인가 하는 생각으로 가득한데, 버스 안의 국장들은 여행이나 가는 듯 즐거운 얘기로 웃음꽃을 터뜨린다. 책임자와 비책임자의 차이를 절감할 수 있었다.

회의장에 도착했다. 회의실에 좌정하고 보니 참석한 사람이 80명이 넘는 것 같았다. 직급이 중역 다음에 처장이 있고 그 다음에 부장이 있는 것을 그때에 알았다. 참석한 전원으로부터 의견을 들을 생각이었다. 나는 중역급 이상은 알고 있지만 그 이하는 직제도 잘 모르고 있었으므로 "직제 표를 한 장 주시오. 그래야만 내가 호명을 할 수 있겠습니다." 했다. 그랬더니 "여기에 참석자 명단이 있습니다." 하면서 누가 타이핑이 된 명단을 내놓는다. 아마도 인사부장인 듯했다. '이 사람들이 일을 제법 챙기는구나.' 하는 생각이 들었다. 참석자 명단에 따라 먼저 예산부장을 불렀다. 자리에 없었다. 다음에는 자금부장을 불렀더니 또 없었다. 계속해서 자재부장을 불러도 대답하는 사람이 없었다. 한 번 더 불렀다. 이번에는 더 크게 불렀다. 참석자 명단을 보고 불렀는데 어찌하여 세 사람을 불러도 세 사람이 모두 없다는 말인가? 장내가 술렁이기 시작했다. 어찌된 사정인지 그 내막을 아는 사람은 아마도 인사부장 한 사람밖에 없었을 것이다.

나는 손바닥으로 사정없이 책상을 내리쳤다. 동시에 "김 사장! 이 어찌된 일이오! 여러분이 참석자 명단이라고 가져 온 이 명단에 있는 세 사람을 불렀는데 한 사람도 대답을 하지 않으니 당신이 관리하는 이 조직이 도대체 어떻게 되어 먹은 조직이며, 간부들은 이 회사에 뭣들 하러 다니는 거요? 이것이 어찌된 영문인지 그것부터 알아봅시다. 이래 가지고야 어찌 공조직이라 하겠소?" 했더니 한 사람이 헐레벌떡 뛰어나오면서 "명단을 다시 정리하여 드리겠습니다." 하면서 빼앗다시피 가져간다.

약 10분간 정적이 흘렀다. 새로 가져 온 명단에는 내가 먼저 불렀던 세 사람이 없어지고, 가장 힘없는 부서의 부장이 한 사람 추가되었다. 이것은 무얼 말하는 것인가. 첫째, 조직에 권한과 책임이 안배되지 않아 업무가 균형을 잃고 있으며, 둘째, 조직 간 업무의 배분이 기능적으로 조화롭게 이루어져 있지 않고 단순하게 직책 나열식으로 편제되어 있으며, 셋째, 전체 조직이 '원활한 지하철 운영'이라고 하는 하나의 목표를 위해 유기적인 협조체제를 갖추지 못하고 있음을 반증하는 것이었다.

이 순간 나는 마음속으로 문책의 한계를 정리해 갔다. 다소 힘이 있을 것으로 예상되는 직책자를 먼저 찾기로 한 것은 사실이지만 어떻게 80여 명의 참석자 가운데서 참석하지 않은 세 사람을 그것도 순번대로 한 번의 실수도 없이 찍어냈을까. 기막힌 영감이 아닌

가. 그렇게 적중하여 조직의 엄청난 변혁을 가져올 줄은 아마도 참석하지 않은 세 사람이나 그 명단을 만들었던 인사부장도 상상하지 못했으리라.

나는 비로소 그 날 회의의 의의를 설명하고, 부장들 전원으로부터 이틀에 세 번이나 있었던 탈선 사고에 대해 지하철 관리의 책임이 있는 직위에 있는 사람으로서의 인식과 앞으로의 대책, 그리고 각오를 한 사람 한 사람 불러 가며 의견을 들었다. 부장들을 모두 내보내고 처장의 의견도 같은 방법으로 들은 다음, 이제는 중역과 사장만 남았다. "이제까지 부장, 처장의 의견을 들었으나 아직까지 이번의 사건에 대한 책임 범위와 한계, 그리고 방법을 얘기한 사람은 한 분도 없습니다. 사장님 이하 중역 여러분은 사장실로 가서 시민에게 책임질 방법과 그 범위를 토의하여 합의된 결과를 내게 말해 주시오. 그 보고를 받은 다음 내 의견을 말하겠소." 했더니, 김 사장이 자기와 관리이사 두 사람이 사퇴하는 선에서 마무리해 줄 것을 건의했다. 나는 "그것도 하나의 방안은 되지만 여러분들의 협의를 거쳐 수렴된 의견을 나는 바라는 것입니다." 하고 다른 방으로 가서 협의하도록 모두를 내보냈다. 그리고 두 사람의 부시장을 불러 "나는 시청 사무실에 있을 것이니 사장 이하 중역 모두 사퇴하도록 하시오. 그렇게 되지 않을 경우 오늘 회의는 밤을 새우는 한이 있어도 해산해서는 안 됩니다." 하고 사무실로 돌아왔다.

해가 서산에 넘어갈 무렵, 부시장의 전화가 왔다. 처음에는 먼저 얘기했던 사장과 관리이사 선에서 책임지도록 하겠다는 내용이었다. 그러나 이 정도로는 지하철공사 전체의 기강을 바로잡고, 근무 분위기를 획기적으로 쇄신하는 데 미흡하다고 생각하여 부시장에게 확실한 문책의 선을 제시했던 것이므로, 보다 심도 있는 토의를 거쳐 모두가 사퇴하는 방안으로 유도하여 결론을 도출하도록 더욱 강하게 애기하고 전화를 끊었다. 약 30분의 시간이 흐른 다음 부시장으로부터 전화가 왔고, 그 내용은 중역 이상이 모두(7명) 사퇴하겠다는 것이다. 그 실행 방법을 애기해 보라고 했더니 "월요일에 실무자의 책임을 물어 징계 조치를 끝낸 다음 일괄 사퇴한다."는 보고였다. 그리고 나는 그 내용을 이사와 감사를 포함한 중역 전원이 지금 바로 기자실에 들러 직접 공표하게 함으로써, 불변의 방침으로 확정하게 했다. 다음날 전 언론에 보도되고 이 일은 종결되었다.

chapter 6

서민생활 보호와 환경보전

아무리
크고
험하다 한들

환경미화원과 적환장

손수레 수거에서 차량 수거로

내가 환경국장으로 보직된 것은 1988년 8월 1일이다. 88올림픽 대회도 성공적으로 끝나고, 나라가 축제의 분위기에 젖어 있는데 10월에 접어드니 계절은 어김없이 바뀌어 날로 기온이 떨어졌다. 제일 먼저 눈에 뜨이는 것이 길거리의 쓰레기 적환장(積換場)으로, 하루가 다르게 그 면적이 넓어지고 숫자도 늘어나고, 쓰레기의 양이 많아지면서, 쓰레기의 성상(性狀)이 연탄재와 김장 쓰레기로 변해 갔다. 자연스럽게 환경미화원의 일감이 늘어나고 걸음이 바빠졌다.

혼자서 자기가 맡은 구역의 청소를 다하려고 하니 여름에는 하루에 3, 4번 왔다 갔다 하면 되던 작업량이 이제는 6, 7번 왕래해야 하고, 1톤만 실어야 할 손수레에 2, 3톤을 싣고 도로의 기울기와 형태에 따라 손수레를 밀고 끌면서 다녀야 했다. 그런 형편이고 보니 혼자 힘으로 일을 감당하기가 벅차 부인과 자녀들까지 나와 일을 도왔다. 쓰레기의 양이 많아 조금 넓은 공지는 어느 사이에 쓰레기 적환장으로 변해 갔다. 서울시 450개 동에 650개소가 넘는 적환장이 있었으니 시민들이 거리에 나서려면 두세 곳의 적환장을 지나야 하는 것이 서울의 풍경으로 자리 잡고 말았다.

이 시기에 서울시에 대한 시민의 원성이 제일 많았던 분야는 650

개소의 적환장에서 일어나는 먼지와 음식물 쓰레기의 악취, 몰려
드는 파리모기의 박멸을 호소하는 민원이었다. 따라서 언론기관의
보도 이슈도 적환장 때문에 쏟아져 들어오는 민원과 하루에도 2, 3
건씩 일어나는 환경미화원의 부상 및 사망 사건이었다.

서울시의 어느 누구로부터 지적이나 지탄을 받아서가 아니었다.
환경국장인 나는 가슴속으로 이 일을 말끔히 처리하는 대책이 무
엇인가를 생각하고, 담당자(박정기)로 하여금 환경미화원의 인명 피
해가 일어나는 원인을 과거 3년간의 기록을 발췌하고 사건 현장을
답사함과 동시에 사고 발생을 계절별, 시간대별, 지형별, 원인별로
알아내 분석하도록 했다. 적환장이 늘어나는 원인도 적환장간의
거리는 물론 지형 등을 분석해 알아보려 한 것이다.

분석된 자료를 매일 검토하여 부족한 부분을 추가 조사하게 하
는 작업을 10여 일간 계속하다 보니 환경미화원의 신체적 손상의
원인은 쓰레기를 실어 나르는 손수레가 사고의 주범임을 알 수 있
었다. 손수레는 1톤의 하중만을 견딜 수 있도록 제작되어 있는 데
다 도로의 경사가 15도만 되면 오르내리기가 힘든데, 설계 하중의
2, 3배를 싣고 경사진 길을 내려오다 보니 급박한 상황이 발생해도
마음먹은 대로 제동을 걸 수가 없었다. 실제로 많은 사고가 언덕길
을 내려오다 발생했다. 가속도가 붙은 상황에서 남의 가게와 사람
을 피하기 위해 방향을 틀다가 순식간에 자기 몸을 전신주에 부딪
치고 마는 것이었다.

환경미화원의 인명 사고를 방지하고, 늘어나는 적환장을 감축하
는 길은 쓰레기를 손수레 수거에서 자동차 수거로 바꾸는 길 외에

는 대책이 없다는 결론을 얻은 나는 자동차 수거 방안을 구상했다.

손수레가 다니던 길에 큰 차는 들어갈 수 없으니 자연히 수거차는 1톤 트럭을 운행하는 것으로 했다. 그리고 수거 차량이 골목을 누비면서 쓰레기를 싣는 시간을 측정해 보니 평균 운행 속도가 시속 5km밖에 되지 않았다. 하루에 8시간을 운행한다면 40km밖에 운행하지 못하니 적어도 3개 동에 2대의 수거용 차량이 있어야 하며 운행의 효율성을 증진하기 위해 5개 동에 1개소의 중간 적환장을 설치했다. 또한 각 구청별로 1개소 내외의 쓰레기 집하장이 있어야 하고, 여기서 쓰레기를 매립지로 반출해야 했다. 이런 그림을 그려 보니 소형의 수거 차량만 150대가 필요하고, 중간 집하장에서 구청별 집하장으로 운반하는 중대형 차량과 매립장으로 반출하는 대형 차량을 계산해 보니 보유하고 있는 차량을 감안하더라도 250대 이상의 증차가 필요했다. 또 이들 차량의 차고지를 확보하고 운전기사를 증원하는 등 예산을 짜 보니 대략 1조 5천억 원이 필요했다.

나는 이를 5개년 계획으로 해, 연간 3천억 원의 예산을 배정해 줄 것을 요구하는 계획서를 만들어 시장에게 가지고 갔다. 그러나 시장은 아무 말도 없이 서류를 한쪽으로 밀쳐놓았다. 나는 그 자리에서 "왜 그러시느냐?"고 물었다. 시장은 예산이 없으니 방법이 없지 않느냐는 것이었다. 그래서 나는 "예산이 부족하면 10개년 계획으로 하더라도 수거방법을 개선해야지, 언제까지 환경미화원의 인명 손실과 적환장의 민원을 들어가면서 망설이고 있겠습니까? 특히 부족 재원은 차입을 하더라도 이 길 외에는 다른 방법이 없다고

봅니다."라고 다시 보고했다. 그러나 여전히 "다음에 봅시다." 하
고 더 이상 검토하려고 들지를 않았다. 할 수 없이 "일단 보고는 한
것입니다."하고 그 날은 서류를 그냥 들고 돌아왔다.

그런데 이것이 어찌된 일인가. 그 날 오후에 한꺼번에 세 사람의
환경미화원이 사망 또는 부상하는 사태가 벌어졌고, 다음 날 조간
신문이 이 사실을 대서특필하는 일이 생겼다.

아침에 출근하니 시장이 곧바로 나를 찾았다. 어제의 그 서류를
들고 갔다. 시장은 나를 보고 "그 방법밖에 없겠습니까?" 했다.
"그렇습니다. 이 서류에 서명하고 기자실로 가시지요. 발표는 시장
이 하시고 구체적인 사항은 제가 설명하는 것이 시민의 기대에 부
응하는 길인 것 같습니다."

이렇게 해서 드디어 쓰레기 수거는 손수레 수거에서 자동차 수
거로 전환되고 적환장은 줄어들었으며, 환경미화원의 신체적 사고
는 사라졌다.

김포해안 매립지와 쓰레기 수송도로 건설

난지도의 쓰레기 매립장은 이제 더 이상 활용할 수 없는 상황이
었다. 지상으로부터 50m를 올라가야 하니 경사가 심해 위쪽의 쓰
레기가 흘러내릴 뿐 아니라, 매립장 주변으로 스며 나오는 침출수
는 이제 한강으로 넘쳐들어 더 이상 한강 관리 차원에서도 방관할

수 없게 된 것이다.

새로운 매립장을 찾기 위해 한강 하구와 경기도의 북쪽 휴전선 가까운 곳까지 지도를 펼쳐놓고 후보지가 될 만한 지역을 꼽아 현지에 가보면, 민가가 있고 목장이나 계곡이 있어서 침출수 차단 시설을 하더라도 불과 2, 3년간 매립하고 나면 또 다른 곳을 찾아야 할 정도로 가용 면적이 협소하거나 서울시로부터 거리가 멀어, 지리적으로도 적합하지 못해 크게 걱정을 하고 있었다.

그러던 차에 고맙게도 환경처로부터 동아건설에서 바다를 매축한 김포군 검단면의 해안 매립지 일부를 할애받기로 해 해결책이 마련되었다. 나는 우선 환경처로 가서 감사의 인사를 하고 서울시가 해야 할 일을 확인한 다음 동아건설 측과 구체적인 인수 계약을 체결했다. 그 내용을 간추려 보면, 쓰레기 매립장의 면적은 전체 매축지 650만 평 가운데 350만 평으로 하여 그 경계선을 획정하고, 쓰레기 매립장과 관련하여 부수되는 부대공사는 특별한 사유가 없는 한 동아건설이 우선적으로 시공할 수 있게 한다는 것과 토지 대금의 정산에 관한 사항이 들어 있었다.

쓰레기 매립장의 부지는 어렵사리 확보되었으니 이제 서울시에서 매립장까지 쓰레기를 운반하는 수송로를 확보하는 일이 남았다. 서울시의 경계(강서구 방화동)로부터 매립장까지의 직선거리는 불과 20km 미만이었지만 진입로가 없었다. 이미 개설된 도로를 이용하려면 인천 시내를 거쳐 가야 하는데 그 거리만 해도 40km가 넘고 교통도 혼잡하여 하루에 차량 한 대가 한 번밖에 운행하지 못할 형편이었다.

나는 등고선이 있는 이 지역 지도를 들고 도면에 위치를 표시해 가면서 두 번을 현지답사 했다. 그런 다음 그 도면에 도로의 통과 지점을 표시하여 왕복 4차선으로 예정선을 긋게 하고, 건설부의 도로계획과로 갔다. 건설부에서는 서울시의 돈으로 도로를 만들겠다고 하니 적극적으로 도와주겠다는 확약을 해주었다. 이것을 가지고 경기도와 협의를 시작했다. 도로의 소유권은 누구로 할 것이냐, 사도로 할 것인가 공도로 할 것인가. 도로의 청소와 보수는 누가 할 것이며 이 도로에 쓰레기 수송 차량 이외의 차량도 통행 가능한가 등 여러 가지 문제점이 제기되었다.

실무자들 사이에서는 소유권은 당연히 서울시의 것으로 해야 하고 서울시의 쓰레기 수송차량 외에는 이 도로에 진입할 수가 없으며 도로의 보수와 청소도 서울시가 해야 한다는 의견이 제기되었다. 그러나 포화 상태인 난지도의 매립장과 차츰 일기 시작하는 침출수 등으로 인한 시민단체의 저항 등 수송 도로의 건설이 시급한 실정임을 고려해 '쓰레기의 수송에 지장이 없다면 당연히 일반 차량이 이 도로에 진입할 수 있고 도로의 관리는 관할 자치단체가 하는 것이 타당하다.'는 결론을 냈다. 그런 후 건설부의 의견을 물었더니 옳은 판단이라 했다. 짧은 기간에 노선을 정하고, 도로관리의 문제도 그리 어렵지 않게 종결되었다.

서울의 연료, 연탄

연탄가스로부터 시민을 보호

서울의 연료는 우리나라의 근대화와 함께 많은 변화를 거쳐 왔다. 서울의 연료를 담당하던 부서의 명칭을 살펴보면 시탄과(柴炭課)에서 시량과(柴糧課)로, 그리고 연료과로 불리다가 연료과에서 가스과가 파생되는 과정을 겪어 온 것이다. 연료의 대종이 마른 나무와 목탄이던 시절이 있었고 그 후 무연탄을 주로 활용하던 시기, 그리고 LPG 혹은 천연가스를 쓰는 시대로 변화하는 동안 담당 부서의 명칭도 변화를 거듭했다.

그런데 시탄을 주로 하던 시기는 그나마 산과 들에 나무가 울창하고 서울의 인구가 비교적 안정적이던 시절, 그러니까 광복 이후 6·25 한국전쟁까지로 구분할 수 있다. 전후 인구가 폭증하던 시기에는 시탄만으로는 급격히 늘어나는 연료의 수요를 해결할 수가 없어 자연히 다른 대체 연료를 찾아야 했는데, 이때에 등장한 연료가 무연탄이다.

그런데 무연탄이 서울시의 주된 연료로 자리 잡기 시작하던 초기에는 행정 체계가 미흡하였다. 누가 어느 곳에서든지 무연탄의 분말을 구입하여 황토와 함께 틀에다 넣고 손으로 찍어내면 19공탄이고 이것이 다음으로는 22공탄으로 발전되었다. 이것이 연탄이

고 이를 판매하면 곧 연탄의 제조 판매소가 되는 무질서한 상황이
었다.

　그러자니 연탄을 만들고 판매하는 곳이 동리마다 늘어나서, 날
아다니는 연탄가루가 공기를 혼탁하게 했다. 게다가 집안에서도
빨래를 널어 말릴 수 없었고, 비만 오면 연탄 씻긴 시커먼 흙탕물
이 하수구를 메우는 일이 계속되었다. 연탄의 규격도 일정하지 않
고 가격도 판매소마다 차이가 있어 시민 생활이 여간 불편한 게 아
니었다.

　설상가상으로 연탄가스 중독 사고로 사망하거나 병원 치료를 받
는 사태가 끊임없이 발생해 크나큰 사회문제로 대두되었다. 언론
에서는 차츰 일련의 사태에 대한 심각성을 심도 있게 다루기 시작
했다.

　그즈음 나는 연료과 근무의 명을 받았다. 연료과에서 내가 맡은
업무는 과 전체의 살림을 관장하는 서무였으나, 과장(도지훈)은 내
게 연탄 업무를 총괄적으로 지휘 통제할 것을 주문했다.

　연탄 업무는 크게 두 가지로 구분할 수 있었다. 첫번째는 가장
급한 것이 연탄가스로 인한 인명 피해를 없애는 일이고, 두 번째는
연탄의 규격화와 생산의 효율화로 연탄을 사용하는 시민의 불편을
해소하고 도시를 정화하는 일이었다.

연탄 공장의 대단위화(생산촉진)

　연탄 공장을 대단위화하는 일을 시작했다. 우선 연탄 공장의 적

지를 찾아내야 했는데, 연탄은 무연탄과 접착성 있는 황토로 만들어지므로 수송시설이 갖추어져 있는 역 근처가 적합하고, 많은 양의 원자재를 적치하고 공장을 짓고 제품을 보관하는 창고가 있어야 하므로 넓은 공지가 있는 곳이라야 했다. 따라서 이문동, 마장동, 마포의 서강, 수색과 영등포역, 그리고 구로동 시흥동 등을 이중길 씨와 함께 모든 현장을 답사해 가면서 적지를 선정했다. 이와 더불어 추진된 정책은 연탄 생산에 서울의 연탄에는 1개당 4원, 그리고 지방에는 2원의 보조금을 지급하고, 다음으로 서울에서 생산되는 연탄은 경기도(지방)로 반출을 할 수가 있으나 경기도의 연탄은 서울로 반입하지 못하도록 하여 서울의 연탄생산업을 대폭적으로 지원하기로 하고 연탄협회로 하여금 협의해서 공장을 건설토록 독려하여 이루어낸 것이 대단위 연탄 공장이었고, 이로써 규격의 통일과 가격의 안정, 그리고 공급의 원활을 기하여 시민의 연탄 난을 해결할 수 있었다. 비로소 골목마다 산재하던 소규모 수제 연탄 공장과 그로 인한 시민의 생활 피해는 없어지게 되었다.

연탄가스 중독 방지

연탄가스로부터 시민의 생명을 보호하는 일에 착수하기로 했다. 연탄가스의 독성을 줄이는 일과 각 가정의 온돌 시공을 철저히 해 가스 누설을 차단하는 두 가지 일을 함께 해결하는 것으로 방향을 설정했다.

마침 이때 '연탄가스 위해 방지를 위한 현상 공모'를 하라는 김

현옥 시장의 지시가 떨어져서 나는 한결 힘을 얻을 수가 있었다. 이를 즉시 시내에서 간행되는 전 신문에 전단(全段)으로 광고함으로써 공모 사업은 시작되었다. 그 내용을 간추려 보면, 첫째, 응모 요령은 논문이나 실물로 제작하여 제출해도 무방하며, 둘째, 응모 기간은 2개월로 정하여 논문 작성과 실물 제작 기간을 충분히 부여했으며, 셋째, 제출된 제안에 대한 의장권과 특허권은 모두 제안자의 권리를 떠나 서울시에 귀속되도록 했고, 넷째, 당선작의 상금은 2천만 원이었다. 현상금 2천만 원은 대단한 금액이었다. 이 시기의 서울시 일반회계 총 규모가 10억 원 정도였으니 가히 짐작할 만하지 않은가.

먼저 심사위원을 선정하여 위원회를 구성해야 했다. 위원에는 서울대학교 유기화학교실의 김유선 박사를 서울대학교에서 추천받고, 석탄공사의 기술실장과 한국과학기술원의 유기화학실장, 그리고 이분들이 추천하는 학자를 선정하여 7명으로 위원회를 구성했다.

공고한 지 10여 일이 지나니 응모 작품이 답지했다. 응모 기간 내에 접수된 총 건수는 무려 1,950여 건이나 되었으며, 형태로는 연탄을 소금과 섞어서 찍어 만든 물품, 연탄을 위에서부터 연소시키는 화덕을 만들어 출품한 사람, 그리고 연탄가스를 발견할 수 있도록 색깔 있는 연기가 배출되도록 하는 가스 발견탄을 만들어 제출한 사례도 있었다. 또 훌륭한 체제를 갖춘 논문의 형태가 있는가 하면, 어린 학생들이 사용하는 노트를 찢어서 연필로 적어낸 제안도 있었는데 한 건도 소홀히 다룰 수가 없었다. 문서로 제출된 제안은 모두 편철하여 누락되는 일이 없도록 하였으며, 물품은 모두 연료시험소의 창고에 가지런히 정렬하여 쉽게 내용을 심사할 수 있도록 했다. 작품에 일련번호를 붙여 7명의 위원에게 돌려가며 1차 심사를 거치기로 했다. 이때는 복사기도 없던 시절이다. 청사진 틀에 넣어 구워내자니 시간은 오래 걸리고 일은 더디기만 했다. 2차 심사는 심사위원들이 관심 있게 생각하는 제안서만 모아 공개적으로 토의하기로 했다.

약 40일 간의 심사를 거친 결과 당선작은 없고, 연구의 공이 현저한 몇 건을 시장의 이름으로 시상하는 방법으로 이 일은 종결되었다. 여기에 그치지 않고, 우리나라에서 가장 잘 할 수 있는 연구기관에 용역을 주어서라도 시민의 생명을 보호하는 데 최선을 다할 것을 촉구하는 시장의 지시가 있었다.

이에 따라 서울대학교의 공과대학을 방문하여 이문득 교수를 만났으나, 이때는 서울대학교에도 연구체제가 갖추어 있지 않은 상황이었으므로 연구 용역을 수용할 수 있는 '유기화학 연구실'을 급하게 만들게 하여 100만 원의 용역비에 연구기간을 6개월로 하는 용역 계약을 체결했다. 그 결과 여기에서 제안된 내용이 고압산소기를 이용한 연탄가스 중독자의 치료 의견이었으며, 뒷날 의사협회에서 치료기를 개발하여 병원에 보급하고 비치하는 성과를 거두었다.

그런데 이러한 연구에는 많은 시간이 소요되고, 사고는 계속 일어나고 있었으므로 이 기간 동안 연탄 업무를 담당한 나로서는 손 씻고 앉아 있을 수 없었다. 온돌과 아궁이를 시공하는 미장공을 교

육하고 이들로 하여금 시공에 철저한 주의를 다하도록 하는 것도
또 하나의 방안이라 생각되어 시내의 물역 가게를 조사하여 등록
하는 한편, 온돌과 아궁이를 시공하는 교재를 만들어 각 구청으로
다니면서 미장공 전부를 교육하고 온돌시공자격증을 교부하기도
했다.

연탄 생산의 감축

내가 연탄 공장을 대단위화하던 때가 1968년 무렵이었다. 그 이
후 여러 곳으로 자리를 옮겨 다니다가 꼭 20년의 세월이 흐르고 서
울올림픽도 끝난 1988년 11월 늦가을에 산업국장으로 발령이 났
다. 그런데 부임하고 보니 시대의 흐름에 따라 이제는 연탄 공장을
없애야 하는 과제가 급선무로 등장해 있는 게 아닌가. 남아 있는
연탄 공장을 교외로 이전해야 했다. 이전 계획의 추진 상황이 부진
하여 담당자들은 전전긍긍하고, 뾰족한 묘수는 없는 상황이었다.

부임한 다음날 담당과장(이재원)으로부터 업무추진 현황을 설명
들으니 이전 예정지는 몇 군데 물색하여 두었으나 착수에 많은 애
로가 따를 것이 예상된다고 했다. 둘이서 현장을 가 보기로 했다.
처음 간 곳은 팔당 호숫가에서 약 1.5km 산골짜기로 들어간 곳이
었는데 경기도 광주군 조안면의 아름다운 계곡이었으며, 우선 보
기에 상수원 보호 구역이고 철도 인입 거리가 너무 멀어 연탄 공장
의 이전지로는 적지가 아니라고 판단되었다. 두 번째 찾아 간 곳은
송추의 유원지로서 철도는 가까운 곳에 있었으나 자연의 훼손과

인근의 환경을 파괴하는 역효과가 더욱 두드러져 이곳도 적지로 추진하기에는 무리가 있다고 생각되었다. 세 번째 찾아 간 곳이 경기도 고양시의 깊은 골짜기였는데 이곳 역시 철도의 인입이 문제였고 자연의 훼손이 심할 수밖에 없는 곳이라 역시 동의할 수 없는 지역이었다. 아무런 말도 하지 못한 채 서울의 동쪽부터 서쪽까지 다니고 나니 해는 지고 하루가 지났다.

다음 날 조용한 시간에 시장실로 간 나는 "연탄 공장 이전 계획은 없던 일로 해야 하겠습니다." 하고 서두를 꺼냈다. "아니, 무슨 말이오? 연탄공장으로 인한 시민의 원성은 날로 심해 가고, 진폐증 환자까지 발생하여 사회적 문제로 대두되고 있는데 이 일들을 어떻게 처리하려고 그런 말을 함부로 합니까?" 시장은 깜짝 놀란다. 나는 연탄 공장의 이전계획이 안고 있는 문제점을 하나하나 거론했다.

"우선 이전의 적지가 없습니다. 물색했다는 세 곳을 모두 현장 조사한 결과 한 군데도 적절하다고 판단할 만한 곳이 없었습니다. 그리고 철도의 부설에서부터 공장의 건설까지 최소 5년은 걸리는데, 서울시의 연탄 수요는 매년 감소하여 지금은 대단위 공장 건설 당시에 비하면 공장의 생산량이 70%도 되지 않고, 또 시민의 수요가 매년 7%씩 줄어들고 있으므로 이전하여 새로 짓는 공장이 가동할 때쯤이면 현재 생산량의 절반도 생산할 필요가 없을 것입니다. 그렇게 되면 그때는 새로 지은 연탄 공장 자체가 사회 문제로 부각되지 말라는 법이 없습니다. 따라서 연탄 공장의 이전 계획을 수정하여 연탄 공장 감축 계획으로 변경하겠습니다." 시장은

“연탄 공장의 이전 계획은 동력자원부의 중요사업인데, 동자부의 계획을 어떻게 수정하도록 하겠소?” 나는 구체적인 사항을 좀더 설명했다.

“서울시의 연탄 수급 안정을 위해 서울시에서 생산되는 연탄은 1개당 4원의 보조금을 지급하고 경기도의 연탄은 2원을 보조하고 있는데 이제는 이를 역전시키도록 할 것입니다. 또 서울의 연탄은 시계, 즉 경기도로 반출이 가능하지만 경기도의 연탄은 서울로 반입을 금지하고 있습니다. 따라서 이 부분도 거꾸로 경기도의 연탄이 얼마든지 서울로 반입되도록 한다면 오히려 경기도의 연탄 공장은 시설을 확대하게 될 것입니다. 더군다나 도심에는 이미 연탄을 연료로 하는 곳은 거의 없고, 시계 또는 변두리 지역에서 연탄을 많이 사용하고 있으므로 경기도의 연탄이 반입되는 것이 서울 시내의 연탄을 수송하는 일보다 편리하고 수송 시간과 비용도 절약되는 것입니다. 이러한 사유를 들어 설득하면 동자부의 관계관도 얼른 이해하고 우리 의견을 받아들일 것으로 확신합니다. 내가 해내겠습니다.”

나는 동자부의 장석정 차관을 찾아갔다. 동자부에서는 연초에 대통령께 보고드리는 업무 내용의 시나리오가 이미 나와 있었다. 그 내용은 역시 이전 계획을 촉진한다고 되어 있었다. 내가 시장에게 설명하던 내용을 그대로 얘기하자 장 차관은 얼른 이해하고 즉시 수용했다. 연탄 공장의 이전 계획은 폐기되고 오히려 감축 계획으로 수정되어, 행정의 큰 시행착오를 미연에 방지할 수 있었다.

연탄에서 도시가스로

도시가스 공급 방침

서울시에서는 간부회의가 자주 열린다. 왜 그런지 산업국의 직원들이 회의 때마다 시장으로부터 꾸중을 듣는 일이 잦았다. 원인이 어디에 있을까 가끔 생각해 보았다. 그러던 어느 날 급작스레 내가 산업국장으로 전보되었다.

시장이 짜증내던 일이 무엇인가 나는 상당히 궁금했다. 산업국의 과장들이 나와 나이도 비슷하고 성격도 원만한 분들이어서 점심때나 일과 후에 자주 어울렸다. 소주를 마시면서 서로 잔 부딪는 소리를 '귀를 즐겁게 한다.'는 은어로 외치면서 세상사 돌아가는 얘기를 나누었다. 귀를 즐겁게 하는 시간을 비교적 자주 가지면서 우정도 다지고 업무도 파악해 갔다.

시장이 산업국의 직원을 못마땅해 하는 사정을 알고 보니 가정의 연료를 연탄에서 도시가스로 교체하기 위해 도시가스 공급 신청을 해도 공사를 신속하게 해 주지도 않을 뿐 아니라, 신청한 민원에 대한 회신 자체가 늦어지기 때문에 시민들이 짜증을 내고, 심지어 집단 민원으로까지 확대되는 일이 자주 생겼다. 반상회가 열리면 거기서 건의되는 대부분의 민원이 도시가스 공급 시설을 조속히 시행해 달라는 내용이거나 이와 관련한 가스 공급 공사가 늦어지는 데 따르는 질책이었다.

그런데 도시가스 공급 업무는 수요가에서 직접 도시가스 회사에 신청하면 회사에서는 책정된 예산의 범위 안에서 도시가스 공급관이 부설된 지역부터 공사를 하게 되니, 가스관이 부설되지 않은 지역의 경우 자연히 늦어지게 마련이었다. 게다가 도시가스의 공급관을 부설하는 공사비가 막대했다. 공급 공사의 능력에 비해 수용가는 일시에 늘어나고 있으니 민원을 신속히 처리할 수가 없는 형편이었다.

그래서 도시가스 공급의 원칙을 다음과 같이 만들었다.

첫째, 도시가스의 공급 신청은 동사무소에서 접수하여 도시가스 회사로 일괄 이첩하도록 한다.

둘째, 도시가스관을 부설해야 하는 거리에 따라 도시가스 수용가의 수효를 감안하여 수용가가 많은 지역부터 먼저 부설하며, 100m 관을 부설해야 하는 지역은 최소 20가구, 150m를 부설해야 하는 지역은 30가구 이상이 동시에 공급 신청을 할 때에 도시가스를 부설한다.

셋째, 도시가스관이 전혀 부설되어 있지 않은 지역에는 도시의 현황에 따라 구청장과 도시가스 회사가 협의하여 예산의 책정과 도로 굴착의 가능성 등 행정 조치가 가능한 곳부터 도시가스를 공급한다.

이러한 원칙을 시장 방침으로 확정하고 이를 고시함과 동시에 반 회보에 게재했더니 도시가스로 인한 민원은 사라졌다.

LPG 충전업자와 판매업자 간의 분쟁

도시가스로 인한 민원이 사라지고 비교적 평온하던 초겨울, 이번에는 경기도 수원 지역에서 가정에서 사용하는 LPG 용기의 소유권과 관련해 LPG 판매업자와 충전업자 사이에 이해의 대립으로 인한 분쟁이 생겼다. LPG 충전을 거부하는 사태가 3일간이나 계속되고, 이로 인해 가정에서는 취사를 하지 못할 뿐 아니라 업소에서는 영업을 중지하는 사태가 일어났다.

나는 경기도 부지사에게 전화를 걸었다. "이러한 사태가 벌써 3일이나 계속되었는데 5일이 되면 반드시 같은 일이 서울로 번질 것 같으니 동자부와 협의하여 금명간에 해결하여 달라."는 내용이었다.

5일이 지나고 6일이 되는 오전에 강서구청으로부터 "큰일났습니다. 화곡동에 있는 LPG 충전소에서 판매업자들이 LPG의 충전을 요구하고 있으나, 충전소에서 거부하여 수십 명의 시민이 운집하여 항의하는 소동이 벌어지고 있습니다."라는 보고가 들어왔다. 나는 즉시 시장에게 보고하면서 "잠자코 3시간만 기다리시면 모든 사태를 완전히 정리할 것이니 안심하십시오."라고 했다. 그러나 시장은 걱정이 되는지 어떻게 할 작정이냐고 물었다. "시장님, 제가 알아서 조치하겠으니 묻지 마시고 3시간만 기다려 주십시오."라고 대답하고 사무실로 돌아왔다.

시각은 오전 10시였다. 각 구청에 긴급 전화를 했다. 서울시에는 LPG 판매업소가 대략 500여개 소가 있었다. "시민국장이 관내의 LPG 판매업자 대표 2명씩을 모시고 시청 별관 회의실로 11시까지와주시기 바랍니다. 그리고 가스과장은 LPG 충전업자 모두를 같은 시간에 회의에 참석하도록 하고, 산업국의 과장들은 전원이 비상 근무복을 입고 11시까지 회의실로 오시오."

정확히 11시에 모두가 집합했다. 좌석의 배열부터 지정했다. 단상에서 볼 때 제일 오른쪽에 충전업자 8명이 앉고, 중앙에 구청의 시민국장 25명이, 그리고 가장 왼쪽에 판매업자 50명이 앉도록 하고 산업국의 과장들은 판매업자의 옆으로 배석하여 앉게 했다. 그리고 긴급하게 연석회의를 소집하게 된 동기와 경기도에서 있었던 사실, 그리고 그날 아침 화곡동에서 일어난 사태를 간략하게 설명하고, 이를 빠른 시간 안으로 수습하여 시민의 불편을 미연에 방지하는 것이 우리의 책무라는 설명을 했다.

그 다음 발언의 순서를 정했다. "보시다시피 판매업에 종사하시는 분은 50명이고, 충전업을 하시는 분은 8명입니다. 그러므로 판매업자는 세 번 발언을 하시고 충전업자는 두 번의 발언 기회를 드리겠습니다. 발언의 순서는 먼저 판매업자께서 하시고 다음으로 충전업자, 이 순서로 반복하되 마지막으로 판매업자가 발언하도록 할 것입니다. 이의 없으시지요?" 확인을 한 다음 차례대로 발언하게 했다.

발언의 요지는 배석한 과장이 정리하게 하고 나는 결론을 생각하고 있었다. 발언은 끝이 났다. 이제는 다소 강경한 입장을 표명할 필요가 있다고 판단했다. 배석한 시민국장석을 둘러보니 문제가 발생한 해당 강서구청의 국장이 보이지 아니한다. 그는 성품이 좋은 분으로 나와는 막역한 사이였다. 그러나 나는 국장 대신 참석한 과장을 일부러 심하게 질책했다. 그리고 두어 군데의 시민국장으로 하여금 의견을 발표하도록 했더니 신통한 말이 나오지 않았다.

나는 폭탄선언을 했다.

"국장 여러분, 여러분은 판매업소의 허가권을 가지고 있지요. 그 허가 조건에는 LPG 판매 행위와 관련하여 '시민 생활에 피해를 끼칠 때에는 허가를 취소한다.'는 항목이 있다는 사실을 알고 있을 것으로 믿습니다. 그리고 충전업에 관해서는 나에게 허가권과 허가의 취소권이 있습니다. 따라서 이번 사태로 시민 생활에 불편이 야기될 경우, 여러분은 여러분에게 부여된 행정권을 발동하시고, 나는 나에게 부여된 권한을 최대한으로 행사할 것입니다. 이렇게 되면 여러분 모두는 영업 행위를 원활히 하지 못해 막대한 손해를 입게 될 것이며, 나는 행정권을 지나치게 발동하여 물의를 일으켰다는 비난을 받을 것입니다. 그러므로 우리는 LPG를 정상적으로 충전하고 판매하는 현명한 처신으로 시민의 마음을 아프게 하는 어리석음을 저지르지 맙시다. 그리고 여러분이 말씀하신 내용은 잘 정리되어 있으니 서울시에서 동자부와 협의해 원만한 해결책을 마련하겠습니다. 나의 의견에 동의하신다면 우리 모두가 박수로 합의되었다는 뜻을 선포합시다."

회의장에 있던 모든 참석자는 힘차게 박수를 쳤고, 나는 계속해서 "국장 여러분은 각 구청에서 모셔 오신 분들을 청장실로 모시고 가서 LPG 판매 업소마다 직접 전화를 해, 모든 일이 잘 해결되었으니 판매 행위에 차질이 생기지 않도록 통보하여 한 군데도 이탈하는 일이 없도록 하시고 그 결과를 오후 3시까지 보고하여 주시오."

라고 말했다.

이렇게 회의는 끝났고, 나는 시장실로 가서 상황 보고를 했다. 내 보고에 시장은 믿기지 않는다는 듯 "어찌했기에 그리 빨리 안정이 될 수가 있습니까?" 하고 묻는다. 그때 시각이 12시 10분 전이었다. 그러니까 현장에서 LPG 충전 거부 사태가 있다는 보고를 받은 지 2시간 만에 사태는 정상화된 것이다. 그 날 퇴근 시간에 가졌던 '귀를 즐겁게' 하는 분위기는 유난히 소리가 크고 화기가 넘쳤다.

원효대교 개통과 청과시장 정비

용산구청장으로 부임한 것이 1981년 9월 5일, 13일이 추석이고 그 달 30일에는 원효대교를 개통하겠다는 것이 서울시의 계획이었다. 당시에는 원효대교 정도의 큰 공사는 대통령이 직접 준공식에 참석해 개통 테이프를 끊고 건설에 대한 경축 분위기를 고조시키는 것이 보편적이었다.

원효대교는 용산구 원효로의 한강 쪽 끝자락에서 영등포구 여의도로 이어지는 폭 30m에 길이가 980m인 큰 교량이고, 한강을 가로질러 서울의 강남·북을 연결하는 13번째 다리이다. 뿐만 아니라 여의도의 국회의사당과 서울의 도심에 있는 정부의 중앙청을 가장 직선으로 이어주는 간선도로의 기능을 다하는 시설이다. 이때만 하더라도 서울시에는 예산이 부족하여 민간의 자본을 유치하여 건설한 후 투자한 민간 기업에서 일정기간(보통 10~20년간) 시설의 사용자로부터 사용료를 받아서 투자비용을 회수하는 건설 방식이 많이 활용되었다. 원효대교는 동아건설에서 건설한 교량으로 서울시에서 민자 유치사업의 성공적 실적으로 평가하는 사업이다.

용산구청장 발령장을 교부하면서 이상연 부시장이나 박영수 시장 모두 한결같이 "용산구에는 원효대교로 이어지는 청과시장의 정비가 큰 과제"라는 말을 속삭임같이 낮은 어조로 들려주었다. 지하철 건설에 온갖 정성을 다하던 나로서는 '청과시장'이란 것이 무엇이며, 왜 모두 그렇게 얘기하는지 알 수 없었다.

용산구에 부임한 첫날은 관내의 주요 인사를 찾아 부임인사를 교환했다. 곧 국장 이상의 간부들이 모인 자리에서 청과시장이 어디에 있으며, 왜 한결같이 그 말을 하는지 연유를 물었다. 시장에 관련된 업무의 소관은 시민국장(이동식)이었고, 시장 이전 후 도로를 정비하여 원효대교와 연결하는 한편 원효대교 개통행사를 잘 마무리해야 하는 일은 건설국장(조삼섭) 소관이었다.

시민국장과 건설국장으로부터 보고받은 내용을 요약하면 이런 것이었다.

- 원효대교로부터 문배동의 동양제과(오리온제과)까지는 그 길이가 920여m이고,
- 폭은 보도를 합쳐서 40여m가 되어 보도를 제외한 차도만 해도 왕복 6차선으로 제법 큰 간선도로이고,
- 이 도로상에는 무려 3,600여 개의 노점(비치 파라솔)이 각종 채소와

과실류 등의 청과물을 도매 혹은 소매하는 곳으로 성업 중인데, 하루의 처리 물량은 1만 5천 톤이 넘었고, 드나드는 차량은 대부분이 8톤 이상의 대형 화물차로서 2,000여 대이며,

- 서울시 관내 청정채소와 청과물의 1일 수요의 40% 이상을 공급하는 시장이다.
- 하지만 9월 30일에 대통령을 모시고 원효대교를 개통하는 계획이 확정되어 있어 접속도로인 청과시장을 이전하여 도로 기능을 회복해야 한다는 것이다.

뿐만 아니라 서울역 뒤의 염천교로부터 청파동을 거쳐 원효대교까지 약 4.5km의 도로는 전혀 정비·정돈되지 않았고 설사 청과시장을 이전한다 하더라도 9월 30일 개통까지는 할 일이 너무도 많았다.

염천교로부터 청파대로와 청과시장까지의 도로 정비 사업을 간추려 보면,

- 도로상에 있는 노점은 욱천에서 한강으로 흘러들면서 생긴 유수지를 복개한 복개지상으로 이전하고,
- 도로는 보도와 차도 사이의 보차도 경계석 위에 가로, 세로 1cm의 함석으로 된 1.5m 높이의 4각 철주를 10cm 간격으로 연결한 2중의 울타리를 원효대교에서부터 오리온제과까지 920m 구간에 모두 설치하여 접속도로를 차단하고 차량은 물론 사람들도 드나들지 못하게 하며, 복개지상에 이주한 노점상에 대하여는 일체의 시설, 즉 차양시설은 물론 수도공급시설도 하지 못하게 한다는 것이 확정된 계획이었다.

이 계획서와 현황도를 들고 청과시장의 기점에서 종점까지를 3 회에 걸쳐 돌면서 상황을 판단해 보았다.

- 채소와 청과물에서 배출되는 쓰레기를 실어내지 않아서 썩는 냄새가 인근을 진동할 뿐 아니라,
- 부패한 쓰레기는 침출수와 함께 질퍽거려서 20cm 이상이나 신발이 빠지므로 장화를 신어야만 들어갈 수가 있고,
- 복개지로 가는 협소한 도로는 유수지와 욱천 사이에 안전시설을 설치할 계획이 없을 뿐 아니라 높이가 5m나 되는 낭떠러지여서 왕래하는 시민의 안전사고를 유발할 것이 불을 보듯 뻔하고, 도로변의 점포에 대한 도색이나 차양막에 대한 지침도 없고, 간판도 낡고 규격도 형형색색이라서 정비하지 않을 수가 없다.

이러한 사정을 감안하여 밤을 새워 기존의 계획에 보완사항을 추가한 수정계획을 만들어 부시장과 시장을 찾아갔더니 부시장은 아무 말이 없고 시장은 "이미 확정된 계획이 잘 되어 있는데 왜 시간만 끌고 있느냐?"는 핀잔과 함께 자리를 떠버리는 것이 아닌가.

보완계획의 내용은,

첫째, 도심의 한가운데에 있는 1km의 간선도로에 사람이나 차량이 진입하거나 빠져나올 수 없게 울타리를 쳐서 국가원수를 위한 도로개통 의식을 한다는 것은 상식적으로 생각해도 지나치며 시민을 위한 도시 시설의 건설이나 행정이라고 주장할 수가 없고,

둘째, 채소와 청과물을 싣고 드나드는 차량이 도로 연변의 점포

와 연계된 하역작업을 할 수 없을 뿐 아니라 대형 트럭이 고의 또
는 운전의 실수로 부딪치기만 하면 울타리는 부서져서 설치 이후
단시일 안으로 철거해야 하는 현상이 벌어질 것이며, 이로 인하여
시설 파손에 따른 원인자 징벌과 이를 사전 혹은 사후에 관리하지
못한 공무원의 문책은 매일같이 있어야 할 상황이므로 보차도 경
계석 위에 설치하는 울타리(펜스)는 가드레일(Guardrail)로 교체하되
일반도로변에 설치하는 것보다 튼튼하고 또 높이도 사람들이 쉽게
넘나들지 못할 정도인 50cm로 함과 동시에, 청과시장에 드나드는
차량의 운행 흐름을 원활히 하되 이 청과시장을 생업의 터전으로
하는 시민들의 운송수단인 손수레와 지게꾼이 자유로이 다닐 수
있게 접속되는 연결도로는 막지 말아야 할 것이며,

셋째, 채소를 비롯한 청과물은 신선도를 유지하는 것이 상품의
생명인 동시에 수요자인 시민에게는 청정한 상태로 공급하도록 최
선의 길을 찾아주는 것이 행정이 추구하는 가치이므로, 복개지상
의 노점 등에 대해 일정 범위 안에서 최소한의 차양시설을 설치하
도록 하여 여름날의 뙤약볕이나 비, 겨울철의 눈과 냉해를 피하도
록 해야 하며, 간이 수도시설도 제공되어야 한다.

넷째, 복개지와 육천가의 도로변에는 튼튼한 안전시설을 설치하
여 드나드는 시민의 안전을 사전에 확보하자는 것이었다.

그럼에도 불구하고 계획의 내용에 대해서는 가부를 검토할 생각
도 하지 않고 앞으로 남은 20여 일의 기간 안에 완수하라는 것이었
다. 하는 수없이 사무실로 돌아와서 9월 8일 아침 10시에 회의를
소집하도록 지시했다. 회의에는 시 본청에서 도로, 시장, 주택, 교

량, 녹지 관련 과장이 참석하고 청과시장에서는 시장 대표와 상인 대표가, 경찰서에서는 정보과장, 경비과장, 그밖에 소방서장, 공사를 도급받은 건설회사의 사장, 정보기관의 인사와 기자를 참석하도록 했고, 구청에서는 구청의 국장 과장과 서울역의 염천교로부터 원효대교까지의 해당 동장을 배석하게 했다.

이렇게 소집된 참석자는 구청의 소회의실이 비좁을 정도로 운집한 200여 명이었다. 간단한 의식의 절차와 인사말을 건넨 다음 곧 이 날 회의의 취지와 원효로 청과시장의 이전 계획을 공개했다.

원효대교의 개통일은 9월 30일이며 따라서 20일밖에 남지 않은 기간 안에, 더구나 기간 중 추석까지 끼여 실질적으로 일할 수 있는 기간은 15일 정도이니, 이 기간 안에 청과시장의 이전과 도로의 포장 및 도로상의 차선 도색까지 마쳐야 하는 절박함을 알린 것이다.

회의석상은 찬물을 끼얹은 듯 조용했으며 아무 말이나 잡음도 없는 그야말로 정적만이 흘렀다. 계획된 내용을 공포하고도 아무 반응이 없기에 한마디를 덧붙였다. "이 계획이 일정대로 실천되지 아니하여 원효대교 개통에 차질이 생길 경우 구청장인 나는 공직에서 물러날 것이며, 상인 여러분은 상행위를 하지 못해 망하게 될 것이 분명하다."는 배수의 진을 치는 말이었다.

회의에 참석한 여러 사람이 말은 없었다. 옆사람을 돌아보는 정도의 물결이 일었으나 잠시 뒤 그 움직임도 사라졌다. 시간은 또다시 5분 정도 흘렀고 회의장은 정적이 계속되었다.

"여러분, 혹시 지금까지 내가 한 말 가운데 의문이나 질문사항이 있으면 해 주시기 바랍니다."라며 회의 종료를 선언하려 할 때 고요한 가운데서 소방서장이 "왜 이 계획에 소방서가 참여해야 했으며, 소방서의 임무는 무엇입니까?"라는 질문이 있었다. "소방서에서는 고성능 살수차 4대를 9월 22일부터 원효대교 개통일까지 계속 대기해야 합니다. 이 살수차의 역할은 여기 계시는 상인들께서 도로정비공사를 하지 못하도록 방해를 할 것이므로 최고의 출력으로 집단 방해 행위를 하는 시위자를 제압해야 하며, 그 사이에 건설업체에서는 도로정비공사를 완료하셔야 합니다."

그래도 일체의 동요나 질문 없이 10여 분이 흘러갔다. 더 이상 질문이 없으므로 그날 오후부터 각 분야별로 도로정비 업무에 성실히 임해 줄 것을 당부하고 집무실로 돌아오니 시간은 정오를 훨씬 넘었다. 정보기관의 요원과 기자들이 청장실로 찾아와서 불가능한 계획을 발표했으니 어쩌자는 것이냐고 한탄했다. 사실 이런 일이 1개월도 남지 아니한 시간에 구청장을 전보하는 것이 과연 올바른 인사일까?

9일 아침 일찍이 출근하여 또다시 청파대로와 원효대로까지의 전체 노선도를 그려 벽에 붙여놓은 상황실에서 어제 했던 일과 오늘 할 일을 챙겨보고 있는데, 시장실에서 급히 시청으로 들어오라는 전갈이 왔다. 청과시장에 관한 얘기일 것으로 짐작하고 7일에 가져갔던 보완 서류를 들고 시장실로 들어가니, 시장은 책상 위에 18절지 크기의 어느 정보기관의 보고서를 놓고 괴로운 듯 앉아 있다가 나의 얼굴은 보지도 않고 말을 꺼낸다.

"원효대교 개통은 잘 되겠는가?"

"기존의 계획으로는 절대 불가능합니다."

"그럼 수정 계획대로 하지."

"여기 서류를 가져왔으니, 결재해 주십시오!"

그때서야 서 있는 나의 얼굴을 한참동안 말없이 응시하더니 서류에 결재하고 잘 하란 말도 없이 어디론가 나가버린다. 사무실로 돌아온 나는 서류는 책상 깊이 넣어두고, 즉각 시장 대표와 상인 대표 20명을 구청으로 오시도록 했다.

찾아온 대표자들은 말이 없었다. 나는 이 자리에서 펜스를 가드레일로 바꾸고, 복개지상에는 간이상수도 시설을 하고 차양 시설을 허용하며, 접속도로 구간에는 차량이 자유롭게 왕래할 수 있도록 진출입 시설을 하기로 했다는 내용을 전하고 상인과 시장 대표에게 몇 가지 부탁을 했다. 그들이 할 일은 전체 건물을 새로이 말끔히 도색하고, 간판은 모두 규격대로 새로 제작 설치하며, 점포 앞의 차양시설은 폭 1미터에 각도와 색상을 통일하여 가장 질서 있게 정돈하되, 이 일을 모두 9월 28일까지 완료해 달라는 것이었다.

덧붙여, 이미 계획의 전모를 발표한 바 있고 이 일로 인해 나는 공직에서 사라질 수밖에 없으나, 협조해 주면 혹시 나의 직무에 관해서도 용서를 구할 길이 있을 것 같으니 협조해 주겠는가 물었다. 그랬더니 전원이 "밤을 새워서라도 완료하겠다."는 말로써 강한 의지를 보였다.

그리고 매일같이 복개지상의 차양 설치 상황, 간이수도 시설 진도, 도로공사의 진척도, 건물의 도색과 간판의 정비, 차양 시설의 크기와 경사, 녹지대의 정비와 식수 상황 등 분야별로 2인 1조의 점검 및 독려반을 편성하여 상주케 하고 감독에 임했다.

시장은 올림픽 유치를 위해 '바덴바덴'으로 가고, 9월 28일에는 1988년에 서울에서 올림픽이 개최될 것을 I.O.C.에서 선포하고 우리의 올림픽 유치단 모두는 만세를 외쳤고 국내외 언론들은 축하의 기사로 메워지고 있었으며, 예정대로 30일에는 대통령을 모시고 원효대교 개통 행사를 성공적으로 마무리할 수 있었다.

그리고 며칠 뒤, 청와대에서 전두환 대통령 초청으로 서울시 구청장을 초청한 만찬이 있었다. 화제는 올림픽 유치와 원효대교 개통이 대부분이었고, 좌석은 우연히도 대통령의 맞은편에 내가 앉게 되었다.

식사가 끝나고 나서 여담을 갖는 시간에 대통령이 "내가 어제 새벽 원효대교에 나갔다 왔는데… 다 잘 되었는데, 자동차가 이리 가는 것, 저리 가는 것, 해서 질서가 없더라." 하는 말을 손짓을 해가면서 말씀하시는데 대통령의 옆에 앉아 있던 시장이 말이 없기에 나는 교통 업무는 경찰의 소관이라는 말을 할 수가 없어서 "제가 용산구청장입니다. 교통 문제는 경찰과 협조해서 빠른 시일 안으로 질서를 확립하도록 하겠습니다."라고 했더니 "그래, 그렇게 해야 되겠어." 하는 대화가 오갔다.

그 다음날 시에서는 난리가 났다. 시장으로부터 "기획관리실장을 단장으로 해서 내무, 감사, 건설, 환경 등 전 국장이 용산구청에 가서 용산구청의 부당 행위를 적출해 오라."는 지시가 내려진 것이다. 서울시 본청에서 자그마치 15명의 국장이 버스를 타고 구청으로 달려왔기에 나는 그들 모두를 상황실에 들어오게 한 다음 서울역 뒤쪽의 염천교에서부터 청파동을 거쳐 원효대교까지의 도면을 가리키며 부임 후 불과 2주일 사이에 숨 가쁘게 업무를 추진해온 상황을 설명했다. 그리고 "이보다 더 잘 할 수 있는 일은 무엇이며, 잘못된 것이 있으면 지적해 보라."고 큰소리로 저항했다. 결국 그 자리에 참석한 모두는 "잘못된 사항은 없다."는 결론을 냈다. 그러나 "원효대교 앞 녹지에 나무 심은 것이 부실하니 녹지과장을 직위해제하여 시행문을 달라."는 것이 내무국장의 요구였다. 이것은 15명 이상의 대규모 감사단을 보낸 시장의 판단과 함께 두고두고 기억할 악몽이 아닐 수 없다. 나는 그 요구를 거절했다. 그러나 내무국장은 기어코 구청장 결재도 없는 녹지과장의 직위해제 시행문을 구청 총무국장을 강압하여 가지고 가버렸다.

실로 원효대로의 청과시장 정리와 같은 일은 크게 상을 주어야 할 일임에도 이처럼 보람 없이 끝을 맺고 나니 『소서(素書)』에 있는 "작은 공을 상 주지 않으면 큰 공이 서지 않는다〔小功不賞則 大功不立〕."는 말이 더욱 간절히 생각났다.

귀를 즐겁게

산업국장으로 자리를 옮긴 것은 1989년 11월의 일이다. 산업국에서 해야 하는 일은 시장의 상거래 질서 유지와 백화점의 감독 그리고 공장 특히 중소기업의 지원을 비롯하여 시민의 일상생활에 필요한 연료(유류가스와 연탄)의 원활한 공급과 농업과 농민 후계자의 지원 그리고 농수산물 도매 시장의 육성과 양곡의 원활한 유통이 거의 전부였다.

따라서 업무의 큰 비중은 새로 시작되는 농수산물 도매 시장의 균형 있는 배치와 육성이었고, 다른 일들은 비교적 순조롭게 추진되어서 큰 문제점이 없는 일들이었다. 서울의 농업정책의 변천을 보면, 1950년대는 논에서 벼와 그 생산물을 지도하는 답(畓)작이 대중을 이루고 60년대는 대체로 전(田)작, 즉 밭농사이고 70년대에 과수(果樹)와 목장, 그리고 80년대에는 청정(淸淨) 채소와 화훼가 대종을 이루는 기간으로 대별된다.

인구가 증가하고 생활수준이 높아지면서 시민의 기호가 다양해지고 수요와 공급이 균형을 유지해 가면서 가격의 안정을 도모하는 길은 농수산물 도매 시장을 광활한 서울의 면적에 균형 있게 배치하는 일이다. 물론 이 일은 서울시와 농수산부가 협력하여 추진할 수밖에 없고 서울시뿐만 아니라 수도권에서 중요한 비중을 차지하고 있었는데 예정지의 확보에서 건설 자금의 책정 등은 농축과 과장(정태승)이 잘 챙기고 추진하였다.

다음은 백화점의 균형 있는 배치였다. 이때만 해도 백화점은 종로, 중구의 도심에만 있어 변두리의 시민이 백화점을 이용하려면 매우 불편했다. 따라서 인파와 교통량이 도심으로 집중되어 교통 혼잡을 유발하는 요인 중의 하나가 되기도 했으므로 서울의 동서남북을 비롯한 신흥개발지역에 백화점을 골고루 설치하여 지역 주민의 생활 중심적 기능으로 육성할 필요가 있었고, 이 계획은 상정과(이종길)에서 조정 정리하고 있었다.

업무에 큰 어려움이 없고 양이 많지 않았으므로 자연스럽게 국·과장이 만나는 시간이 늘어나 서로 살아가는 얘기를 나누는 기회가 자주 있었다. 이때마다 소주잔을 나누며 정이 넘치는 대화를 즐겼다. 우리가 마시는 소주는 마시는 입과 냄새를 맡는 코를 즐겁게 하고 눈을 부드럽게 해 주었다. 그중에서도 사람의 오감(五感) 중 귀를 즐겁게 하기 위해서는 잔을 부딪쳐 소리를 내야 한다는 의미로 우리들은 "귀를 즐겁게…" 하고 외치면서 소주잔을 기울였는데, 이때부터 이 말은 우리들 사이에 '생활용어'로 정착되었다. 이러한 분위기는 오래 지속되어 갔다. 이 시기에 구리 도매시장의 연결도로 공사와 도로 건설비 조달대책을 토의하는 회의가 청와대에서 있었다.

석연찮은 청와대 회의

기획관리실장으로 있던 가을의 어느 날 오전 9시가 조금 지난 시간, 부시장과 농축과장이 아무런 예고도 없이 사무실로 찾아왔다. 나는 당연히 "웬일이냐?"고 물었다. 그러자 이원대 과장은 아무 말이 없는데 부시장이 고통스런 몸짓으로 나의 동정을 구하는 게 아닌가.

11시에 청와대에서 회의가 있는데 몸이 몹시 불편해서 그러니 대신 참석해 주기를 간청하는 것이었다. 나는 "괜찮던 몸이 왜 갑자기 탈이 났으며, 또 그 업무가 어느 국의 일인지는 모르지만 부시장이 못 가면 담당 국장이 가면 되지 내가 가는 것은 정상이 아니지 않은가." 하고 가기를 거절했다. 그랬더니 부시장이 재삼 참석을 간청하는 것이었다. 게다가 과장조차 "부시장님이 가시는 것보다 실장님이 가시는 것이 서울시를 위해 필요하겠습니다." 하고 거들었다. 나는 "내가 할 일이 많으니 부시장이 가든지 담당 국장을 보내든지 하라." 하고 내가 할 일만 챙기고 있었다.

부시장과 과장은 다시 한 번 내가 가서 회의에 참석해 줄 것을 간청했다. 이 과장이 한걸음 다가서더니 "오늘의 회의는 서울시의 부담에 관한 중요한 회의이며 우리 시에서는 어느 누가 가는 것보다 실장님이 가셔야 실익이 있을 것입니다." 하는 것이 아닌가. 할 수 없이 나는 "도대체 무슨 일이오?" 하고 물어 보았다. "구리시에 짓고 있는 농수산물 도매시장의 진입로 건설 문제인데 농수산부에서 서울 시민을 위해서 만드는 도로이니, 서울시의 부담으로 건설하라는 것입니다. 아마도 오늘의 회의에서 결론이 날 것 같습니다."고 하면서 꼭 나를 앞세우고 자기가 수행을 하겠다고 한다. 그러자 부시장이 또 한 번 간청하여 하는 수 없이 내가 가기로 했다.

청와대의 회의는 농수산 수석이 주재하고, 농수산부의 차관을 비롯해 내무부, 건설부와 청와대의 관계관 등 24, 5명의 인원이 참석하는 회의였다. 농수산 수석은 구리시장의 개요를 참석자들에게 설명한 다음 총 공사비로 대략 420억 원이 투자되어야 한다고 말했다. 그런데 이것은 서울시민을 위한 도로의 건설이므로 전액 서울시에서 부담해서 건설하라는 결론을 내고 회의 종결을 선언하는 것이 아닌가. 나는 강하게 반발했다. "이것이 회의요, 지시요? 적어도 참석자의 의견을 묻는 절차는 있어야 할 것 아니오? 나는 이런 회의에는 동의할 수 없어 오늘 회의는 없던 것으로 간주할 터이니 그렇게 알아주시오."라고 했더니 농수산부 차관이 "강 형, 그대로 서울시 부담으로 건설해 주시오." 하고 말을 걸어오기에 "김 차관, 당신도 그렇게 얘기한다면 도와줄 일도 도와주지 않을 것이니 그리 아시오." 하고 못박았다. 회의장에는 엄청난 냉기류가 엄습했다. 마침 이때 **자초지종**을 **관망**하고 있던 지방행정 비서관(강운태)이 "이 건은 우리 비서실에서 조정하는 것이 편할 것 같으니 양해하여 주십시오." 하여 이날의 회의는 무산되었다. 다음날 내무부 차관실에서 이 일로 다시 회의가 열렸으나 역시 아무런 대책이 없이 끝났다. 2, 3일이 지난 다음 행정수석실에서 회의가 열렸는데 이 자리에서 나는 "국가의 일을 처리하는 과정에 중앙정부의 성의가 반영되는 것이 원칙이고, 중앙정부에서 상당 부분을 부담한 이후에 경기도와 서울시 그리고 구리시에서 먼젓번 총리실에서 합의를 본 바와 같이 그 부담 비율에 따라 비용을 부담하는 것이 합리적이다." 하는 의견을 제시하였다. 이 의견이 받아들여져 서울시가 30여억 원을 부담하는 선에서 일이 종결되었다.

과연 부시장은 왜 갑작스레 몸에 이상이 생겼으며, 서울시에서 내가 아닌 다른 사람이 회의에 참석했더라면 30억 원도 부담하지 않고 이 도로를 건설할 수 있지는 않았을까, 가끔 생각해 보게 된다.

준 공업지역의 보호와 백화점 육성

　도시계획에는 용도지역 가운데 주거지역, 상업지역, 녹지지역, 공업지역 혹은 준(準) 공업지역 등이 있다. 그런데 우리들 시민생활에서 거의 잊히다시피 등한하게 관리되고 있는 것은 준 공업지역이다.

　그러나 그 중요도를 비교한다면 아마도 다른 용도지역에 비하여 조금도 가볍게 처리되어서는 안 되는 것이 바로 준 공업지역이기도 하다. 따라서 준 공업지역을 그 지정의 목적대로 관리하기 위해서는 각종의 지표가 다른 용도지역에 비해 확연히 차이가 있어야 할 것임에도 주거지역이나 상업지역과 대동소이함으로써 준 공업지역의 필요성은 차츰 시민과 공무원 모두의 생각에서 멀어지고 있었다.

　산업이 발전할수록 그 사회에서 차지하는 산업의 구성비를 보면 3차 산업의 비중이 높아진다고 한다. 다시 말해 제조업의 비중이 낮아진다는 것이다. 그렇다면 제조업을 위한 도시계획 용도지역은 과연 축소되고 관리 자체가 소홀하여 주거지역이나 상업지역과 같이 혼동하여 관리되어도 아무런 문제가 없는 것일까.

　우리는 생활수준이 높아지고, 문화생활을 강조할 때 쾌적한 주거환경이란 용어를 거리낌 없이 구사하는 것이 사실이다. 서울시의 주거환경을 개괄적으로 돌아보면 주거지역 안에 공장도 있고 유흥업소도 있어서, 서울시의 주거환경이 쾌적하다고 말할 사람은 아무도 없을 것이다. 이와 같은 주거환경의 실태를 소득과 문화 수준에 맞도록 향상시키기 위해 도시 관리자가 해야 할 일은 여러 가지가 있을 것이다. 그 가운데서도 공장이나 유흥업소를 주거지역에서 몰아내는 일은 가장 먼저 실행되어야 할 일 중의 하나다.

인구가 조밀하고, 따라서 광활한 토지를 보유하지 못한 우리나라의 실정에서 이와 같은 거대한 사업을 하는 길은, 이해관계를 갖는 시민 모두가 만족하거나 혹은 불만스럽다 하더라도 동의할 수 있는 정도의 방안이 제시되어야 할 것이다. 이를테면 소음과 분진, 그리고 폐수를 관리하는 기준이 주거지역과 준 공업지역은 달라야 할 것이며, 수도요금과 전기요금도 공장용과 주거용으로 구분될 것이 아니라 지역별로 차등을 두어야 할 것이다.

예를 하나 들어보자. 폐수를 방출하는 공장이 주거지역에 있다면 이는 당연히 공장 자체의 폐수정화 시설이 있어야 한다고 강변할 수 있다. 그러나 공업지역에 있는 공장은 개별적으로 공장마다 폐수를 정화하는 시설을 갖추도록 할 것이 아니라, 관할 지방 자치단체가 단지 내의 폐수를 통합하여 정화시키는 시설을 갖춘다면 제조공장의 제품 원가가 인하되어 공장에서는 가득률이 높아지고 국민의 소비 부담은 줄어들며 기업의 국제 경쟁력이 향상될 것이다.

소음 공해를 검토해 보자. 공업지역의 소음도가 주거지역의 그것보다 높게 기준이 책정되었다고 한다면 공업지역에 있는 주민은 공업지역의 기준으로 생활해야 하겠으나, 주거지역에서는 공업지역의 소음 기준은 참을 수 없는 것이어서 이의를 제기하여 시정 받을 수 있는 것과 같다. 주거 지역에서 쾌적한 주거환경을 저해하는 공장 등 부적격 시설을 배제하는 일은 1960년대 말 주택가에 산재하던 연탄 공장을 대단위화하면서 주거지역에서 연탄 공장을 정리한 것과 같은 맥락이다.

그런데 도시계획 용도지역이라는 법률 용어에도 불구하고, 현실적으로 적용하는 제도는 그 용도와 관계없이 건물의 크기로 규제하고 있다. 이를테면 상업지역은 건물의 높이와 용적률을 대폭 확대하여 운용하고, 주거 전용 지역은 건폐율과 용적률을 축소하여 건축하게 하는 것과 같다. 그렇기 때문에 아파트 지구라는 용어까지 만들어내지 않을 수 없었던 것이다. 그렇다면 공업지역 내에서는 제조업에 소요되는 자재와 제품의 보관을 위한 창고 설치는 공장이기 때문에 당연히 완화하여 허용하는 것이 합리적일 것이다.

건물의 크기를 기준으로 하지 않고, 용도를 우선시하는 제도로 바뀐다면 아파트 지구라는 용어는 없어져도 되는 것이 아닐까. 도시를 관리하는 사람으로서 여러 가지 생각을 해 본다. 하루속히 서울이 문화도시, 쾌적한 환경의 도시로 탄생하기를 꿈꾸면서 준 공업지역을 알차게 관리해 봤으면 하는 미련을 적는다.

수돗물 출수 불량지역을 없애다

1991년 9월 하순으로 접어드니 날씨는 선선해졌고, 태풍이나 수해의 계절도 지났다. 다음 해의 일을 챙겨야 할 때가 되었다. 사무실에서 이것저것 생각하며 수첩에 할 일들을 정리하고 있는데, 이해원 시장님의 전화가 왔다.

"빨리 후임 내무국장을 물색해 오시오."

"네? 지금 뭐라고 말씀하셨습니까?"

"내무국장을 물색하란 말이지, 뭐는 뭐요."

"그러면 저는 어디로 보내실 생각이십니까?"

"더 이상 묻지 말고 빨리 시키는 대로 하면 될 것을 왜 말을 못 알아들어!"

이해원 시장님의 나에 대한 애정은 각별해서 가끔 이와 같은 농담조의 지시를 해 주셨다. 나는 전화를 끊고 시장님 방으로 갔다. 그 날로 결재는 끝나고 나는 상수도사업본부장으로 승진되어 자리를 옮겼다.

업무 보고를 받고, 간부 회의를 주재했다. 수도사업소장의 주간 업무 보고가 희한했다. 삼복더위도 지나고 조석으로 찬바람이 귓전을 스치건만, 수도사업소장들의 보고에는 양수기의 동파 보수 건수가 사업소마다 무려 100여 건이 넘는다고 보고된다. 처음 회의 때에는 그냥 넘겼다. 두 번째, 세 번째 회의에서도 같은 보고가 이어지고 양수기의 망실 보고도 적지 않게 계속된다.

나는 전체 간부를 향해 질문을 던졌다. "지금이 계절이 어느 땐데 양수기의 동파 사고가 있느냐?"고 했더니 대답을 하는 간부가 한 사람도 없었다. 보다 큰 소리로 질문을 되풀이했더니 어느 사업소장이 "지난 겨울에 동파된 양수기를 지금 보수하고 교체하는 것입니다."라고 말한다. "그렇다면 3월 이후 지금까지 양수기의 검침도 하지 않았다는 말 아니오? 그리고 동파된 양수기에서는 계속해서 누수현상이 있었을 것 아니오?"라고 지적한 후 "다음 달, 즉 10월 말까지 양수기를 일제히 점검하고 그 결과를 보고한 후 이러한 일이 재발하지 않도록 하시오!" 하고 일단 마무리를 했다.

그러나 보다 근본적인 대책이 필요했다. "양수기의 손·망실은 그 원인을 찾아 대책을 강구해야 합니다. 예를 들자면 도수(盜水)를 위해 양수기를 고의로 망실 처리하는 경우가 있다면 이는 엄하게 법으로 다스려야 합니다. 그리고 양수기의 가격이 1만여 원에 불과한 물품이기 때문에 이를 절취하는 행위는 없다고 생각되니 이 점을 주의 깊게 관찰하고 그 사유를 규명하도록 해야 할 것입니다. 이것은 상수도 시설의 보호 차원을 넘어서 수돗물이 인체에 미치는 영향을 생각하면 상수도 시설을 임의적으로 손괴할 수 없도록 벌칙을 강화해야 합니다." 이렇게 해서 수도시설을 임의로 손괴하는 자는 3년 이하의 징역에 처하도록 벌칙을 대폭 강화했다.

수도요금의 체계가 잘못되어, 시대상황에 적절하게 반영되지 못한 점이 발견되었다. 이를테면 목욕탕을 영업장으로 간주하여 목욕탕의 물값이 가정용 물값의 150%를 상회하는 것이다. 그런데 서울의 주거사정이 향상 발전하면서 웬만한 주택에는 거의가 목욕을 하거나 샤워 정도는 할 수 있도록 건축되고, 옛날에 건축된 협소한 주택, 즉 소득이 낮은 시민이 살고 있는 집들만이 샤워 설비를 갖추지 못한 것이다. 따라서 결과적으로 소득이 낮은 시민이 주로 대중목욕탕을 이용하게 되므로 자기 집에서 목욕하는 비교적 나은 생활을 하는 시민에 비해 비싼 목욕 요금을 지불하는 결과가 되고, 또 목욕탕 시설주는 값이 싼 주거용 수돗물을 목욕탕의 물로 이용하려는 풍조가 있을 것으로 예상되어 대중목욕탕의 수도요금을 주거용 요금의 70%선으로 하향하면서 목욕요금을 올리지 않도록 목욕업협회와 사전에 협의를 했다. 이것은 또한 수도시설의 임의적 손괴나 도수(盜水) 행위를 근절하는 효과도 거둘 수가 있었다.

이제 여름철의 출수 불량 지역을 근본적으로 해결해야 했다. 수도사업본부에서 파악하고 있는 출수 불량 지역은 대체로 150여 곳이었다. 그러나 이 정도 지역의 출수 사정 완화로 시민의 수돗물 공급 불만이 해소될 것 같지는 않았다. 먼저 수도사업소를 통해 출수 불만 지역을 조사했더니 350여 곳으로 조사되었는데, 이 숫자도 믿을 수가 없어서 이번에는 동사무소를 통해 조사하되 조사표에 동장의 직인 옆에 사인을 반드시 날인하도록 하여 조사의 신중을 기하도록 한 결과 무려 4,300여 곳이 조사 보고 되었다.

이 모든 곳에 조사전담반을 편성하여 현장을 실사하도록 했다. 조사반은 기술직 2명에 감사직 1명의 3명 1조로 편성하고, 조사표에는 반드시 동장의 사인을 받아오게 함으로써 한 곳도 조사에서 누락되는 일이 없도록 했다. 그리고 조사의 중점을 첫째, 수도관의 관경이 협소하여 급수량이 부족한 곳, 둘째, 지형이 경사가 심하여 수압이 모자라서 출수사정이 좋지 않은 곳, 셋째, 건축 허가와 준공 업무의 미흡한 처리로 관경을 확대하도록 사전에 조치를 했어야 할 곳에 이를 소홀히 함으로써 결과적으로 출수 사정이 원활하지 않은 곳 등으로 구분하여 조사토록 했다.

앞의 모든 지역을 조사하는 데 1개월이 걸렸다. 조사된 내용의 세 번째에 해당되는 지역에 대해서는 구청장이 책임을 지고 시공하여 출수 사정을 원활하게 하고 그 결과를 보고하도록 했다. 첫 번째 항목에 해당하는 지역은 관경을 확대하고, 두 번째 사항의 해당 지역은 급수관에다 가압 장치를 부가 설치하도록 시공 방침을 정하고 이에 소요되는 예산을 산출했더니 450억 원이 필요했다.

이러한 사실을 시장님(이해원)께 말씀드렸다. "적어도 서울에 살면서 물이 잘 나오지 않아 고통을 당하는 시민이 있어서는 안 되지 않겠습니까. 지금이 11월이니 지금부터 시작하여 내년 봄까지는 완벽하게 공사를 마무리하겠습니다. 예산을 쓰겠습니다."

공사는 시작되었다. 이 업무를 담당한 국장 이하 직원들은 토요일과 일요일도 없이 헌신적으로 일을 완수했다. 그 결과 이듬해 봄부터 출수 불량에 관한 민원은 없어졌다.

상수도 본부장이 용접공 면허를 주다

공직에 몸을 담은 사람은 누구나 자리를 옮겨 새로운 일을 맡게 되면 챙겨야 할 일 가운데 중요한 한 가지가 그 조직의 장이 시민에게 공약한 일의 추진 상황을 점검하는 일이다. 1991년 7월 25일, 상수도사업본부장으로 자리를 옮긴 나도 예외일 수 없었다.

상수도 사업 중에서 시민에게 금년 안으로 완결하겠다고 공약한 사업이 있는지를 챙기는 것은 지극히 당연한 일이었다. 몇 가지 일이 있었으나 그 가운데서도 중요한 사업이 취수장을 옮기는 일이었다. 정수장의 원수(原水)를 취수하는 취수장은 당시 한강의 상하류의 여러 곳에 있었는데, 이를 가뭄이나 홍수 때에도 수원(水源)이 안정적이고 수질도 비교적 깨끗이 유지할 수 있는 상류 쪽으로 옮기기로 한 것이다. 여의도의 하류에서 취수하여 영등포, 가양, 선유, 노량진 등의 정수장으로 공급하던 취수장을 폐쇄하고 잠실의 수중보(水中洑) 상류 쪽으로 옮기는 일은 우선 관경(管經)이 커야 하고, 옮기는 거리도 5km가 넘는 큰 공사였다.

9월 하순에 이르기까지의 사업진행 상황을 보니, 공사 발주에 수반되어 할 일들은 다 잘 된 반면 송수관을 매설할 토목공사는 착수하지도 않았으며, 송수관의 공급 계약은 체결했으나 납품 시기는 다음해 봄까지로 되어 있어 아예 이 공사는 해를 넘길 것이 뻔한 상황이었다.

이 사업과 관련이 있는 국장(김진배), 과장(임동국)을 한자리에 모이게 하고 우선 토목공사를 시작하도록 했다. 현장 사무소를 짓고 포클레인 등의 중장비를 현장으로 동원하는 등 작업 준비에 보름이 소요되고 나니 어느덧 10월 중순이 되어 실제로 남아 있는 공사 기간은 불과 두 달 보름밖에 없었다.

12월 20일에 공사를 준공하고 24일에는 통수(通水) 밸브를 작동하는 통수행사를 갖는 것을 목표로 일에 박차를 가하기 시작했다. 하루가 지나고 나니 국장과 과장이 함께 사무실로 왔다. "이제 굴착공사는 될 것 같습니다. 그런데 송수관의 조달이 불가능합니다."

라고 한다. 송수관 공급 계약서를 가져오게 했다. 그리고 납품업자에게 전화를 걸었다. 처음부터 상대방의 기분을 약간 격앙되게 하는 것이 일의 실마리를 풀어가는 순서일 것 같았다.

"여보세요, 부산 파이프지요? 사장님, 사장님께서는 어째서 우리 서울시의 상수도 사업에 필요한 2,200mm 송수관 조달계약을 체결한 지 반년이 되어가도록 단 한 개의 관도 납품하지 않습니까? 이렇게 일을 하시면 앞으로는 우리 서울시의 상수도 공사를 하실 생각은 하시지 마십시오. 그리고 단 하루만 늦어도 나는 철저히 지체상금을 징수할 것이니 서로 간에 얼굴 붉히는 일이 없도록 하십시오!" 하고 강한 어조로 말했다.

"아, 그런 게 아니라 서울시의 현장은 토목공사를 시작하지도 않았고, 송수관을 실어 보낸다 해도 받아서 적치할 곳이 없으니 필요할 때에 보내 드리기로 의사교환을 해 가면서 시기에 맞도록 하고 있습니다."

"그것은 무책임한 하위직의 의견이고, 모든 공사는 12월 말 안으로 준공돼야 합니다. 차질 없도록 조치하여 주십시오!"라고 다시 강조했더니 부산 파이프의 사장은 "이제는 연말까지 전량을 납품하기가 어렵습니다."라고 응대한다.

"그러면 계약을 폐기하자는 것입니까? 그게 무슨 말이오. 계약된 내용대로 납품하시라는데 못하겠다니 어찌 그럴 수가 있습니까?"

"그런 뜻이 아니라, 서울시의 공사 형편에 따라 납품시기를 조절하자는 것이지 계약을 저버리겠다는 뜻은 추호도 없습니다. 다만 우리 공장에서 생산된 2,200mm관을 부산시와 전라남도의 공사장에 우선 공급하도록 계획 세워 두었기 때문에 서울시의 소요량은 추후 공사에 차질 없도록 공급하겠습니다."

"안 됩니다. 서울시의 공사도 12월 25일 안으로 모두 완공하기로 했으니 사장님으로 인해 우리 공사에 차질을 초래하는 일은 없어야 할 것입니다. 그리고 부산과 전라남도는 서울보다 따뜻한 곳이기 때문에 1월이나 2월에 공사를 해도 무방하지만 서울은 내년 3월이 되어야 땅을 파는 공사가 가능해집니다. 그러니 지역적이고 기후적인 현실을 감안해, 부산과 전남의 양해를 구해서라도 꼭 서울시의 소요량을 기간 안에 납품하도록 조치하시기 바랍니다."

이제 송수관의 조달도 차질 없이 진행될 것이었다. 토지를 굴착하는 공사가 밤낮 없이 활발히 추진되고, 공사 현장이 비교적 가까운 정수장은 송수관으로 가득 차기 시작하던 어느 날, 김진배 국장이 걱정스런 얼굴로 찾아왔다. "공사가 난관에 봉착했습니다." "왜, 무슨 일이 생겼습니까?" "압구정동 현대아파트 뒤쪽의 공지를 이용해서 송수관을 매설하고 있는데, 영동대교와 성수대교의 중간지점에 다다르니 주민들이 공사장 출입을 못하도록 현장을 막고 있어 자세히 조사해 보니 그 지점은 아파트 부지임이 분명했습니다. 주민들과 협의를 시도해 봐도, 입주민의 부지에 그 같은 대형 송수관은 매설할 수 없다는 것입니다." "그러면 혹시 내가 주민 대표를 만나 설득하면 가능하겠습니까?" "안 될 것 같습니다. 내일 다시 현장을 조사하고 그 해결 방안을 찾아보겠습니다." 김 국장이 나간 후 아무리 처리 대책을 강구해 봐도 좋은 방안이 떠오르지 않았다.

다음날 김 국장과 함께 현장으로 나갔다. 현장을 둘러보던 김 국장이 말했다.

"다른 방법은 없고 공사의 위치를 88올림픽 도로의 안쪽, 그러니까 아파트 쪽으로부터 한강 쪽으로 옮겨야 할 것 같습니다. 그렇게 하려면 88올림픽도로를 횡단해야 하는데 폭이 40m인 도로를 지하 5m에서 횡단하는 공사는 상당히 난공사이고, 2,200mm 대형관을 밀어 넣어야 할 거리는 적어도 50m나 되므로 성공하기도 쉽지 않습니다. 물론 교통을 차단하고 도로를 굴착하는 공법으로 시공하면 공사는 쉽겠으나, 10일 이상 차량의 통행을 제한해야만 합니다. 그렇게 되면 이곳은 1일 차량 통행량이 30만 대 이상인 지역이라 오히려 시민들로부터 빈축을 사는 일이 벌어질 것입니다. 그러니 도로의 지하를 터널과 같이 파면서 송수관을 밀어 넣는 방법으로 시공하겠습니다. 혹시 시공하는 도중에 몇 번을 실패하여 공사기간이 다소 지연되더라도 양해해 주십시오."

"나는 시공의 모든 사항은 김 국장에게 일임하고, 김 국장을 믿고 있으므로 그 점은 걱정하지 않아도 됩니다."

이런 사정으로 이곳을 공사하는 데만 10여 일이 걸렸다. 공사는 순조롭게 추진되었다. 이제 본격적으로 배관 공사를 하는 일이 남았다. 그런데 또 김 국장이 찾아와서 나의 확인을 요청했다.

"이제 정말 해결할 수 없는 난관에 봉착했습니다. 이 문제는 산업인력관리공단의 협조 없이는 도저히 해결할 수 없는 일입니다. 아시다시피 우리들이 매설하고 있는 송수관의 크기는 직경이 2,200mm이고 관 한 개의 길이가 20m입니다. 따라서 20m 관 5km

를 연결하려면 접합 부분만 해도 250군데가 넘습니다. 한 군데를 용접하는 데는 그 둘레가 약 13.7m이고, 이 송수관의 안과 밖으로 양면에서 용접해야 하는데 가장 유능한 용접공이 일을 한다 하더라도 하루에 한 개소 이상은 용접을 할 수가 없습니다. 그런데 우리나라의 전체 용접공을 모두 이 공사에 투입한다 하더라도 우리 공사를 기간 안에 완공하기에는 그 인원이 모자랍니다. 그래서 우리 공사장에 투입될 용접공을 우리가 양성해서 공사장에 활용하는 방법을 연구해야 할 것 같습니다.”

용접공을 비롯한 기능사 자격시험이 우리 공사의 준공에 차질이 없는 시기에 있기만 하면 좋으련만 그렇지 않으니, 도리 없이 서울시 단독으로 용접공 시험을 시행하자는 것이었다.

김 국장은 이미 산업인력공단의 실무자들과 구체적인 실천 방법을 협의하고 나에게 온 것이었다. 참으로 용의주도하고, 자기에게 주어진 일은 자기 책임 하에 모든 일을 완수하겠다는 공직자의 자세가 돋보였다. 나는 산업인력공단의 사장에게 전화를 걸어 전후의 사정을 상세히 얘기했다. 얼마 후 “실무자 사이에 협의가 되면 적극적으로 협조하겠습니다.” 하는 회신을 받았다. 김 국장은 일에 신명이 났다.

다음날부터 용접공 면허와 관련된 일련의 사항은 산업인력공단이 정하는 절차와 규정을 준수하도록 했다. 이수해야 할 학과목, 소요 시간, 그리고 강사를 초빙하여 소요 시간에 맞게 강의를 했고, 현장에서 실습시험도 거쳤다. 이에 응모한 인원은 300명이 넘었다. 시험 결과가 우수한 사람은 모두 합격시켰다.

이제 면허증을 교부하는 일만 남았다. 면허증도 산업인력공단의 규격을 그대로 적용했는데, 면허권자가 '서울시 상수도사업본부장 강덕기'였다. 따라서 이들의 면허증 이면에는 '면허일로부터 1년간은 서울시 상수도 사업에 한하여 공사할 수 있다.'는 조건을 붙였다. 이제 굴착작업을 위시하여 용접하는 일을 독려하는 일만 남았다. 밤 12시에 현장을 다니면서, 굴착공사를 하는 분이나 용접공들과 마주앉아 소주도 마셨다. 모든 일은 순조롭게 추진되어 12월 20일에 공사는 준공되고, 이틀간의 시운전을 거쳐 12월 24일에 통수했다. 취수장은 지금도 아무 탈 없이 잘 관리되고 있다.

지금도 생각한다. 그때 서울시 상수도사업본부장의 이름으로 용접공의 자격을 취득한 분들은 우리나라 산업 발전에 크게 기여하고 계실 거라고. 그리고 김 국장의 성실하고도 치밀한 업무추진 의지가 없었거나 산업인력관리공단의 적극적인 협조가 없었다면 어찌 이 일을 2개월 반이라는 짧은 기간에, 시민에게 공약한 기간 내에 마무리할 수가 있었겠는가. 고맙고도 자랑할 만한 일이다.

청와대에서 행정에 눈을 뜨다

1975년 7월부터 나는 대통령 비서실의 정무 제2수석실에서 근무하는 기회를 가지게 되었다. 정무 제2수석을 보좌하던 방에서는 비서관 김종호(내무부 장관), 이상용(노동부 장관), 이 동(시립대 총장)

그리고 정병호(부산시 기획실장) 씨가 함께 근무하고 있었다.

어느 토요일 오후의 늦은 시간에 갑자기 수석비서관(정상천)이 나를 찾았다. "지금 바로 서울시청에 가서 남산에 있는 서울타워에 관련되는 모든 자료를 조사해서 월요일에 가져 오라."는 것이었다. 무엇에 쓰려고 하는지 그 목적을 알면 일하기가 한결 간단할 것 같아서 물었더니 "꾸물대지 말고 빨리 가라."는 말만 하신다. 서울시의 부시장(곽후섭)에게 연락하고 찾아갔더니 "무슨 일이냐?"고 물으신다. "나도 알 수가 없으나 내가 할 일은 서울타워에 관한 일체의 자료를 조사해서 가지고 가야 하는 것입니다." 부시장의 방에서 먼저 토지의 소유권은 누구에게 있는지 알아보고 도시계획의 현황을 챙겼으며, 타워가 점유하고 있는 면적은 얼마나 되고 건설비는 얼마나 투입되었는지, 그 재원은 어디서 마련되고 지금의 관리권은 누구에게 있는지를 알아보았다. 그리고 허가 기간과 계약 갱신에 따르는 전반적 사항을 비롯해 타워의 기능과 그 내부에 들어 있는 중요 시설을 가능한 한 상세히 조사하여 돌아오니 밤이 깊었다.

그 다음날 사무실에서 어제 조사한 자료를 정리하고 있는데 정 수석이 우리 방에 들렀다. 조금 있으려니 동료 직원이 모두 나왔다. 조사해온 자료를 본 정 수석은 일반적인 사항은 별 관심이 없고, 타워가 가지고 있는 기능에 관해 상세히 물으신다.

여기에는 그 당시에 있었던 5개 방송사가 송출하는 전파기능과, 주요 전파의 송수신 기능이 함께 있었다. 우리 모두가 협심하여 정리하고, 명필로 소문난 정병호 군이 정서한 보고서를 본 정 수석은 비로소 타워를 민간인이 아닌 공공 기관이 관리하는 것이 타당하다는 뜻을 밝히고, 이를 서울시와 체신부(전파관리국) 중의 어느 곳에서 관장하는 것이 옳은가 의견을 묻는다. 나는 "전파는 고도의 기술적 분야이고, 또 서울시는 새로운 기구를 만들어야 하는 번거로움이 있을 것이라 예상되므로 체신부가 직접 관리하는 것이 좋겠다."는 의견을 말씀드렸고, 이 일은 종결되었다.

이런 일도 있었다. 당시에는 겨울 갈수기에 상수도용 원수를 한강의 중심부에 흐르는 물을 취수구가 있는 곳으로 유도하는 모래 제방을 쌓아 도수로를 만들어 봄철의 강수기까지 관리하는 것이 연례행사인 양 되풀이되고 있었다. 그런데 여기에는 많은 예산이 투입되어야 했고 이 예산은 6개월이면 없어지는 소모성 경비였다.

나는 서울과 한강 상류의 연중 강수량을 비롯하여, 서울을 중심으로 상류에 있는 팔당댐, 북한강의 청평댐, 춘천댐 등의 거리와 재원을 조사하고 수문의 개방 정도에 따르는 유수 양을 계산한 표를 만들어 붙이면서 갈수기와 홍수시의 대책을 나누어 보고서를 만들어 갔더니, 정 수석은 "이번에는 보고서를 제법 잘 만들었구나." 하신다.

보고가 끝난 다음 수석실 방을 나오면서 멀찌감치 문 앞에 서서 "수석님은 하실 일도 많은데 무엇 때문에 그렇게 상세히 챙기십니까?"라고 물었더니 "이 사람아, 나만 통과하고 나면 각하이신데 그럼 대통령께서 챙겨야 하나, 어째 그리 생각이 모자라나." 하신다. 아무 소리 못하고 사무실로 돌아오면서 이 말을 여러 번 생각해 봤다. 공직에 있는 동안, 일을 챙길 때마다 지엄한 교훈으로 받아들여 공무수행에 실수를 줄일 수 있었다.

chapter 7

한국체육진흥의 기반을 구축하다

−아시안 게임에서 월드컵까지

아무리
크고
험하다 한들

할 일 많은 올림픽 타운

용산구청에 근무하면서, 원효로 청과시장을 이전하고 서울역 뒤쪽 염천교부터 원효대교까지 이르는 길을 정비하는 난제들을 해결하고 나니 제법 안정된 마음이 들었다. 이제 구청 내의 여러 가지 일들을 챙겨야겠다는 생각으로 일을 시작할 무렵이었다. 시장이 바뀌었다는 라디오 보도가 있었다.

서울시장으로 김성배 경상북도 지사가 부임하여 시청에 새로운 기풍이 일고 있었다. 김 시장이 과거에 서울시 기획관리실장으로 근무하고 있을 때 나는 예산총괄계장을 맡고 있었으므로 김 시장의 성품도 잘 알고 있을 뿐 아니라 시립농과대학을 시립산업대학으로 개편하는 등 기획관리실 안의 어려운 일들을 내가 직접 지시를 받아 처리한 적이 많았다. 따라서 김 시장의 부임은 나에게 상당히 기대를 주는 희소식이 아닐 수 없었다.

이를테면 원효로의 청과시장 정리와 같은 난제들을 무난히 처리한 공적을 참작해서라도 비교적 평이한 보직으로 전보해 줄 것을 은근히 기대했던 것이다. 그런데 김 시장이 부임한 지 약 1주일 되던 어느 날, 밤늦은 시간에 전화가 걸려 왔다. 뜻밖에도 봉두완 의원이었다. 이때만 해도 구청장을 비롯한 주요 보직자의 전보는 지역 출신 국회의원과 협의를 하는 것이 상례였다.

좋은 소식을 기대하면서 수화기를 든 순간, 봉 의원의 음성이 예상 외로 흥분되고 또 격앙되어 있음을 알았다. 직감적으로 기대 이하의 보직으로 전출되는구나 하는 생각을 했다.

봉 의원이 김 시장과 나눈 대화의 내용을 전해 준다. "강 청장님, 대단히 미안합니다. 잠시 전에 김 시장으로부터 전화가 왔는데, 강 청장님을 강동구청장으로 전보하겠으니 양해해 달라는 말씀이었습니다. 나는 용산구청에서 계속 근무하게 그냥 두든지 그렇지 않으면 시청의 영전처로 보직하여 용산에서 어렵고 힘든 일을 슬기롭게 마무리한 공적을 인정하는 인사를 해 주길 바란다고 강변했습니다. 그래서 이 지역 국회의원인 나 자신은 물론 용산 구민의 뜻이 반영된 인사가 되면 좋겠다고 30분 넘게 간곡한 부탁을 했습니다만 김 시장 말씀이 '강 청장의 능력은 내가 더 잘 알고, 또 강 청장은 나도 보호하고 성장하도록 도와야 할 유능한 공무원이니 강 청장의 보직 사항은 저에게 맡겨 주기 바란다.'고 하지 뭡니까. 강동구는 앞으로 다가오는 86아시안 게임과 88올림픽을 대비하여 할 일이 너무도 많은데, 이 국가적 난제들을 무난히 처리할 수 있는 사람은 강 청장밖에 없으니, 서울시와 김 시장을 위해 양보해 주기 바란다고 간곡하게 말하니 어쩔 도리가 없었습니다." 하는 것이었다.

'교자 졸지노(巧者 拙之奴)'라는 옛 말씀이 생각났다. '재주 있는 사람은 좀 부족한 사람의 심부름꾼'이라는 뜻으로, 어릴 때 내가 집안의 어른들로부터 들어오던 말이다. 이런 경우가 닥치면 반갑게 그 부여된 일을 맡아 처리하는 것이 온당하다고 배워 왔으므로, 은근히 영전을 기대했던 나는 다소간 실망을 하기도 했으나 마음 한 구석에는 형용할 수 없는 긍지도 살아났다. 또한 '부위지기자사(夫爲知己者死)'라고도 했다. 장부는 자기를 알아주는 사람을 위해 죽을 수도 있다는 의미의 이 말을 상기하는 것으로 위안삼기로 했다.

그 다음날 아무 일도 없었던 것처럼 태연하게 근무하고 있는데, 오후가 되면서 서울시의 인사 소문이 용산 지역사회에도 전해졌다. 그런데 관내의 뜻있는 분들로부터 걸려오는 위로의 전화가 의외로 많았다. 그 가운데서도 동부이촌동의 금강병원 원장 이규황 박사는 직접 찾아와서 하시는 말이, "강동구에 가시면 아시안 게임과 올림픽을 위한 업무가 태산 같다는데, 내가 도와 줄 다른 방도는 없고 건강 검진을 완벽하게 해 드릴 터이니 검진을 받아 보는 것이 좋겠습니다." 했다. 진정 어린 말씀에 기꺼이 응했다. 검진 결과는 이틀 뒤에 나온다고 했다.

이틀 뒤, 그러니까 이미 강동구에 부임하여 근무하고 있을 때 병원의 간부 두어 분과 같이 강동구청을 방문하신 이 박사는 "심장, 폐, 간장, 뇌와 기타 어디에도 이상은 없습니다. 다만 혈압이 조금 낮은데 이것은 선천적인 것 같으니 조금도 걱정하실 일은 아닙니다. 구정의 어려운 일을 처리하는 데는 아무런 지장이 없습니다." 는 말을 전해 주신다. 나는 마음을 나눌 수 있는 고맙고 훌륭한 벗을 둔 기쁨을 감출 수 없었다.

또한 같은 시기에 유호준 목사님과 김일환 장관, 이익흥 장관이 찾아와 격려해 주셨다. "용산구에서 그 어려운 청과시장 정리와 원효대교 개통의 일을 했는데, 김 시장이 올림픽을 위해 강 청장을 강동구로 보내는 것 같으니 기쁜 마음으로 일하기 바랍니다." 라는 것이다.

이런 일도 있었다. 그렇게도 많은 고뇌와 괴로움을 안겨 주던 원효로의 청과시장 상인 대표(송재일, 라경만)가 찾아와서 "강동구로 가서 올림픽을 치르기 위한 기초 작업을 감당하셔야 한다니 도움을 드릴 길은 없고 앞으로의 일들이 잘 해결되기만을 멀리서나마 빌고 있겠다."고 하는 게 아닌가. 고마운 말씀에 마음이 훈훈해졌다.

나진산업의 이병두 회장님도 오셨다. 이 회장은 "강동구에는 일이 많다고 소문이 나 있으니, 일을 처리하는 과정에서, 그럴 일은 없겠지만 혹시 미흡한 점이 있어서 감사원의 감사를 받게 되는 경우 지적사항이 있으면 내가 직접 감사원장을 찾아가 강 청장의 인품이나 능력, 용산구에서의 성공적인 업무 처리 행적을 들어 설명해 최선을 다해 보호하겠습니다. 또 소송으로 번지는 일이 있을 때에는 변호사 비용을 포함한 경비도 내가 모두 부담하겠습니다."고 고마운 말씀을 해 주었다.

이 박사와 이 회장님, 그리고 송 사장, 라 사장의 뜻을 생각하니 〈논어〉에 나오는 "먼 곳에서 스스로 찾아오는 벗이 있으니 어찌 기쁘지 않은가(有朋 自遠方來 不亦樂乎)."라는 말이 떠올랐다. 각자가 자기의 처지에서 최선을 다할 때 진정한 벗이 모이고, 그로 인해 외롭지 않다는 단순한 진리를 실감할 수 있었다. 이후로도 이어지는 오랜 공직생활에서 나는 그것을 좌우명같이 되새겼다.

올림픽 타운에서 시작한 일들

민의부터 결집하다

강동구청장으로 부임한 것은 1982년의 초가을, 9월 11일이었다.

면적이 72km²에 이르는 강동구(지금의 강동구와 송파구)는 청담교부터 암사동까지 한강을 따라가다 시·도 경계에 이르거나, 탄천을 거슬러 올라가 남한산성까지 닿는 넓은 지역으로 지형이 비교적 평탄하고 광활한 미개발 지역이 많았다. 특히 올림픽과 아시안 게임을 위한 종합경기장 건설 부지가 있는 곳으로, 개발에 대한 시민들의 기대가 컸다.

잠실대교로부터 잠실 4거리를 거쳐 가락동을 지나 경기도 광주(성남시)로 나가는 큰 길은 있었으나 도로의 형태를 제대로 갖추지 못해, 도로 중앙의 2차선만 포장되어 있고 나머지는 잡초가 우거져 초등학생 키를 넘도록 넘실거리고 있었다. 그밖에 강남구와 경계 지대의 탄천을 횡단하는 삼성교에서 잠실과 천호동을 거쳐 암사동의 선사시대 주거지로 이어지는 약 8km 길, 천호대교에서 시작해 천호동 4거리를 지나 경기도 광주로 통하는 구불구불한 도로 등이 있었으나 한결같이 길가에 잡초가 제멋대로 자라는 등 관리되지 않은 시골 소읍의 태(態)를 벗지 못하고 있었다.

도시의 기본시설인 도로가 이러한 지경이고 보니, 이곳에서 어떻게 해야 86아시안 게임과 88올림픽 대회를 성공적으로 치러낼지 중압감이 컸다. 게다가 경기장 건설이라는 국가적 대사를 완수할 책무가 내게 있으니, 이 일들의 기초를 확립하고 정지작업을 해야 한다는 생각에 마음이 무거웠다.

취임식이 있는 날 나는 아침 7시에 집에서 출발해 한강변을 따라 경기도와의 경계 지점을 알고자 미사리까지 갔다. 농로를 따라 성남시를 경유하여 잠실동으로 들어와 암사대로를 거쳐 구청에 도착하니, 9시가 조금 안 된 시각이었다. 취임식은 10시였다.

구청에는 간부들과 몇몇 유지들까지 오셔서 시간이 되기를 기다리고 있었다. 그런데 참석한 구민 중에는 시정에 대한 불만으로 새로 부임하는 구청장에게 항의를 표시하기 위해 온 분이 있는가 하면, 관내에서 이날 처음으로 출발하는 신용금고 개소식에 구청장이 꼭 참석해 줄 것을 바라고 찾아온 인사들도 있었다.

신용금고 개소식은 오전 9시여서 취임식도 갖기 전에 개소식과 영업개시 행사에 참석했다. 장일신용금고(대표 조석만)의 탄생이었다. 시정에 대한 불만을 호소하기 위해 찾아온 민원인은 취임식이 끝난 다음 제일 먼저 만난 민원인이 되었다. 10시에 취임식을 간단히 끝내고 회의실에서 기다리던 민원인 100여 명을 만났다. 내용을 들어보니 한두 시간 논의로 해결될 간단한 사안이 아니라 강동구민 1,000여 명이 시청까지 찾아가 집단적으로 항의했던 암사지역 구획 정리와 관련된 일이었다. 구획 정리 사업과는 관계없이 이미 완공되어 거주하고 있는 주택에 뜻밖의 감보율 통보가 날아들었다는 것이다. 감보율에 해당하는 분담금이 너무 과도하고 납부 방법도 일시불로 할 것을 알려왔으니 주민들이 당황하여 불만을 제기한 것이었다.

이 일은 분명히 구청에서 처리해야 할 일이 아니라 시청에서 책임져야 할 사안이었다. 나는 "민원인 대표를 선임해 주시면 보다 더 깊이 있게 검토해서 성의껏 서울시에 해결책을 건의하겠다."는 약속을 하고 두어 시간 만에 귀가하도록 했다.

강동구가 일이 많다는 말은 들었지만 부임 첫날부터 집단민원을 처리해야 하는 데다 그것도 아시안 게임이나 올림픽과 관련된 일이 아닌 구획정리사업이라는 것을 생각할 때, 이곳이야말로 밤낮 없이 밀려드는 민원이 산적해 있겠다는 짐작이 머리를 무겁게 했다.

이미 점심시간이 지났다. 오후 2시에 과장과 국장, 동장이 참석하는 확대 간부회의를 갖기로 하고 모두 빠짐없이 참석하도록 했다. 부임한 첫날, 그것도 취임식이 있은 다음 4시간 만에 갖는 회의이니 전원이 빠짐없이 참석했다.

나는 "급한 일부터 하겠다."고 회의 서두를 꺼냈다. 아침에 강동구의 전체 관할 구역을 돌아보면서 보았던 무성한 잡초 얘기를 했고, 취임식도 갖기 전에 집단민원이 제기되니 그 실상을 알아야 하겠으며, 이 일 외에도 처리하지 않은 급한 사안이 많을 것이라는 말과 함께 몇 가지 주문을 했다.

우선 암사지구 구획정리 사업에 관련된 서류와 각 과별 소관 사무 중 처리를 유보하고 있는 미결사항의 명세서를 가져오도록 했다. 또한 구청 관내 대로 주변의 무성한 잡초와 관련, "내일부터 잡초 제거작업을 할 것이니 각 동장은 자기 동의 관할구역을 중점 제초하고, 구청에서는 새마을 단체를 비롯한 유관단체의 지도자 등 모든 회원을 총동원하되 담당 구역을 지정하여 업무 능률을 최대한 향상시킬 수 있도록 작업반을 편성하라.” 일렀다.

퇴근 무렵인 오후 4시에는 구청과 관련 있는 모든 단체의 임원과 위원을 최대한 구청에 오시도록 하여, 부임 인사와 함께 제초 작업에 동참해 줄 것을 호소했다.

다른 기관이나 구청 또는 단체의 장으로 부임하면 관내의 인사를 겸해 처음 며칠간은 업무에 착수하지 않는 것이 상례였다. 그러나 이곳 올림픽 타운에서는 그럴 여유가 없었다. 부임 초기부터 일의 실마리를 틀어쥐는 것이 민심을 한 곳으로 집중시키는 것일 뿐 아니라 이곳이 바로 3, 4년 뒤 아시안 게임과 올림픽을 개최할 곳이라는 인식을 깊이 심어주고, 구민에게는 이제 바야흐로 올림픽 사업이 시작되었다는 마음의 준비를 하게 하는 데 효과적일 것 같아서 취한 조치였다.

여기에 태릉에 있던 한국체육대학과 체육고등학교를 옮겨와야 한다는 정보를 듣고 이마저 유치하기로 하고 나니, 구민들도 이제야말로 올림픽이 시작된다는 인식을 깊이 하게 되는 것 같았다.

암사동 집단민원의 해결

암사동 일대는 택지조성 사업으로 부지가 정리되고 주택이 건립되어 800여 호에 1,000여 가구가 살고 있던 평온한 마을이다. 그런데 생활해 온 지 3년이 지나서 암사지구 구획정리 사업이 시작되고, 난데없이 분담금을 내라는 고지서가 날아오니, 주민들의 입장에서는 청천벽력이요 아닌 밤중에 홍두깨라 하지 않을 수 없었다.

일의 전말을 간단히 살펴보면, 이 마을의 주변에 구획정리 사업이 시행된다고 하더니 마을 전체를 구획정리 사업지구에 편입해 놓고, 30%의 감보율에 해당하는 분담금을 일시에 납부하라는 고지서가 가가호호에 배부된 것이다. 그런데 이 마을은 이미 아담한 주택이 건립되어 구획정리 사업과는 하등의 관련이 없는데도 거금을 일시에 납부하라고 하니 놀라지 않을 사람이 있겠는가. 고지서를 받은 주민은 서울시를 원망하며 매일같이 모여서 고지서의 무효화를 주장하게 되었다. 1,000여 명의 주민이 시청 마당으로 찾아가서 항의한 사태가 한두 번이 아니었던 것이다.

주민들의 의견은 "우리는 암사지구 구획정리 사업이 공포되기 전에 이곳에서 집을 짓고 살고 있는데 왜 우리를 구획정리 사업에 포함시키고, 무슨 놈의 감보율이 30%며 또 분담금이냐. 게다가 그 큰돈을 한꺼번에 어떻게 내느냐." 하는 것이었다.

전후 사정을 들은 나는 이 마을로 통하는 길이 구획정리 지구의 도로와 연결되므로 구획정리 사업이 완성되고 나면 생활 여건이 개선되는 이점이 있으니 일부는 부담하는 것이 불가피한 현실임을 설명했다. 그리고 서울시와 주민의 첨예한 의견 대립을 완화시키기 위해 주민 대표와 협의에 들어가, "먼저 감보율이라는 용어 대신 부담금이라는 말로 주민의 격앙된 감정을 완화한다. 다음으로 30%의 감보율은 15%의 부담금으로 낮추고, 한꺼번에 납부해야 하는 납부 방법을 2년 거치 3년 균등 상환으로 한다."는 원칙을 정했다.

어느 정도의 의사가 합치되었으므로 나는 이를 정리해 시장을 찾아갔다. 마침 시장이 서울시의 집단민원 처리 대책을 만들어 청와대에 보고하려고 기획관리실장(김진원)과 도시계획국장(안상영)을 데리고 보고서를 검토하고 있었다. 나는 시장에게 인사를 하고 검토하는 옆자리에 앉았다. 그러나 누구 하나 반갑게 인사하는 사람이 없었다.

가만히 검토하는 문서를 보고 있으려니, 보고서 한 장을 넘기는데 바로 "암사지구 집단민원과 그 대책"이다. 나도 보고서를 유심히 들여다봤고, 시장도 진지하게 검토하더니 그냥 넘기려 한다. 나는 얼른 넘기지 못하게 손으로 막았다. 그리고 나의 의견을 들어보라고 강하게 말했다.

"이 마을은 시에서 삽 한 번 대지 않은 평온한 마을입니다. 그리고 암사지구 구획정리 사업이 고시되기 3년 전에 이미 택지조성 사업으로 마을이 형성되었으며, 주민들은 택지조성 사업비를 부담한 처지입니다. 그런데 주민들은 알지도 못하는 사이에 구획정리 사업지구에 편입되었습니다. 따라서 주민들은 감보율이 무엇이며, 왜 30%의 분담금을 내야 하는지 이해를 할 수가 없는 것입니다. 거기에 그 큰 금액을 일시에 납부하라고 하니 어느 누가 시청의 처분이 잘 되었다고 하겠습니까? 현재 만들어진 내용대로 하면 이것은 거짓 보고서가 되고 시민은 끝까지 저항할 것입니다."라고 했다.

배석한 두 사람은 일시에 "서울시의 여러 곳에서 추진하고 있는 구획정리 사업에서 상당히 많은 적자가 나고 있으니, 그나마도 다소의 흑자가 예상되는 암사지구에서 다소나마 적자를 보충해야 하므로 그대로 보고해야 한다."고 반론을 폈다.

나는 "구획정리 사업은 원래 지구별 독립 회계의 원칙으로 시행되는 것이 구획정리 사업법의 규정이고, 적자가 되면 기업자가 손실을 보게 되어 있으며, 흑자가 되는 경우에는 그 잉여금은 이해당사자에게 돌려주어야 하는 것이므로 암사지구의 잉여금을 다른지구의 결손액에 충당하려는 것은 법의 원리에 맞지도 않습니다."라고 말했다.

시장은 "강 청장 의견대로 하면 어떻게 고쳐야 하나?" 하고 나의의견을 물었다. 나는 주민대표와 나누었던 내용을 전했고, 시장은 직접 자기 손으로 보고서를 고쳤다. 나는 구청으로 돌아오면서 지역 출신 국회의원(정 남)과 오늘의 일을 얘기하고, 주민에게도 알림으로써 이 일을 마무리할 수가 있었다.

며칠이 지난 다음 시청에서 회의가 있어 참석하게 되었다. 수위장이 급히 달려오고 3, 4명의 수위들이 몰려오더니 "해결사 청장님, 수고하셨습니다. 감사합니다." 하고 외친다. "내가 뭘 잘 했다고 그러십니까? 그런 말은 하지도 마십시오."라고 했더니, "아닙니다. 용산구청장으로 계실 때는 그렇게도 어려운 원효로의 청과시장 문제를 말끔히 정리하시고, 이번에 또 강동구에 가시자마자 얼마 되지도 않은 기간에 암사동 집단민원을 해결했지 않습니까. 우리 수위들은 잘 알고 있습니다."라고 한다. 참으로 고맙고 잊을 수없는 추억이다.

그도 그럴 것이 집단민원이 있을 때면 제일 먼저 수위실에서 고초를 당한다. 숱한 민원인을 안내해야 하니 그 괴로움이 오죽하겠

는가. 그 절실함을 직접 체감하고 있는 분들이니 집단민원이 해결
되었다는 소식에 얼마나 마음이 놓였으랴.

잡초 제거와 거리 미화

잠실대로와 강동대로, 천호대로와 탄천에서 잠실 4거리를 지나
선사주거지에 이르는 도로 등 강동구의 도로는 형태는 갖추어져
있었으나 중앙의 2차선 외에는 잡초가 아이들 키만큼 무성해 폐허
처럼 느껴졌다.

늦은 여름에서 초가을로 접어드는 9월, 길거리와 공공장소 등에
아무렇게나 자란 풀들은 억세고 거칠었다. 게다가 햇살은 따갑고
공기는 건조하여 일하는 사람을 한결 지치게 했다.

강동구청장으로 전보된 다음날부터 3, 4일간 처음 만난 구민과
함께 펼치는 환경 미화 작업은 구민 보기에 민망하고 내 마음도 편
하기만 할 수는 없었다.

부임하면서 강동구의 외곽을 돌아본 나는 대로변에 우거진 잡초
를 보았고 바람을 타고 솟아오르는 먼지를 보았다. 이와 같이 관리
되지 못하고 방치된 지역에서는 민심이 단결되어 있을 리 없고, 이
러한 상황 아래 올림픽을 개최한다 한들 주민들의 적극적인 참여
가 있겠는가.

이 올림픽 타운에 경기장을 건설하고, 도로를 내고, 공원을 만들
기에 앞서 지장물 정리 등의 기초 작업이 내 책임 아래 이루어져야
하는 것임을 생각할 때 주민의 적극적인 협조 없이는 어떤 일도 효

율적으로 처리하기 어렵다고 판단되었다.

강동구는 한강의 남쪽이면서 동쪽으로는 남한산성을 경계로 하고 서쪽으로는 탄천에서 강남구와 경계를 이루며, 그 면적이 광활한 미개발 지역이다. 지형은 비교적 평탄하지만 채 개발되지 않아 많은 주민들은 서울시장이 이곳을 행정권 밖으로 방치하거나 생산성이 낮아 소외된 텃밭 정도로 인식하는 것으로 알고 있었다. 또 동쪽으로 남한산성, 서쪽으로 탄천, 북쪽으로 한강에 에워싸인 서울의 막다른 골목 안집 정도로 생각한다고 여기고 있었다.

그래도 이곳이 올림픽 타운이라는 기대와 더불어 개발 기운이 돌자 외부로부터 유입되는 인구가 폭증했다. 주민이 증가하면서 경영 관리해야 할 일은 많아지고 질서는 더욱 혼란해지는 것이 사람 사는 사회의 일반적인 행태다.

참으로 고맙게도 부녀회와 새마을 단체, 군경 원호단체 등의 사회단체와 조기 축구회 등 지역 내의 친목 단체까지 모두 참여하는 열의가 대단하여 관내의 잡초는 3일 만에 완전히 제거되었다.

제거된 가을 풀들은 실어낼 장비가 부족해 1주일이 지나도록 길거리에 버려져 흩날렸다. 강동구에서 폐기물들을 버려야 할 난지도까지의 수송도로는 자그마치 35km가 넘어서 왕복으로 따지면 70km가 넘고, 싣는 시간과 하차하는 시간을 계산하니 청소차 1대당 하루 10시간씩 작업을 해도 4회밖에는 운행할 수 없다. 구청이 보유하고 있는 청소 차량은 총 17대로 거리도 멀고 지역 면적도 넓으며 인구도 가장 많은 강동구에 대한 시의 행정 지원이 너무도 소외되어 있었다. 관내에 주둔하고 있는 군부대의 지원을 받아 제거된 잡초를 말끔히 청소했다.

이때만 해도 강동에서 제일 번화한 곳 중 하나가 천호동 4거리였는데 온갖 종류의 폐기물을 길거리에 내놓거나, 손님을 유인하기 위해 점포 앞에 내놓은 설치물들이 길가에 즐비했다. 구청이 보유한 차량을 동원해 환경미화원, 가로 정비원을 동원하여 점포 밖에 내놓은 물건을 모두 차량에 주워 싣도록 했다. 점포주들은 인부들에게 강하게 항의해 일을 하지 못하게 했다. 구청장이 지켜 서서 한편으로는 저항하는 시민을 설득하면서 제거해야 할 물건을 일일이 지적해 주워 싣는 일을 4, 5일간 계속했다.

잡초를 제거해 거리를 미화하고, 길거리를 어지럽히는 불량물을 제거하고 났더니 우선 민심이 순화되고 구민이 구청을 보는 시선이 부드러워졌다. 오고가는 말씨가 부드러워지고 점포 앞은 점주가 청소하는 등 주민들 스스로 거리의 미화작업에 나섰다. 구청에서 하는 시책이 구민의 생활 속에 침투하기 시작한 것이다.

쇠는 달구어졌을 때 두들겨야 하고 일은 시동이 걸렸을 때에 박차를 가해야 한다. 인구 증가 속도가 빠른 만큼 일처리도 신속해야 했다. 개발해야 할 지역과 추진해야 할 일들을 정리하여 구정 자문위원회와 관내의 유관 기관 및 단체 간부를 초청해 현황과 앞으로의 과제를 설명하고 이 내용을 시장에게 보고했다.

무엇보다도 급한 것은 부족한 각종 행정 장비를 보충하는 일이었다. 인구 폭증에 따라 배출되는 폐기물이 매일같이 기하급수적으로 증가했다. 집을 짓는 곳에서는 수많은 토사가 배출되어 길거리가 온통 흙더미로 가득했다. 처리해야 할 물량의 산출과 수송 거리 등을 합리적으로 계산하여 청소차량의 증차를 비롯해 인력 충원을 요청했다. 또한 한강의 모래를 채취하고 난 웅덩이가 있던 수중과 백사장을 평탄하게 해달라고 시에 요구했다. 백사장과 수중에 있던 웅덩이는 깊이가 2~3m에 폭이 10m를 넘어서 여름날 물놀이를 하던 시민이 익사하는 사고가 발생하기도 하여 시에서 다른 지역의 웅덩이는 모두 평탄하게 하고 강동구관내의 웅덩이를 방치하여 이 또한 구민의 원성을 일으키고 있었다.

빠른 속도로 장비와 인력이 보충되었다. 공무원의 숫자도 다른 구에 비해 상대적으로 부족해 130여 명의 증원을 승인받았다. 직원을 보충하는 방법은 가급적이면 관내에 거주하는 직원 중 강동구에 근무하는 직원이 추천하면 이를 받아들이는 식으로 충원해 갔다. 직원은 서로 친밀한 인간관계를 가진 사이라 화합이 잘 될 뿐만 아니라 구민이 곧 이웃 주민이므로 친절하게 대했다. 또한 출퇴근하는 거리가 가까우니 사무실에서 일하는 시간도 늘어나 구정의 분위기가 한결 호전되어 갔다.

그러나 주민의 의식을 바꾸기에는 아직도 부족했다. 이제 시작에 불과한 터라 가는 곳마다 불평불만에 찬 주민의 욕구는 이유 없는 원성과 방관으로 일관되고 있었다. 나는 주민에게 희망을 심어주는 일이 절실하다는 결론에 도달했다.

'해 뜨는 강동'을 제창하고

행정적 지원이 소원한 데다 개발에 대한 비전이 제시되지 못한 올림픽 타운에 막연하게 경기장이 들어서고 도로가 넓어지며 도시가 깨끗해진다는 말만 무성하니, 일부 주민들은 내가 살고 있는 보금자리가 어떻게 변할 것인지 불안해했다. 혹시 철거되는 것은 아닌지, 철거된다면 보상금은 얼마나 나오며 이주비용은 주는 것인지, 또 이러한 일들이 언제쯤 시행될 것인지, 어디를 가더라도 기회만 있으면 정부와 서울시에 대한 원성과 불만이 터져 나오고 있었다. 올림픽을 개최하면 국가적으로는 발전되고 경사스러운 일이겠지만 이곳에는 어떤 배려와 혜택이 돌아온단 말인가 하는 불만이었다.

사람들이 집을 살 때 막다른 골목 안의 집은 사지 말라는 속설이 있듯 이곳 강동구도 서울시 전체를 두고 볼 때 막다른 골목과 같은 형국이었다. 나는 강동구의 지도를 많이 활용했다. 도시계획 도로와 가설되지 않은 한강대교의 위치, 그리고 올림픽 경기장의 위치를 표시하고 그 주변에 건립되는 선수촌 아파트의 전망을 부각시켰다. 그러면서 지금까지의 강동구는 비록 행정적 배려가 미흡했다 하더라도 이제는 국가적 사업의 투자 우선순위가 우리 강동 지역으로 집중될 것이니 올림픽 개최구의 구민이라는 긍지를 갖고 희망을 가지자고 역설했다. 그러나 이런 생각이 지역 전역으로 전파되는 속도는 느리고 또 느렸다.

마침 이때 요원의 불길처럼 번져가던 사회정화 운동이 원활하게 추진되고 이 사실들을 주민에게 알릴 수 있도록 행정구역 단위로 월간 사회정화위원회의 소식지를 간행하게 되었다. 그 제호를 정해 줄 것을 건의하여 왔으므로 나는 서슴없이 '해 뜨는 강동'으로 하자고 했다. 이 구호는 강동구 많은 인사들의 호응을 얻고 구민들의 큰 사랑을 받았다. 공적이든 사적이든 간에 구민이 모이는 행사에서는 자랑스럽게 불려, 구민 생활에 희망을 환기하는 효과를 촉진했다. 그 후 사회정화 소식지는 없어졌지만 그 구호만은 남아 구민 생활에 용기를 불어 넣는 기능을 다하고 있다.

장기 미결 민원의 처리: 보훈병원의 준공

국 · 과장 회의에서, 과장 선에서 처리하지 못한 사안들을 제목과 그 요지를 정리해서 국장이 검토하고, 이를 감사과장이 수합해 보고하도록 했다. 정리해 보고된 미결 민원이 무려 25건이었다. 그 중에는 심지어 1년 이상 방치해 시간을 끌고 있던 사안도 있었는데 일반적으로 6개월 이상 방치한 민원이 대부분이었다. 그러니 어떻게 구민이 구정을 바로 볼 것이며, 구청을 얼마나 원망하고 있었으랴. 나아가 구에서 하는 일에 협조하고 싶었겠는가.

낮에는 관내를 돌아보고 인사해야 할 곳을 방문하고, 밤에는 담당과장이 국장과 같이 와서 미결 민원의 실상을 설명하게 했다. 사안마다 크게 문제될 사항이 아니었으므로 부임한 지 이틀 만에 25건 가운데 24건을 민원인의 요구대로 처리했다. 남은 것은 보훈병원의 체육관 건설이었다. 예정 부지에 가옥 한 동이 남아 있었는데, 이 가옥을 철거하지 못하면 보훈병원의 준공이 늦어질 형편이었다.

보훈병원의 건설은 국가적으로도 큰일이고, 대통령께서 직접 지시하여 국가보훈처에서 추진하던 일이었다. 그러나 착공한 지 3년이 되도록 별 진전이 없었다. 약 1년 전에 지장물의 정리는 서울시가 맡아서 처리하도록 부처 간에 협의된 상황이었다.

아직 철거하지 못하고 남아 있던 건물은 1,000여 평의 부지 위에 지하 1층과 지상 2층으로 된 양옥으로, 집 앞의 넓지 않은 뜰은 바다 모래로 조성해 바닷가를 연상하도록 꾸며진 아담한 집이었다. 집 주변으로는 잘 가꾸어진 정원수 3,000여 그루가 빼곡히 들어서 있었다. 전임 구청장이 회의 때마다 건물 1동의 철거 진행상황을 시장에게 보고하고, 시장으로부터 꾸지람을 듣던 바로 그 집이기도 했다.

철거 업무 추진과 수용을 위한 절차 등 서류를 검토했다. 작성된 문서상으로는 갖추어야 할 내용과 절차가 모두 잘 되어 있고, 치밀하게 이행되어 왔다. 그런데 여기에 크나큰 업무상의 맹점이 있다는 것을 발견했다. 보상 방법이 잘못되어 있었다. 당연히 '매수 보상'이라야 할 것을 '이전 보상'으로 처리하도록 되어 있었던 것이다.

이전 보상으로 처리하는 경우에는 이전해야 하는 시설이 옮겨갈 위치가 있어야 하고, 또 이전하는 시설의 기능이 온전하게 보전될 수 있도록 해야 할 것이었다. 이 경우는 주택을 철거해야 하는 일이므로 당연히 이전할 수가 없는데도 보훈처에서 예산을 적게 들이기 위해 그랬는지 단순하게 판단하여 이전 보상으로 처리하기로 하고 감정을 했던 것이다.

강동구에 부임한 인사를 겸해 시청의 기자실에 들렀다. 5, 6명의 기자와 차를 나누며 얘기를 꺼내니 이구동성으로 하는 말이 문제의 그 건물을 철거하면 사회적으로 비난을 면치 못할 것이며, 우선 기자실에서 가만히 보고만 있을 수 없는 일이라고 경고를 한다. 그 사유를 물었더니 '이전 보상'의 맹점을 정확하게 알고 있을 뿐더러 보상 가격도 보훈처에서 결정한 금액이 8억 2천만 원에 불과한데, 법원에서 현지 실사를 하고 감정한 가격은 이전 보상을 하더라도 15억 5천만 원으로 엄청난 차이가 있으니, 이는 사회 정의가 용납할 수 없는 일이라는 것이었다.

보상 방법을 변경하고 보상 가격을 재평가해 줄 것을 건의하는 문서를 보훈처에 보냈다. 보훈처에서 차장 이하 담당 국장이 보훈처의 일을 처리하는 구청장이 새로 부임했으므로 인사를 겸해 구청으로 왔다. 찾아온 보훈처의 손님들은 비웃기만 하고 어느 누구도 동의하지 않았다. 보훈처로부터 매수 보상 불가의 회신이 신속하게 전달되어 왔다. 보상금을 상향 조정할 예산이 없고, 시기적으로도 새로 시작하는 업무에는 많은 시간이 소요되므로 보훈병원의 준공 기간을 맞출 수 없다는 것이었다.

나는 위와 같은 사실을 시장에게 보고하면서 시장이 보훈처장과 상의하여 이 문제를 해결해 줄 것으로 기대했다. 그런데 시장은 합리적인 일들도 건의할 때마다 긍정적으로 받아들이는 예가 없었다. 아니나 다를까 시장으로부터 "그렇게 할 수는 없다."는 짧은 한마디가 돌아왔다. 이제는 철거하는 일만 남았다.

시장이 바뀌었다. 여론은 분명히 건물주(고거용)의 편이고, 나 또한 보훈처나 서울시의 행정 처리가 잘못되었다고 생각하고 있었다. 그러나 일은 강제 철거로 갈 수밖에 없는 막다른 골목에 와 있었다. 철거 날짜를 정하여 철거반을 내보냈다. 직원 100여 명을 차출하여 철거반을 구성하고 현장은 도시정비국장(최광수)이 지휘하게 했으며, 어떠한 변화라도 있으면 즉각 연락하도록 했다. 나는 사무실에서 현장으로부터 오는 보고에 온 신경을 곤두세우고 있었다. 직원이 현장에 나간 시간은 오전 10시경, 현장에 도착하고 30분도 되지 않아 도시정비국장의 전화가 왔다.

"도저히 철거하지 못하겠습니다. 건물 주인과 30여 명의 인부가 합세하여 집을 지키고 있는가 하면, 건물주인 고 사장은 큼지막한 보신용 기구를 신문지에 싸들고 '건물에 손상을 입히는 경우 철거원 한 사람을 죽이고 자기도 자결하겠다.'고 펄펄 날뛰고 있습니다. 철수해야 하겠습니다."

나는 "무슨 말을 하는 겁니까? 행정 처분을 그렇게 가볍게 생각합니까? 철거반이 출동하기 전이라면 다른 방안을 강구할 수 있을지 모르겠으나 철거를 위해 현장에까지 갔다가 물러설 수는 없습니다. 철거하지 못하면 현장에서 버티더라도 사무실에 돌아오는 일이 있어서는 안 됩니다. 명심해서 직원들도 단단히 타이르세요." 1차의 대화는 끝이 났다.

두어 시간이 흐르고 12시가 넘어 점심시간이 되었다. 직원들의 점심식사가 걱정되었다. 감사과장을 현장으로 보내서 직원들이 교대로 식사하도록 했다. 그리고 오후 3시경이 되니 두 번째로 도시국장의 전화가 왔다.

"건물주인 고 사장이 자진하여 철거하겠으니 며칠간의 말미를 달라고 합니다."

“말로만 약속해서는 안 됩니다. 종이와 연필을 드리고 그 사실을 써서 받으십시오.”

“종이도 연필도 없는 살벌한 상황입니다.”

“당신이 피우던 담배 껍질이라도 있을 것 아닙니까? 거기에라도 적어 달라고 하되 자진해서 철거하겠다는 날짜를 기입하도록 하시오. 그리고 3일 안으로 지금 쓴 내용의 공증 각서를 제출하겠다는 내용도 적도록 하는 일을 잊지 마십시오.” 두 번째 대화도 끝이 났다.

오후 6시가 지나니 나도 초조해진다. 오늘은 다른 일이 손에 잡히지 않는다. 직원들의 식사는 어떻게 하며 출동시킨 철거반을 명분 있게 철수하는 방법은 무엇인가. 주변에 상의할 사람이 아무도 없다. 혼자서 고심하고 있을 때에 전화가 왔다. 도시국장의 세 번째 전화다.

“종이에 써서 받았습니다.”

“됐습니다. 수고 많으셨습니다. 그러면 고 사장님과 내가 통화를 할 수가 있겠습니까?”

고 사장이 전화를 받았다.

“사장님, 정말 죄송합니다. 우리 구청이 하는 일이 반드시 잘 된 것이라고 말씀드리고 싶지는 않습니다. 언제라도 사장님과 제가 만나서 가장 좋은 방법을 찾도록 노력하십시다.”

“구청장, 참으로 매섭군요. 내가 내일 구청장을 만나고 싶은데 만나 주시겠습니까?”

“예, 사장님이 오시겠다면 언제라도 기다리겠습니다.”

나는 얼른 보고서를 만들어 시장에게 보고했다. 자진해서 철거하겠다는 공증각서까지 제출한 마당에 강제 철거를 할 이유가 없고, 철거 업무 자체도 보훈처가 집행하도록 서류를 회송한다는 내용이었다.

나는 처음부터 보훈처가 해야 할 일을 서울시가 맡게 된 것도 불만이었다.

고 사장이 구청으로 찾아왔다. 입술 언저리에 핏자국이 맺힌 상태다. 얼마나 고민이 됐으랴. 어젯밤에는 아마 한숨도 자지 못했을 것이다.

나는 고 사장을 만나자마자 "사장님, 죄송합니다. 이리로 앉으시지요." 자리를 권했다. 고 사장은 약 3년간에 걸친 사정 얘기를 털어 놓았다.

"나도 사리를 아는 사람이오. 내 친구가 얼마 전까지 건설부 장관을 하던 이 아무개요. 그러나 어느 누구의 신세도 지기 싫어서 오늘날까지 혼자 다니면서 최선의 길을 찾으려고 해 왔고, 이제 구청장과 마주 앉게 되었구려. 지난 3년 동안 보훈처장을 한 번 만나려고 수백 번 방문했건만 만나 주지를 않으니…. 만나서 얘기하고 싶은 것은 둘째고 만나는 그 자체를 못 하게 한 게 내 한이오. 어제 그런 일이 있었음에도 오늘 나를 만나주는 구청장이 참 고마운 분입니다." 하면서 한숨을 쉰다. 나는 얼른 해야 할 얘기가 생각나지 않았다.

"사장님, 보상 방법과 보상 금액이 상식선을 벗어나 있다는 것을 나도 알고 있습니다. 이제부터라도 최선을 다해 시정 방법을 함께 찾도록 노력할 것입니다. 이전해 가실 곳은 어디 있습니까?"

고 사장은 허공을 보고 헛웃음을 웃는다.

"청장님, 그래서 내가 왔소. 어떻게 하더라도 보훈처장이라는 사람은 한 번 만나고 싶고, 어떻게 생겼는지 보고 싶소. 그리고 그 집은 내가 함경도에서 피난 와 일생을 부지런히 모아 마련한 자그마한 집으로, 정원수를 팔아가면서 생활비를 조달할 생각으로 나무를 심어 둔 거요. 그러니 그 정원수는 나무가 아니라 나에게는 자식과도 같은 생명줄이요. 내가 옮겨 갈 터전이 어디에 있겠소."

절절한 말씀에 그분의 심정이 가슴에 와 닿았다. 친한 벗이 장관으로 있는데도 보훈처장 한 번 만나도록 부탁하지 않은, 인품이 깔끔하고도 의지가 강직하신 분이라는 생각이 깊어진다. 세상은 어째서 이런 분들의 고통을 덜어 주지 못하는 걸까.

"사장님, 보훈처장을 만나면 무슨 말씀을 하시렵니까?"

"내 나이 이제 70을 넘었소. 이제 살면 얼마나 더 살까만 생활비는 나와야 하지 않겠소. 보상금 주는 돈으로 집은 하나 마련한다지만 3,000그루나 되는 나무를 어떻게 처분해 주든지, 또는 보훈병원 안에 매점이 생길 경우 내가 살아 있는 날까지 운영권이라도 주든지 해야 내가 사는 일에 걱정을 안 하게 될 것 같아 하소연을 해 볼 작정입니다."

"고 사장님의 뜻을 잘 알겠습니다. 저도 사장님을 돕는 일에 힘을 다할 것입니다." 이렇게 30여 분에 걸친 고 사장과의 대화는 끝이 났다.

일체의 서류를 회송 받은 보훈처에서는 큰 난리가 났다. 차장 이하 국장들이 강동구청으로 몰려왔다. 그리고 하는 말이 "어찌 이럴 수가 있습니까?"였다. 나는 "사리에 맞지 않는 일 처리로 보훈처가 저지른 잘못한 일을 외려 강동구청이 뒤집어쓴 셈이오. 어리석은 조직이 될 뻔하지 않았소. 앞으로는 일 처리가 분명해야 할 것이오." 했다.

이들이 돌아간 다음날, 보훈처장으로부터 고 사장을 만나자는 전갈이 왔다고 했다. "보훈처장이 만나자는 연락을 해 왔는데, 어찌하는 것이 좋을지 찾아뵙고 상의하고 싶다."는 전화가 고 사장으로부터 걸려 왔다. 곧 고 사장이 구청으로 찾아왔다.

"사장님, 일전에 말씀하신 사항 이외에 또 더 하실 말씀이 있습니까?"

"아닙니다. 그것밖에는 없습니다."

"그러면 저의 소견입니다만, 매점 관계는 말씀하지 마십시오."

"왜 그렇습니까?"

"아마도 보훈병원 안에 있는 시설들은 보훈복지공단에서 운영하면서 여기서 들어오는 수입이 보훈대상자의 복지사업에 쓰일 재원으로 마련될 것이라 생각됩니다. 그렇게 되면 사장님께서는 보훈대상자 모두로부터 빈축을 사게 되고, 어쩌면 매점 운영마저 쉽지 않은 상황이 생기지 않을까 염려됩니다. 그 대신 조경수에 대해서는 강력하게 말씀하십시오. 보훈병원의 조경을 위해서라도 많은 조경수가 필요할 것입니다. 그래도 조경수를 모두 소화하지 못하면 내가 서울시장에게 말씀드려서라도 소화하도록 애쓰겠습니다."

고 사장은 보훈처장을 만났고, 집으로 가는 길에 구청에 들러 일의 전말을 전해 주었다. 그러면서 약속대로 집을 철거하겠다는 말

도 했다. 업무 처리에 대한 행정 공무원의 인식 잘못이 국민에게
얼마나 많은 괴로움을 주는 것인지, 모름지기 심모원려(深謀遠慮)해
야 할 귀감이라고 생각된다.

올림픽 타운의 지장물 정리

과장과 동장 모두를 철거반장으로 인사 발령하다

1982년의 강동구는 지금의 송파구를 합쳐서 관할하고 있었으므
로 서울시에서는 관할 구역이 광활한 구 가운데 하나였다.

강동구의 당면 과제는 1986년 아시안 게임과 1988년 올림픽 대
회를 치를 경기장 건설 부지의 정지 작업이었다. 이를 위해 사전
조치로 지장물을 제거해야 했다.

강동구는 천호출장소에서 구청으로 승격(1979)된 연한이 일천한
데다 서울시의 가장 변두리 지역이라, 시에서 추진하는 여러 가지
사업과 행정에 있어 알게 모르게 투자의 우선순위가 뒤져 있었다.
또한 시민들도 개발의 전망을 비중 있게 평가하지 않아, 방치해 둔
넓은 공지가 있는가 하면 도시발전에 필수적으로 따라야 할 건설
열기도 다른 구에 비해 낮은 형편이었다.

1981년 9월 28일, 스페인의 바덴바덴에서 제24회 올림픽 개최지
로 대한민국의 수도 서울이 결정되고 이 사실이 전 세계에 중계되

었다. 올림픽 유치는 전 국민을 환영의 열기와 흥분으로 들뜨게 했다. 이때 약삭빠른 자들이 개인의 이익을 위해 합법 또는 불법적으로 여러 가지 일을 벌였다.

이 시기에 강동지역에서 일어난 현상은 경기장과 도로 또는 공원을 비롯한 공지에 토지의 소유권과 상관없이 무허가 불량 주택이나 가설물, 또는 볼품없는 수목을 심어 보상금을 노리는 일 등이었다.

도시계획에 의해 올림픽 경기장 부지로 결정된 것이 1973년경의 일이었으므로 대회 유치까지 10여 년이 흘렀으나 그동안에는 변화의 기미가 없던 강동 땅에, 유치 결정이 선포되고 1년이 지난 사이 무려 9,000여 건의 가건물이 들어서고 하루에도 20여 건 이상의 불법 시설이 우후죽순처럼 생겨나고 있었던 것이다.

이러한 현상을 걱정한 감사원에서 30여 명의 감사관을 현지에 직접 내보내 답사케 했다. 20여 일에 걸친 감사 끝에 불법 시설물이 많이 생긴 4개 동의 동장이 직위 해제되었다. 그러나 이와 같은 현상을 행정력이 부족한 동사무소의 힘으로 어떻게 다 저지할 것인가. 이 같은 사태야말로 구청이 관련 있는 행정기관과 함께 유기적인 협조체제를 구축하여 효과적으로 대응해야 하는 일이었을 것이다.

상황이 이러한 때 구청장으로 부임한 나는 우선 실현 가능한 실천 계획을 세웠다. 올림픽 타운 건설을 위해 경기장 및 선수촌, 도로, 공원 등이 정비되어야 하는데 허가 받은 건물을 포함해 무허가 건물이나 시설물 등 정리되어야 할 물량이 무려 2만 건이 넘었다.

또 공사 현장에서는 밤마다 수십 건씩 정리해야 할 대상물이 생겨
나는 실정이어서 나는 정리 목표량을 3만 건으로 계산했다.

이 막중한 업무를 감당할 책임부서장인 주택과장과 단속계장을
먼저 불렀다. 나는 우리 구청이 직면하고 있는 상황을 설명하고 난
다음, 이를 처리하기 위한 마음가짐을 강조했다. 철거에 수반해서
일어날 수 있는 사태는 집단적으로는 철거에 저항하는 시위이고,
다음으로 이주 대책 마련이 될 것이란 점도 덧붙여 설명했다.

먼저 과장의 결심을 물었다. 그런데 과장의 대답은 "3개월 이내
에 가정 형편상 공직을 그만 두어야 하기 때문에 이 일을 감당할
수가 없다."는 것이 아닌가. 다음으로 계장의 생각을 물었더니 "철
거는 해야 하겠는데 도저히 엄두가 나지를 않습니다." 하는 것이었
다. 계장의 선에서 엄두가 날 수가 없는 일이다. 다음날 아침 회의
를 마친 후 총무국장과 총무과장, 감사과장을 남게 했다. 지장물
정리 계획과 함께 전날 주택과장, 단속계장과 논의했던 결과를 설
명하고 의견을 물었다. 참석한 국·과장 모두 한결같이 지금 체제
로 일을 처리하는 것이 좋겠다고 했다. 그러나 나는 "큰일을 처리
하는 데는 새 인사가 맡아서 하는 것이 좋을 것 같다. 또 지금까지
주택업무를 맡아오던 사람은 사사로운 인정, 또는 불미스런 관계
로 인하여 과단성 있게 일처리를 하지 못하는 경우도 생길 수 있으
니 새 업무 담당자는 모두 교체하는 것이 좋겠다."는 생각을 말했
다. 결국 추진력 있는 새로운 인물을 찾는 인사이동이 있었다.

강동구청에 부임한 이래 처음 하는 인사였고, 인사의 규모도 제
법 컸다. 새로 천거되어 부임한 계장이 윤귀성 계장이었다. 인사

발령장 교부가 끝난 후 국장과 과장을 청장실로 부르면서 윤귀성 계장을 동석하게 했다. 맡은 바 업무의 중대성과 그 추진 과정을 설명한 다음, 일을 하면서 필요한 사항은 언제라도 구청장을 비롯해 이 자리에 배석한 국장에게 직접 얘기하여 도움을 받도록 했다. 또 도움 요청을 받은 사람은 최선을 다해 즉각 지원할 것을 당부했다.

그런데 인사이동을 한 지 며칠이 지났는데도 일의 진척 사항이 눈에 뜨이지 않았다. 여기에 구청장의 힘으로는 감당하기 어려운 장애요인이 하나 있음을 알게 되었다. 업무를 주관해야 하는 강동구의 도시정비국장 자리가 지난 1년 사이 다섯 사람이나 바뀌었던 것이다. 이 일을 감당하기가 어렵다고 생각한 도시정비국장은 무슨 수를 쓰더라도 1, 2개월 만에 도망가는 것이 능사였다.

이때의 시장은 김성배였으며, 인사권을 가진 내무국장은 박종우였다. 아시안 게임이나 올림픽을 제대로 치르고자 하는 생각이 있기나 한 건지, 참으로 이해하기 어려운 일이라고 생각되었다. 시에 구청의 국장을 수시로 바꾸지 말아 달라고 했다. 그렇게 했음에도 1주일도 되지 않아 또 국장(최광수)을 본청의 종합건설본부로 발령했다. 내가 이 일을 시장에게 강력하게 항의했더니, 내무국장이 후임으로 보직할 수 있는 대상자의 명단을 주면서 그 가운데서 고르라고 했다. 그렇게 하여 부임한 국장이 정진극이다. 이로써 조직과 인사는 끝이 났다.

아침에 간부회의를 마치고 다섯 명의 국장과 주택과장(황상하)만이 참석하는 회의를 다시 열었다. 강동구 관내도에 무허가 건물 등의 분포도를 상세하게 그리되, 그 지역의 면적과 철거대상물의 숫자를 형평성 있게 해 줄 것을 지시했다. 회의 참석자들이 그 도면을 어디에 사용할 것이냐고 물었으나 그것은 내일 아침 회의에서 밝히겠다고만 대답한 다음, 나는 현장으로 나갔다.

다음날은 회의에 국장들과 주택·총무·감사과장만 참석하게 했다. "총무과장, 우리 구청에 과가 몇 개입니까? 그리고 동사무소는 몇 개입니까?" 하고 물었더니 특유의 유머로 분위기를 활기차게 조성하는 원성택 총무과장이 "청장님이 일에 지쳐서 이제 과와 동의 숫자도 잊어버린 모양입니다."라고 맞받아 회의장은 모처럼 웃는 분위기가 되었다.

동의 숫자는 21개였고 과는 23개였다. 나는 무허가 건물의 분포도를 건설국장(김문학)에게 주면서 지역의 면적과 철거 대상물의 숫자를 비슷하게 21개 구역으로 분할하도록 했다. 물론 이 숫자는 동사무소의 숫자와 맞춘 것이며 구청에서는 총무과와 감사과를 제외하면 21개 과가 되는 것이다. 21개의 구역으로 구분하되 그 도면을 총무국장(유래봉)에게 주면서, 구역별 일련번호를 붙이게 하고 총무과와 감사과를 제외한 구청의 전체 과장과 동장을 모두 주택과에 파견 근무하도록 인사발령 했다.

그리고 각 구역별로 동장 1명과 과장 1명이 담당하도록 한 다음, 총무과와 감사과는 매일의 철거 작업의 적극성과 철거 실적을 직접 개별적으로 구청장에게 보고하게 했다. 철거 종료 시기를 1982년 10월 30일로 정했다. 철거 작업의 시기를 이때로 한 것은 서울의 밤 기온이 11월 10일경이면 영하로 내려가는 것을 감안해 철거 건물에서 기거하는 시민의 건강을 고려한 결정이었다.

이처럼 구청의 전 행정력을 지장물 정리에 집중시킴으로써 일이 시작된 지 30여 일 만에 무려 8,600여 건의 대상물을 정리했다. 하루 평균 300건의 지장물을 정리한 셈이다. 이로써 올림픽 경기 유치가 선포된 후 불법적으로 벌어졌던 불미스런 불법시설물의 증가 상황은 감소 단계로 접어들고 1982년의 중요한 업무의 1단계를 성공적으로 마무리하게 되었다.

무허가 건물 보상조례의 개정

하루에 200건 이상의 무허가 건물과 300건에 가까운 지장물들을 철거하고 정리하면서 매일같이 그 실적을 시청에 보고하는 일이 한참 진행되던 어느 날 오후, 퇴근이 가까운 시간에 도시정비국장(정진극)이 무엇에 놀란 사람 모양으로 찾아왔다.

"청장님, 큰일났습니다."

"무슨 일이오?"

"시청에서 무허가 건물 보상조례를 제정하고 2, 3일 안으로 공포할 것이라고 합니다."

"그러면 잘 된 일이 아닙니까?"

"아닙니다. 그 내용이 문제인데, 독립된 단독의 무허가 건물은 보상을 받을 수 있게 하고, 부속 건물은 보상 대상에서 제외되어 있다고 합니다."

"그게 무슨 말입니까? 그렇다면 실제로 있는 그대로의 보상이 아니고 건수 단위의 보상이라는 말인데 보상 가격의 산정은 어떻게 한다는 것입니까?"

"그것은 건물의 크기를 기준으로 한다는 것입니다."

"그럴 리가 없지 않소. 한 번 더 알아보고 대책을 강구합시다."

"아닙니다. 그 내용을 알아보고 보고 드리는 것입니다."

실제로 그와 같은 모순된 조례가 공포되고 시행된다면 이는 차라리 무허가 건물은 보상을 하지 않는 것만도 못하여 업무 추진에 장애가 될 것이 분명했다. 왜냐하면 강동구는 경기도에서 서울특별시로 편입된 연한이 얼마 되지 않았을 뿐 아니라, 편입된 후에도 출장소(천호와 송파)로 관리되고 있어서 각종 행정기초가 다져지지 않았기 때문이었다. 따라서 여러 가지 행정자료가 정비되지 못하였으므로 기존의 건물에 붙여서 건물을 증축하거나, 혹은 재산세 등이 등기 면적에 따라 과세되는 제도를 악용하여 조세 감면의 방편으로 실제 건물의 크기보다 작게 등기를 한 건물이 오히려 많은 실정이었다.

즉석에서 새로 공포될 조례의 모순점을 지적하고, 조례의 공포와 시행을 유보하여 그 내용을 수정 또는 보완해야 한다는 건의안을 만들었다. 다음날 아침 일찍이 건의안을 들고 구청의 도시정비국장을 대동하여 시청으로 갔다. 관련 부서(주택국, 기획관리실, 부시장)를 찾아다니며 설명을 하고 동의를 얻은 다음, 일과가 시작되기 전의 이른 시간에 시장의 결재를 받고자 설명을 드렸더니, 시장의 반응은 냉담했다. 설명한 내용을 알아듣기나 했는지 한마디로 "안 돼!" 하는 것이 아닌가.

나는 "설명이 부족했나 봅니다. 다시 설명을 드리겠습니다."라고 말한 다음 한 번 더 설명했으나 결과는 역시 "안 돼!"였다. 나도 이제 뿔이 났다. "왜 그렇습니까? 어디 잘못된 내용이라도 있습니까?"라고 했더니, "관련 부서에 협의는 거쳤느냐?" "예, 분명히 거쳤습니다. 표지에 서명까지 받았습니다."라고 대답하니, 무허가 건물의 주무부서인 주택국장(최종무)을 전화로 불러 기합을 주는 것이 아닌가.

그래서 이제는 비유해서 설명하는 방법을 택했다. "시장님, 예를 들자면 독립적인 무허가 건물은 형법상의 정범(正犯)이라고 말 할 수가 있고, 부속 건물은 종범(從犯)이라고 할 수 있을 것입니다. 이들을 사면하는 경우, 정범은 사면을 하고 종범은 사면에서 제외하는 것은 잘못된 처리가 아니겠습니까?"라고 했더니 "안 된다면 안 되는 줄 알아."라고 하기에 "시장이 안 된다면 구청장이 어떻게 하겠습니까? 저는 가겠습니다. 그러나 강동구에서는 무허가 건물의 철거는 없을 것입니다." 하고 물러 나왔다.

시장으로서는 시청의 관계관들이 업무의 내용과 조례시행 이후 전개될 결과를 충분히 예상하지 못한 채 졸속으로 일을 처리한 데 대하여 기분이 좋을 리 없었을 것이다.

사무실로 돌아왔다. 아무리 생각해도 마음이 풀리지를 않았다. 지장물 정리 업무를 관장하고, 현장에서 수고하던 직원들에게 작업을 중지하도록 지시했다. 그러니 매일같이 보고하던 무허가 건물 철거실적 보고도 자연히 중단됐다.

5일이 지났다. 일과가 시작되는 이른 시간에 부시장(이상연)으로부터 전화가 왔다. "강 청장, 요즈음 며칠째 무허가 건물 철거실적

보고가 없는데 무슨 일이 있습니까?"라고 한다. 나는 "철거실적 보고를 하지 않는 것이 아니고, 철거를 하지 않습니다."라고 했더니, "왜 그렇습니까? 무슨 이유입니까?" 하고 다소 당황한 어조로 묻기에 그간의 얘기를 하고 나서, "나도 이제 남의 집 철거는 그만하고 좀 편한 곳으로 가서 일하고 싶으니 다른 곳으로 이동이라도 해주면 고맙겠습니다."라고 했다. "무슨 말입니까? 지금 그 막중한 일을 강 청장 말고 누가 감당할 수 있습니까? 내가 알아보고 잠시후에 전화를 하겠습니다." 하면서 통화가 끝났다.

점심시간이 가까워 올 무렵 부시장으로부터 "오후 2시에 오전에 통화한 건으로 회의를 하기로 했으니 부시장실로 들어오면 좋겠다."는 요지의 전화가 왔다. 회의장에는 무허가 건물을 담당하는 주택국의 국·과장과 조례와 법규를 관장하는 부서의 간부들(기획관리실장, 법무담당관)을 불러 놓고 부시장이 기합을 주고 있었다. 나는 해야 할 역할이 별로 없기에 옆자리에 잠시 앉아 있다가 사무실로 돌아왔다. 이틀이 지났다. 이미 공포한 조례를 개정하여 새로운 조례를 공포했다. 그러니까 먼저 공포했던 무허가 건물 보상 조례는 1주일 만에 폐지된 것이다.

혼자서 생각해 보았다. 내가 일찌감치 시장의 결재를 받으려고 유관 부서의 장들과 협의를 한 내용에 맞춰, 이를 공포하기 전에 개정했더라면 지장물 정리 업무도 순조롭게 진행되고 관련자들이 기합도 받지 않았을 게 아닌가. 조례를 승인하는 기관(국무총리실)에도 시정의 바른 뜻이 전달되면서 번거로운 일도 반복하지 않게 되었을 것이며, 시장에게 불경한 말도 하지 않고 부시장의 마음도 상하게 하지 않았을 것이 아닌가. 그러고 보니 혹시 내 설명이 부족했던 것은 아닌가, 또는 설명의 방법이 잘못된 것은 아닌가 하는 뉘우침을 금할 길이 없었다.

올림픽 경기장 가시권의 정비

강동구에서 급한 일들을 처리하고 나니 겨울이 지나고 봄이 왔다. 이때만 해도 초봄이 되면 해빙기 대책을 철저히 하여, 혹시 있을 수도 있는 축대 등의 붕괴사고로 인한 인명 피해 및 시민의 재산상 손실을 예방하는 것이 큰 과제 중의 하나였다.

말할 것도 없이 지형이 평탄한 지역보다는 경사가 급한 산기슭 등의 지역부터 순찰하기로 하였다. 특히 강동구의 거여동과 마천동은 경기도와 접경지역일 뿐 아니라, 이 일대는 도심의 개발 사업으로 철거된 이주민의 정착지가 산비탈에 의지해 있었다. 정착지 주변은 서울에서도 생활이 어려운 시민들이 집단 거주지를 형성하고 있었는데, 도로와 상·하수도 시설은 물론 공동변소와 청소환경도 미비했다. 당시 시민의 생활이 어렵고 환경이 불량한 이곳을 거마지구(巨馬地區: 거여, 마천동 지역)라 부르기도 할 정도로 취약점이 많았던 곳이다.

나는 먼저 거여동과 마천동의 정착지 주변의 환경실태와 주민의 생활 실상을 돌아보기로 했다. 지형의 경사도가 30도는 족히 되어 보이는 산기슭에 계단식으로 배열된 정착민의 가설 주택은 130여 동에 이르렀다. 통행로의 폭이 1미터도 되지 않는 길가에 옹기종기 붙어 있을 뿐 아니라 집을 지은 지 10년도 넘었으니, 집의 기초도 허술한 데다 통행로마저 군데군데 파손되어 해빙과 동시에 많은 곳이 붕괴되겠다는 생각이 들었다. 주민들도 예상되는 재해를 예방해 달라고 호소했다.

이곳의 정착 연혁과 가구 수 등을 상세히 기록한 보고서를 작성하여 철거와 이주대책을 시에 건의했다. 그러나 그 결과는 여지없이 거부되고 그 대신 새마을 사업 등으로 환경을 조성하여 안전사고에 대비하라는 환상적이고 비현실적인 지침이 시로부터 시달된 회신이 있었다. 이곳은 새마을 사업으로 안전을 확보할 수 없는 위험 시설들이 밀집한 지역으로, 오히려 장마철에는 산사태까지 예견된다고 다시 건의하였으나 회신은 없고 시일만 끌었다.

혹시 이곳에서 산사태와 같은 사고라도 난다면 올림픽 개최가 몇 년 남지 않은 때에 일어난 올림픽 타운 재해는 언론에 대서특필될 것이고 우리나라의 위상은 어떻게 될 것인가를 생각하니, 가만히 앉아서 시청의 처리를 기다리고만 있을 수가 없었다.

이번에는 올림픽 대비 사업의 일환으로 문서를 꾸몄다. 올림픽 경기장의 가시권 정비 사업이라는 테두리에 이 지역 정비 계획을 포함해 보고했더니 소요 예산과 이주 대책비를 보내 주는 게 아닌가. 이렇게 확보된 예산으로 장마철 전에 130여 동의 건물에 살고 있던 500명이 넘는 정착민을 이주시켜 안전을 지킬 수 있었다. 이 일은 스스로 생각해 봐도 제때에 용단을 내려 잘 처리한 경우였다고 회상하게 된다.

여러 사람이 모여 즐기기 위한 오락 중에 짧은 심지에 불을 붙여

이 불을 열심히 돌리다가 불이 꺼지는 사람이 벌을 받는 유희가 있다. 완전하지 못한 건물에 사람이 살게 방치한 채 세월이 흐르게 둔다면, 점차 시설이 낡아 마침 운이 나쁜 사람이 이 시설을 관리하는 시기에 사고를 당하는 경우, 위에서 예를 든 유희와 다를 바가 없지 않겠는가. 재해를 당한 사람에게야말로 청천벽력일 것이고, 시설관리 책임자가 징벌까지 당한다면 과연 이 일은 사회 정의 차원에서 온당한 일이겠는가.

만사는 미리 예측하고 대비하는 것이 최선의 길, 확신이 부족할 때는 '멀리까지 내다보고 깊이 생각하지 않으면, 가까운 미래에 어려운 일을 겪게 된다〔人無遠慮 必有近憂〕.'는 선현의 말씀을 지킬 따름이다.

무허가 시설물 속의 모정

시민의 생활과 마주치는 최일선 행정은 법규에 의한 업무 집행이 가장 긴요한 수칙 가운데 하나다. 그런데 일반적으로 행정과 시민 사이에서 불협화음이 생기는 것은, 이미 마련된 규율을 벗어나려는 시민의 의식이 공동체 사회의 준칙을 벗어나는 행동으로 나타나는 경우에 일어난다. 이와 같은 현상의 대표적인 사례로 무허가 건물을 꼽을 수 있다. 건축법에서는 '건물'이 '지붕이 있고 삼면이 벽으로 막혀져 있는 시설물'이라고 정의하고 있으나, 올림픽 경기장을 건설하고 도시 환경을 정비하는 일에는 그 대상이 불법적인 건물이든 제대로 된 시설물이든 다를 바가 없다.

올림픽 경기장 건설의 중책이 부여된 강동구에는 정리해야 할 유·무허가 건물의 숫자가 3만이 넘었다. 행정조직을 정비하고 인사를 배치하며, 앞으로의 처리대책을 관내의 여러 기관과 영향력 있는 인사에 이르기까지 설명하는 등 기본적 일들을 모두 끝냈다.

지장물 정리 작업이 시작된 지 3일이 지났을 무렵, 혹시 일어날 수 있는 돌발 사태 등이 염려되어 다른 직원들보다 빨리 출근했다. 그런데 8시도 되지 않은 이른 시간에 아주머니 한 분이 사무실 앞에서 서성대며 기다리고 있었다.

"아주머니, 무슨 일로 오셨습니까?"

"구청장님을 잠시 만나러 왔습니다, 만날 수가 있겠습니까?"

"내가 구청장인데 하실 말씀이 무언지 사무실 안으로 들어와 말씀하시지요."

"아, 그러면 말씀 드리겠습니다. 사실 저는 경상북도 영주의 산골에서 애들 공부를 시키려고 서울로 왔는데, 방을 얻을 돈이 모자라 방이동에 비닐로 된 천막을 치고 아들을 데리고 기거하고 있습니다. 천막집이 철거되는 것은 괜찮으나 주민등록을 옮길 곳이 없습니다. 학교에서 집과 주민등록 주소를 확인할 것이라 하니, 선생님의 주소 확인이 끝날 때까지 철거를 유보해 주시면 우리 아들이 퇴교를 면할 것 같습니다. 꼭 좀 도와주십시오."

"아들의 학교 문제만 해결되면 됩니까?

"네, 이 문제만 해결되면 오늘 당장 내 손으로라도 헐어 버리겠습니다."

"그러면 아주머니와 아들의 주민등록 문제는 내가 해결해 드리도록 하겠습니다. 그러면 괜찮으시겠습니까?"

"정말 감사합니다. 그렇게만 해 주시면 저는 마음 편히 살 수 있겠습니다."

아주머니가 계시는 자리에서 방이동의 동장에게 전화를 걸어 아주머니가 찾아갈 테니 주민등록과 학교 문제를 걱정하지 않도록 해 드리기 바란다고 말하자 아주머니는 기쁜 마음으로 돌아섰다. 이 시기의 학제는 학군제의 실시로 주민등록이 있고, 또 실제로 살고 있어야 고등학교에 진학할 수가 있었다. 아들의 앞날을 위해 어떠한 고생도 감수하겠다는 숭고한 모정은 움막 같은 가설물에서 기거하면서도 아들의 진학 뒷바라지를 훌륭하게 해내고 있었던 것이다.

우리나라의 발전은 어머니들의 정성어린 자녀사랑의 애정과 뜨거운 교육열에 힘입은 바 크다. 어머니의 정성스러운 교육을 받은 그 아들은 지금쯤 훌륭한 사회인으로 성장하여 국가 발전에 기여하고 있으리라 확신한다.

권력 기관의 압력

매일 아침 8시 30분이 되면 국장 이상의 간부들이 모여 어제 처리한 업무와 오늘 할 일들을 논의하는 회의를 했다. 이때에 주로 논의되는 내용은 올림픽 타운의 건설에 필요한 지장물의 정리 상황과 만의 하나 일어날 수 있는 돌발 상황의 유무, 그에 따르는 대책을 검토하여 가장 적절한 방안을 모색하는 것이었다. 한참 여러

가지 얘기가 논의되고 있을 때 부속실에서 '급한 전화가 걸려왔다'
고 보고한다.

전화를 받았더니 "나는 치안국에 근무하는 김○○ 과장인데 당
신이 구청장이오?" 하는 게 아닌가. 그래서 "그렇소만 무슨 일이
있기에 이렇게 일찍 전화를 주셨는지 용건을 말해 주십시오." 했더
니 대뜸 하는 말이 "석촌동의 ○번지에 있는 무허가 건물에 관한
얘기요. 이 건물에 살고 있는 사람은 내가 돌봐 주고 있는 사람인
데, 잘 보아 달라고 돈을 갖다 줄 때는 아무 일이 없더니 요즈음 와
서 돈을 주지 않으니까 건물을 철거하는 거야?" 하면서 언성을 높
였다. 다분히 싸움 조였다. 나도 화가 났다. "그래 당신은 어디에
근무하는 김 모 과장이라고 했지? 그 무허가 건물의 정확한 주소와
입주자를 지금 밝혀주기 바라오." 그랬더니 그는 "그것은 지금은
밝히지 못하며 당신과 당신의 직원에 대한 비리를 의법 조치하기
전에 그 건물을 보존하고 손도 대지 마시오." 한다. "여보시오. 당
신 형편없는 사람이구만. 주소와 입주자를 알아야 그 건물을 보존
을 하든지 보다 더 빨리 철거를 하든지 할 것 아니오. 그리고 당신
한테 경고하는데, 지금 형법상의 공갈을 하고 있다는 사실을 알고
나 있는 것이오? 적어도 경찰 간부라고 한다면 그 정도는 알 것 같
아서 내가 당신의 무식을 깨우치는 것이오. 그리고 당신이 경찰 고
급 간부라고 한다면 당신의 직무나 열심히 챙기시오. 나는 내 집무
를 충실히 집행하고 있으니 남의 일에는 관여하지 마시오. 한걸음
나아가서 당신이 아까 말한 대로 돈을 줄 때는 손도 대지 않더라는
얘기, 내가 깊이 새기고 있을 것이니 그 사실을 입증할 수 있는 자

료만 제시하여 주면 나는 법규에 따라 조치할 것이오. 그러니 조속히 어떠한 자료라도 보내 줄 것으로 알고 기다리고 있겠소."

이로써 통화는 끝이 났다. 나는 회의 하던 간부들에게 이와 같은 외부 압력이 비일비재 할 것이니 우리 직원들이 다치지 않도록 각별히 주의를 기울여 달라고 지시한 다음, 그 자리에서 경찰서장에게 전화를 걸어 "이러저러한 일이 있었는데 혹시 당신한테 전화해서 구청장이 어떤 사람인지, 또는 여러 가지를 물어올 수도 있으니 적절히 처리하시기 바란다."고 했다.

10여 분이 지났는데 곧바로 경찰서장으로부터 전화가 왔다. 나와의 통화가 끝나고 나니 바로 문제의 김○○이라는 과장으로부터 전화가 걸려왔는데, 강동구의 실상과 구청에서 처리해야 할 일들을 설명해 주었더니 오히려 미안하게 되었다는 말을 전해 주기 바란다고 하더라는 것이다.

산모와 가설 교회

하루 종일 업무에 시달리다가 집에 들어오는 시간은 대체로 밤 11시가 넘었다. 10월 말의 기온은 밤이 되면 제법 차가움을 느끼게 한다. 이 날도 통행금지 시간이 다 돼서 집에 도착하여 씻고 나서 신문을 보고 있으려니 새벽 1시가 가까워졌다. 그때 전화가 걸려왔다. 사방이 조용하니 전화 소리가 유난히 크게 들렸다. 밤중에 오는 전화는 대체로 희소식보다는 걱정스런 내용이 많은 것이 통례이다. 더군다나 여든이 넘은 부모님이 고향에 계심에랴. 아버님이 많이 쇠약해지셨다는 형님의 전화가 자주 걸려오는 때였으므로 한밤중의 전화에는 더욱 신경이 예민해 있었다.

수화기를 얼른 들었다. 여자의 음성이었다. "구청장 맞지요? 너희들은 따뜻한 방에서 자고 있겠지. 우리들은 방이동의 가설교회에서 어려운 시민의 심신을 달래주는 선교 활동을 하고 있는 사람인데 나의 남편은 목사요. 오늘 구청에서 우리 교회를 철거했소. 이 교회에는 출산한 지 3일 된 산모가 아기와 함께 있고, 지금은 철거된 조각들을 모은 땅바닥에 앉아 있는데, 어찌 구청이 이럴 수가 있느냐?" 여자는 울먹이면서 쉴 새 없이 저주의 독설을 퍼부어댔다.

"아주머니의 남편이 목사라고 하셨지요? 남편은 연세가 얼마나 되며 언제부터 그 교회에서 선교 활동을 하셨습니까? 또 산모의 가족은 아주머니와 어떠한 관계입니까?"

"그건 왜 물으시오? 산모의 가족은 우리 교회를 돌보고 지켜 주는 사람입니다."

"교회는 언제부터 있었습니까?"

"교회는 한 달쯤 전에 창설한 개척교회입니다."

"아주머니 혹시 옆에 목사님이 계십니까? 계시면 좀 바꾸어 주십시오."

목사와 통화가 시작됐다.

"목사님이시라면 문제의 해결 방법과 예의쯤은 알고 있을 줄로 믿습니다. 내일 아침 9시에 사무실에서 기다릴 테니 목사님과 부인, 그리고 산모의 남편이 같이 오시기 바랍니다. 또 한 가지, 밤 1시에 전화해서 교양 없는 언사를 퍼부은 건 반성해야 할 일입니다.”

30분 가까운 통화는 끝이 났다. 아침 9시에 목사 일행은 찾아왔다. 40대 초반으로 보이는 목사 부부가 구사하는 언변은 청산유수다.

“목사님, 어려운 사람을 구호하고 보호하는 방법이 그래서는 안 됩니다. 교양인답게 방법을 찾아 실천해야지요. 이곳은 올림픽 경기장 건설을 위해 철거와 정지작업이 한창 진행되고 있는 곳이라는 사실 정도는 알고 계실 테지요. 그곳은 절대로 건축 허가가 날 수 있는 지역이 아니라는 점도 아셨을 것 아닙니까? 어떻게 한 달 전에 그곳을 개척교회의 적지로 선정했는지, 그 저의가 매우 걱정스럽습니다. 그리고 어려운 시민을 구제하는 일은 우리 행정기관이 해야 할 1차적인 책무입니다. 산모의 처지가 매우 어렵다면 구청이나 동사무소에 연락해서 구호의 길을 찾는 것이 도리라 생각지 않으십니까?”

말을 주고받는 사이 동행해 왔던 젊은이가 혼잣말로 “나는 성도 모르고 어디서 태어났는지도 모르며 내 안사람도 길에서 만나 같이 살게 됐을 뿐이니, 서로 이름도 성도 모르는 처지라 태어난 아기는 죽여 버리고 안사람과는 헤어지면 그만이다.” 거침없이 중얼거리는 게 아닌가.

나는 대화의 상대를 젊은이에게로 돌렸다. “여보세요, 지금 뭐라 하셨소? 태어난 아기가 물건인 줄 아시오? 분명히 인권을 가진 사람입니다. 그리고 당신은 그 아기의 부모로서 양육의 책임과 의무를 지니고 있는 사람입니다. 부인에 대한 얘기만 해도 그래요. 만날 때는 어떻게 만났는지 모르지만 한 번 만났다는 그 사실이 중요한 인간관계를 맺어주는 계기가 됩니다. 사람들은 이러한 현상을 인연이라 하지 않습니까? 맺어진 인연을 아름답게 오래도록 이어 가야 한다는 생각은 안 하고 왜 함부로 아무 말이나 내뱉는 겁니까?" "그리고 목사님은 이분한테 겨우 이런 생각이나 가르쳐 놓은 겁니까? 사람은 상부상조하는 것입니다. 우리나라는 발전하고 있으며, 행정기관이 일선에서 어려운 시민을 구호하고 있으니 젊은 사람들이 희망을 갖고 열심히 살도록 용기를 불어 넣는 말씀을 하셔야지요." 그러자 목사는 "청장님 말씀은 잘 들었습니다. 저희들은 돌아가서 구청이 하는 일을 돕도록 하겠습니다." 하고 일행을 자리에서 일어나라고 재촉했다.

나는 "목사님 부부는 가셔도 됩니다. 젊은이는 내 말을 더 듣고 가세요." 목사 부부는 돌아갔고, 나는 젊은이를 향해 "부인이 아기를 출산한 지가 3, 4일밖에 되지 않았는데 찬 잠자리에서 기거한다고 하니 지금 그냥 가면 어떻게 하실 거요? 무슨 대책이 있습니까?"

"아무런 대책은 없고 돌아가서 목사님하고 상의해 보겠습니다."

나는 호주머니에서 적은 금액을 꺼내 주면서 "이 돈으로 여인숙에 들어가면 아마 10일 정도는 먹고 자는 것이 해결될 겁니다. 부인과 아기를 잘 보호하시고 어려운 일이 있으면 구청의 사회과로 찾아오세요. 당신은 신체가 건강하니 일자리를 갖겠다는 생각만 갖는다면 내가 일터를 알아봐 줄 것이니 그리 아시고, 목사만 믿고 기다리지 마시오." 젊은이는 고맙다는 말을 여러 번 하면서 돌아갔다. 다음날 아침 출근을 하니 그 젊은이가 와서 기다리고 있었다.

나는 반가운 마음으로 물었다.

"잘 찾아 오셨습니다. 그래 좀 생각을 해보셨습니까?"

"애기엄마하고 의논을 해보니 구청장님의 말씀대로 하는 것이 옳을 것 같습니다. 목사님하고는 헤어지려고 합니다. 그런데 먹는 것은 일을 해서 하루하루 먹고 살겠는데 잠자리가 걱정입니다."

마침 고덕지구에 아파트 건설이 한창 벌어지고 있었으므로 그 자리에서 한 건설회사의 현장 소장에게 전화를 걸었다.

"젊은 일꾼 한 사람을 보낼 터이니 현장에서 일을 할 수 있게 해 주시오. 집이 없는 분이니 현장 사무실 한쪽에 이분들이 먹고 자고 할 수 있는 자리를 만들어 주시면 고맙겠습니다." 하고 젊은이의 가족을 부탁했다.

며칠 뒤 현장소장을 만났더니 잘 처리했다고 한다. 그리고 한 달 정도가 지났다. 제법 쌀쌀해진 어느 날, 그 젊은이로부터 전화가 왔다. "청장님 시키는 대로 일은 열심히 하고 있는데 피곤하고 살기가 참으로 힘이 듭니다." 나는 "사람이 사는 데는 힘들지 않은 일이 없다. 한 고비를 넘기면 길이 보이고 좀 수월해질 것이니 참고 견디자. 아기가 당신의 희망이니 잘 보살펴서 인생의 승리자가 돼야 한다."고 힘을 불어 넣어 주면서 "혹시 다른 일이 생겨서 어려움이 있으면 꼭 구청으로 연락을 해야 한다."는 말을 잊지 않았다.

젊은이는 "청장님을 부모로 생각하고 열심히 살겠습니다. 안녕히 계십시오." 하며 전화를 끊었다. 그 후로는 연락이 두절되었다. 나는 이들 세 식구가 건강한 사회인으로 성장하기를 빌어 왔다. 세월이 흘러 젊은이도 이제 60대를 바라보는 나이가 되었을 테니 그 부부의 아이는 30대를 앞둔 청년으로 성장했을 것이다. 나는 이들이 건전한 사회인으로 성공된 삶을 살아가고 있을 것이라 믿는다.

여기는 파리·모기의 올림픽 경기장

오늘날 우리들이 보는 서울 올림픽 공원과 그 안에 있는 경기장들은 지반을 최소 2미터 이상 3, 4미터까지 성토하여 마련한 부지이다. 자연 유하(流下) 상태의 성내천 주변은 사람의 손길이 전혀 닿지 않은 곳으로 도랑이나 다름없었다. 비만 오면 유수지(遊水池)로 변하던 저지대로, 이곳 사람들은 붕어가 하품만 해도 이 지역에 수해가 난다고 했다.

그런데 당시의 강동구는 인구의 팽창, 올림픽 개최의 기대에 부푼 국민적 관심, 개발 전망을 노리는 투기 행위 등 복합적 요인이 작용하여 인구는 1년에 10만 이상 15만 명이 증가하고 건물의 신축 건수도 월등히 많았다. 따라서 건축 공사로 발생하는 토석의 처리가 큰 문제로 제기되었다. 관내의 공지와 개설되지 않은 대로변은 모두 공사 현장에서 쏟아지는 토석으로 작은 산을 이루고 있었다. 그런가 하면 인구 증가에 비례해 늘어나는 쓰레기를 처리하기에는 청소 장비와 인력이 턱없이 모자라, 관내 전체가 폐기물 집하장으로 변해 가고 있는 실정이었다.

이와 같은 상황을 사실 그대로 분석해 그 대책을 마련해 줄 것을 시장에게 보고하는 한편, 어차피 올림픽 경기장 부지는 상당한 깊이로 매립을 할 수밖에 없으므로, 건설 공사장의 토석을 저지대인 올림픽 경기장 건설 부지로 유도하기로 했다.

"여기는 올림픽 경기장 건설 현장입니다. 시민 여러분께서는 건설 공사 현장에서 발생하는 토석은 이곳에 버려 주시기 바랍니다. 만일 이후에도 토석을 비롯한 일체의 폐기물을 지정된 장소가 아닌 곳에 버릴 때에는 부득이 관계규정에 따라 처벌을 받게 됩니다."라는 안내문을 합판 4장을 합친 크기로 경기장의 남쪽과 북쪽 2곳에 설치했다.

관내의 환경은 급격히 개선되고, 경기장의 부지는 날이 다르게 성토되어, 마치 올림픽 경기장의 부지 조성 공사가 본격적으로 시작된 듯한 가시적 효과를 거둘 수 있어 구민으로부터 많은 찬사를 받게 되었다.

관내의 건설 공사장에서 배출되는 토석으로 50만 평의 경기장 부지 중 겨우 2만 평 정도가 매립되고 있을 무렵의 어느 날, 노태우 올림픽대회 조직위원장(당시)이 올림픽 경기장 부지 현황을 시찰하기 위해 올림픽 조직위원회 사무차장(최예섭 예비역장군)을 대동하고 방문했다. 나는 구청의 총무과장(원성택)과 함께 현장으로 나가 부지매립 공사가 진행 중이던 대형 간판 앞에 서서 현장의 여건과 추진상황, 그리고 앞으로의 계획을 설명했다. 최예섭 차장과 원성택 총무과장이 지켜보고 있었다.

설명을 들은 노태우 대회 조직위원장은 공사 추진을 극구 칭찬하면서 "일선의 행정 책임자는 고생도 많고 할 일도 많은 자리입니다. 혹시 이다음에 기회가 온다면 반드시 한 번은 힘이 되어 줄 것이니 올림픽을 성공적으로 완수할 수 있게 노력합시다." 하고 격려를 아끼지 않았다.

부지 매립공사는 순조롭게 진행되었다. 구정에 대한 강동구민들의 신뢰가 쌓여가고 관내가 활기찬 분위기로 바뀌어가던 어느 날 아침, 동아일보에 "여기는 파리·모기의 올림픽 경기장 건설 현장입니다." 하는, 우리 구청에서 설치한 현판의 표제를 일부만 바꾼 기사가 큼지막한 사진과 함께 게재되었다. 3, 4일이 지났다. 문제의 기사를 쓴 기자를 만났다. 나는 기자를 보자마자 "어디서 그 기발한 제목을 찾아내어 우리 올림픽 경기장 부지 조성효과를 지원하고 있습니까? 고맙습니다." 하고 웃고 넘어간 일도 있었다.

경기장 부지 안에서는 경기장 시설물 건설 공사가 착착 진행되었다. 터파기 공사를 할 때 일부의 부지에 매립된 생활 쓰레기가 나왔다. 이 사실을 보고 받은 시장은 "이곳에 쓰레기를 매립한 책임자가 누구인지 찾아서 문책하라."는 지시를 내렸고, 이를 조사하기 위해 부지 조성을 담당한 국장이 구청에까지 찾아오는 일도 있었다.

당시의 사정은 아랑곳하지 않고 신중하지 못한 지시를 하는 사람들이 있을 것으로 예상하여 전임 시장의 결재를 받아둔 것이 다행이었다. 그렇지 않았더라면 이러한 일련의 상황을 설명하느라 얼마나 많은 시간과 정열을 허비했겠는가. 호사다마(好事多魔)라고 해야 할 일인지, 실정과 여건을 이해했더라면 오히려 칭찬하고 시상을 했어야 할 일인데도 단순하게 생각하고 지시하며 벌하겠다고

하니 이런 경우를 소서(素書)에서 명확히 지적하고 있는 능하취승
(凌下取勝)이라 할 것인가. 참으로 인생사는 알 수 없는 노릇이다.
만사는 불여튼튼, 적극적으로 일하기 위해서는 여건이 제대로 형
성되어야 할 것 같다.

몽촌마을의 유허비

　올림픽 경기장 건설부지 안에 있는 지장물 정리는 참으로 어려
운 일이었다.

　방이동에는 1960년대 후반에 청계천 등의 도심정비 사업으로 철
거된 이주민들의 정착지가 있었다. 그 정착지의 규모도 작지 않아
거주 가구만 해도 500여 호에, 면적도 2만 5천 평을 넘어서 규모가
크고 광활한 지역이었다. 시청에서 정착지로 지정해 주어 살기 시
작한 지 겨우 10년이 지난 형편이었다.

　허허벌판에 새로운 삶의 보금자리를 지정받은 이주민은 마을을
가꾸는 데 혼신의 노력을 기울여 왔고, 생활이 안정을 찾아가고 있
었다. 그런데 이제 와서 올림픽을 하겠다고 또다시 이사를 가라고
하니, 이곳에 살고 있는 사람들에게는 실로 하늘이 무너지는 심정
이었을 것이다.

　뿐만 아니라 이곳에서 가까운 거리에는 정부에서 지정하고 조성
한 '월남파병 상이용사 마을'이 있었는데 그 규모도 100여 호 정도

되어 이 정착마을을 옮기는 일도 쉬운 일이 아니었다.

　이와는 별도로 몽촌토성을 배산(背山)으로 하여 남쪽으로 잠실벌을 내다보는 몽촌마을은 형성된 지 400년이 넘는 유서 깊은 마을로, 100여 호의 기와집을 중심으로 200여 동의 가옥이 자리 잡고 있는, 청풍 김 씨 집성촌이었다. 13대 종손(김홍수)이 살고 있는 종택은 5간이 넘는 안채와 행랑채가 있고, 규모도 상당히 큰 기와집이었다. 김홍수 씨는 덕이 있고 인품이 훌륭하여 이웃 사람의 존경을 받는 분이었다. 이분은 마을의 통장 일도 맡고 있었다.

　주변의 상황이 이러하니 구청의 앞뜰과 사무실은 하루 종일 500명 내외의 시위대로 가득 찼다. 오전에는 주로 여자들로 구성된 시위 인파며 오후에는 남자들이 와서 그들의 주장을 목청껏 외치는 것이 일과와 같이 되어 있었다.

　여건에 따라 설득하고 국가 발전을 위해 우리의 애국심을 발휘하여 줄 것을 호소하면서, 보상과 처우는 법과 국가 사정이 허용하는 범위 내에서 최선을 다할 것이라 설명하는 노력을 게을리하지 않았다. 성의를 다할 것을 마음속으로 다짐하고 있었으나 시일이 갈수록 지쳐갔다. 그러나 '신막신어지성(神莫神於至誠)'이라, 성의를 다하는 것이 어려움을 극복하는 길임을 민원인도 이해할 것이라 여겼다.

　그런데 몽촌마을을 철거하는 일은 또 어떻게 할 것인가. 1986년의 아시안 게임을 생각하며, 남은 기간을 역산하여 보니 지장물의 철거를 유보할 시간적 여유가 전혀 없었다. '3일 밤낮을 한 가지에 집중하면 그 쓰임이 만 배로 늘어난다〔三反晝夜 用師萬倍〕.'더니 몽촌마을을 철거하는 길은 김 선생과 상의를 하는 것이 가장 좋은 방법이라는 결론에 도달했다. 수소문을 했더니 그즈음 김 선생은 무릎 관절통으로 주로 집에 계신다고 했다. 나는 김 선생 댁으로 전화를 걸었다.

"김 선생님, 지금 댁에 계시면 제가 찾아뵐까 합니다. 잠깐만 시간을 내어 만나 주시기 바랍니다."라고 했더니 "청장님이 우리 집까지 오시면 절대 안 됩니다. 그러한 무례를 저지르고 어떻게 제가 강동 땅에서 살아갈 수 있겠습니까? 제가 곧 구청으로 가겠으니 그리 알아주십시오." 하고는 전화를 끊으신다.

30분쯤 시간이 지난 후, 지팡이를 짚은 김 선생은 비교적 젊은 두 사람과 같이 오셨다. 화제는 말할 것도 없이 몽촌마을의 철거에 관한 얘기였다. 나는 "오랜 세월 동안 지켜 온 마을을 철거하기에 앞서 김 선생님 개인적인 일이건 마을을 위한 일이건 간에 건의하실 사항이 있으면 말씀해 주시고, 또 김 선생님의 인격과 전통 있는 마을의 품위를 생각하여 가옥들은 자진하여 철거하는 길을 택해 주십시오." 하고 부탁드렸다.

나아가 "몽촌마을의 유서(由緖)를 담고, 올림픽을 성공적으로 개최함으로써 우리나라의 발전에 기여하기 위해 몽촌마을 전체 주민이 기꺼이 마을을 자진 철거하고, 올림픽의 성공을 기원한다는 유허비(遺墟碑)를 건립함으로써 몽촌마을과 주민의 애국심을 영원히 역사에 살아남게 하겠다."고 제의했다.

김 선생과 그 일행이 "몽촌 주민이 주민의 만남을 위해 몽촌에 새로 짓는 체육회관 건물을 이용하고자 할 때에는 특별한 사유가 없는 한 무상으로 사용할 수 있게 해 달라."는 제의를 했다. 나는 이를 적극적으로 수용하여 올림픽조직위원회에 건의, 관철한다는 것을 약속하였고, 이날의 만남은 비교적 화기어린 가운데 끝낼 수 있었다.

그런데 10여 일이 지나도록 몽촌마을에는 어떠한 변화도 일어나지 않았다. 다시 김 선생에게 전화를 했다. 그런데 김 선생이 아무 말씀도 없이 그저 울기만 하는 것이 아닌가. 참으로 난감하고 어려운 처지였다. 울음이 끝날 때까지 나는 전화기를 들고 가만히 있었다. 10여 분이 흐른 다음 김 선생은 울음을 그치면서 "청장님, 청장님하고 자진 철거하겠다는 약속은 했습니다만, 아무리 생각해도 13대조 할아버지께서 물려주신 세전(世傳)의 가옥을 내 손으로는 헐 수가 없습니다. 날짜를 정하여 구청에 통보하겠으니 청장님이 헤아려 주십시오."라고 하면서, 대성통곡을 한 다음 전화를 끊으셨다.

1주일이 지나고 나서 김 선생의 전화가 또 왔다. "짐을 대충 들어냈습니다. 내일 모레에 집을 헐어 주십시오."

정해진 날짜에 300여 명의 경찰과 500명이 넘는 구청과 동 직원을 동원해 마을을 철거하는데, 주민들이 정든 집에서 나오지를 않는다. 사람들을 유도해 밖으로 나오게 한 다음, 하나하나 철거할 시간적 여유가 없어 중기로 밀어붙이는 방법을 쓸 수밖에 없었다.

몽촌마을, 김흥수 씨의 집은 올림픽 경기장의 정문(평화의 문)이 서 있는 곳으로부터 동북쪽 약 100m 남짓한 언덕배기에 있었다. 지금 이 마을 터는 잔디만 푸르른 언덕으로 변해 있다.

올림픽 공원의 준공식이 있던 날, 나는 시청에서 환경녹지국장으로 근무하고 있었다. 그러나 강동구에 근무하면서 올림픽 경기장 건설을 위해 너무도 많은 시련을 겪었으므로 준공식장에는 꼭 가보고 싶었다. 식이 시작되기 약 30분 전에 현장에 들어가 보니 몽촌마을이 있던 언덕에 낯익은 부녀자들이 100여 명이나 둘러서 있었다. 나는 서슴없이 그리로 갔다. "아주머니들 안녕하십니까? 제가 누구인지 아시겠습니까? 제가 정말 보기 싫고 밉지요?" 했더니, "강 청장님이 왜 밉습니까. 오랜만에 만나니 무척 반갑습니다. 그 사이 별고 없으셨지요?" 하고 반갑게 맞이해 주는 것이 아닌가.

나는 "까치도 제 집을 헐면 엄청나게 지저귀면서 반항을 하는데 하물며 저는 아주머니들의 집을 헐어낸 사람인데 어찌 밉지 않겠습니까?"라고 하면서 아주머니들이 모여 서 있는 군중 속으로 들어갔다. 그리고 준비해 둔 음료수를 한 잔씩 나누는데, 한 아주머니가 "그래도 강 청장님은 다만 얼마라도 주민에게 이익이 되도록 하려고 많은 애를 쓰셨어요. 또 청장님 개인의 욕심으로 한 일도 아니고 국가를 위해 하신 일이니, 정말 고생 많으셨습니다." 하는 것이 아닌가. 이 말을 듣는 순간 가슴에 쌓였던 불편함이 일시에 사라지면서 눈시울이 뜨거워졌다. 우리 국민은 참으로 순박하여 복 받을 사람들이라는 생각을 가슴 깊이 했다.

유허비의 건립 예산을 시청에 몇 번이나 신청했으나 예산은 나오지 않고 나는 성동구청장으로 가게 되어 강동구를 떠났다. 관계자들로 하여금 예산을 요구하고 약속을 지켜야 한다고 강조했으나 번번이 예산은 책정되지 않았다. 5년이 지난 뒤에 나는 예산을 관장하는 기획관리실장으로 부임했다. 그때까지 이행하지 못했던 유허비 건립 약속을 챙겼다. 소요 예산과 비문에 새길 내용의 요지를 구청으로 보내면서, 큼지막한 자연석에 내용을 알차게 하여 몽촌이 살아 있도록 해 줄 것을 요청했다. 비록 내 마음에 흡족한 비석과 비문은 아니라 하더라도 자그마하나마 예쁜 비석을 몽촌마을의 중앙부에 해당하던 위치의 길가에 건립하게 된 것이다.

김흥수 선생과 몽촌마을 주민에게 약속했던 일들을 이행하는 데 너무 오랜 세월이 흘렀고, 유허비의 크기와 내용이 흡족하지 못한 것은 지금도 미안하여 아쉬움을 금할 길이 없다. 천사 같은 마음으로 세상을 살아가는 몽촌의 주민과 방이동의 철거민, 월남 상이용사 마을의 여러분들은 우리의 올림픽 역사와 함께 길이길이 복을 받으시리라.

옥돌에 새긴 도장

성동구청장으로 부임한 지 1주일이 지난 어느 날, 동사무소 초도순시와 함께 관내의 유지 여러분을 찾아 인사도 할 겸 사무실을 나서려는 참이었다. 강동구에 근무하는 동안 매일같이 3, 400명의 민원인을 데리고 구청으로 몰려와서 끈질기게 방이동의 정착지 철거 반대 시위를 벌이던 남자 대표와 여자 대표 두 분이 만면에 웃음을 띠며 나란히 들어왔다.

반갑기도 했지만 한편으로는 걱정이 앞섰다. 혹시 내가 강동구의 방이동 정착지를 철거 정리하면서 미흡했거나, 혹은 약속을 하고도 일을 남겨두고 완결하지 못한 상태에서 이곳으로 전보되었으니 추진하던 일이 잘못되어 새로운 민원을 제기하러 온 것은 아닌가 싶었던 것이다. 솔직히 반가움보다는 놀라움이 컸던 게 사실이다.

차를 마시면서 아무리 생각을 해도 걱정할 일은 없는 것 같다는 확신이 들었다. "그렇게 사람을 괴롭히던 두 분이 오늘은 무슨 용무로 이렇게 밝은 모습으로 함께 오셨습니까? 우리도 이제는 웃으면서 만나고 정다운 얘기들을 나누는 좋은 관계로 돌아가야지요." 나는 지난날 강동구청장으로 있을 때 괴롭힌 일을 반성하라는 투의 농담을 섞어 웃으며 화두를 꺼냈다.

두 분이 환한 모습으로 소리 내어 웃으신다. 그 모습을 보니 다시 한 번 지난날 오류가 없었는가 생각하게 되었는데 두 분이 하시는 말씀이, "청장님, 정말 감사합니다. 그동안 저희 둘이 청장님을 너무 많이 괴롭혔습니다. 청장님께서 저희들을 위해 시청에서 부닥치고 직원들을 다스리는 등 주민 편에서 많은 일을 해 주셨다는 것을 집단 시위를 하는 중에도 잘 알고 있었습니다. 그래서 오늘은 감사하다는 인사를 드리려고 이렇게 함께 왔습니다." 하는 것이 아닌가.

당연히 나도 웃는 낯으로 "내가 하는 일이 그 정도로 이해가 됐다면 제 입장을 생각해서라도 좀 느긋하게 다그칠 일이지, 그렇게 숨 쉴 사이도 없게 몰아치는 분들이 어디 있습니까?" 하며 편안한 마음으로 얘기를 나누게 되었다.

　몇 마디의 얘기가 오가고 분위기가 한결 부드러워져 갈 때 여자 대표가 "청장님은 우리 두 사람의 관계를 모르시지요?" 하고 묻는다. "모르기는 무엇을 모릅니까? 아주머니는 여자 데모 대장이시고, 여기 계시는 이충호 씨는 남자 시위자 대표가 아니십니까?" 대답하니 "사실은 우리 두 사람은 부부입니다." 하고 사실을 밝힌다.

　그러고 나서 이충호 씨가 호주머니에서 종이에 얌전하게 싼 조그마한 물건을 꺼내며 "청장님, 이것은 우리들의 정성입니다. 충주에서 나는 옥인데, 마침 저의 형님께서 옥을 세공하는 일에 종사하고 계시기에 부탁을 드려서 청장님의 도장을 새겨 왔습니다. 볼품없다 마시고 받아 주시기 바랍니다.""이 무슨 무리한 일을 하셨습니까? 성의는 고맙습니다만, 집도 철거되어 이사를 하는 등 어려운 살림에 돈 쓸 일도 많으실 텐데 이 물건은 받을 수가 없으니 가지고 가시는 것이 제 마음이 편하겠습니다. 그런 마음을 헤아려서 호주머니에 넣어 주십시오." 하고 간곡하게 얘기했으나 고집을 꺾지 않았다. 그러고는 "청장님, 이제 즐거운 얘기만 하는 자리에서 자주 뵙도록 하겠습니다." 하는 말을 남기고 돌아갔다.

　하도 고마운 마음이 들어 나도 고마움에 답례하고 싶었다. 그러나 길이 막연하여 그 다음날 이충호 씨가 살고 있는 강동구의 방이동 동장(이용주)을 내 사무실에 오시도록 해 자초지종을 말한 다음, 20만원을 주면서 "틀림없이 이충호 씨의 생활이 어려울 것이니 이 돈을 전달해 주십시오. 끝내 받지 않거든 이충호 씨와 상의해 방이동의 경로당에서 경로잔치를 벌이되, 이 자리에 반드시 이충호 씨가 참석하게 하고, 그 잔치는 이충호 씨가 열어 드리는 것이라는 점을 크게 부각해 방이동의 유지되는 분들이 알 수 있게 해 주십시오." 그러면서 경로잔치 결과를 좀 알려 달라고 부탁했다.

이 일이 있고 나서 20여 일이 지난 후 이용주 동장으로부터 "경로잔치를 잘 마무리했다."는 연락을 받았다. 모름지기 우리가 사는 사회는 도울 수 있는 여력이 있는 한 성의껏 도우면서 살아가는 것이 상식적인 생활인의 자세라는 평범한 진리를 다시 한 번 깨닫는 기회였다.

동계 유니버시아드 대회를 추진

전주와 무주에서 동계 유니버시아드(Universiade) 대회가 열리기로 되어 있었다. U-대회는 전 세계 각국의 대학 재학생이 선수로 참가하는 체육 행사로, 올림픽 대회에 버금가는 비중 있는 국제 대회다. 1993년의 1월 22일 전주와 무주에서 열리는 U-대회를 원만하게 마무리 하는 일은 U-대회 조직위원회뿐 아니라 국가적 위신이 달려 있는 중요한 일이었다. 특히 국제적인 행사가 처음으로 지방에서 개최된다는 점에서 정부와 관계 인사들이 더욱 긴장하고 책임감을 느꼈다.

이 대회의 조직위원장(고병우)으로부터 U-대회 조직위원회의 사무총장직을 맡아서 업무를 총괄해 달라는 제의가 왔다. 이때에 나는 서울시의 부시장을 그만두고 쉬고 있을 때였다. 나는 체육에 관한 아무런 지식과 경험이 없으므로 유니버시아드 대회와 같은 큰 일을 맡을 수가 없다고 정중히 거절했다.

그런데 이런 일이 있은 지 며칠이 지나지 않아 뜻밖에도 문화체육부의 체육담당 차관보(최창신)로부터, "장관님(김영수)과 차나 한잔 나누게 장관실로 걸음 해 달라."는 연락이 왔다. 반가운 마음으로 장관실을 방문했다. 김 장관과는 오래 전부터 잘 알고 있는 처지여서 오랜만에 만나 부담 없는 인사말이 오갔다.

한창 얘기가 무르익고 있을 때 김 장관은 "유니버시아드 대회를 성공적으로 마무리해야 하겠으니 개인적인 사정은 접어 두고, 정부와 장관인 나를 위해서라도 이 일을 맡아 반드시 성공시켜 달라."고 하며 말을 이어 갔다. "특히 이번의 U-대회는 우리나라가 유치한 세계적인 큰 대회이면서 지방의 작은 도시에서 열리는 최초의 국제대회이므로 여러 가지 면에서 애로가 예상되니, 이 일을 맡아서 반드시 성공시켜 주어야겠다."는 것이었다. 그리고 "현재의 직명이 사무총장으로 되어 있으나 직제를 고쳐서 직명을 '상근 부회장 겸 사무총장'으로 개정하여 격상하도록 할 것이니, 거절하지 말고 수락해 주기를 바란다."는 간곡한 권유였다. 가져다 놓은 차가 식어갈 때까지 여러 가지를 얘기했건만 결국은 거절할 수 없어 승낙을 하고 체육행정과 인연을 맺게 되었다.

그날이었다. 어떻게 아셨는지 황인성 전 국무총리로부터 U-대회의 일을 맡아서 해 준다니 감사하다는 전화가 왔다. 겸하여 성심으로 격려해 주시니 U-대회의 업무 부진으로 걱정하는 분이 많았음을 짐작할 수 있었다.

사무실은 올림픽 경기장 안에 있는 가건물을 쓰고 있었다. 사무실을 찾아간 첫날(1996년 2월)에는 유니버시아드 대회 조직위원회가 열렸다. 이 날은 오전에 나의 취임에 대한 동의 절차가 있었고 오후까지 속개되었다. 이 자리에서 "업무의 능률 향상과 대회 개최지인 전라북도와의 원활한 의사소통 및 신속한 업무 처리를 위해 U-대회 사무실을 전주로 옮기는 것이 옳은 일인데, 언제 이전할 수 있느냐?"는 질문이 중요한 과제로 토의되었다. 그러나 이 문제가 거론되자 조직위원회에서는 어느 누구도 가부간 대답을 하지 않은 채 회의는 끝이 났다.

취임한 지 3일이 되었다. 전라북도 의회에서 그간의 업무추진 현황을 보고 해 달라는 통보가 왔다는 것을 조직위원장이 주재하는 회의에서 지역담당 본부장(이상칠, 전 전북 부지사)이 보고했다. 그럼에도 불구하고 사무처의 간부회의는 도의회 보고 여부를 결론짓지 않고 끝이 났다.

간부들을 내 방으로 모이게 하고 회의에서 아무런 의견이나 대안을 제시하지 않는 이유를 물었으나 이 또한 묵묵부답이었다. 나는 도청과 조직위원회와의 관계에 대해 물어 보았다. 조직위원회가 전라북도로부터 3년에 걸쳐 20억 원의 예산을 지원받도록 대회 규정에 명시되어 있다는 것을 알게 되었다. 그런데 지난번에도 한 번 의회에서 보고를 요청해 왔으나 이를 묵살하고 넘어 갔기 때문에 도의회가 조직위원회에 대해 가지고 있는 인식이 좋지 않다는 것이었다. 이번에 또 아무런 이유 없이 보고하지 않는 일이 있어서는 안 될 것이라는 게 간부들의 생각이었다.

나는 "그렇다면 당연히 도의회의 요구에 맞게 현황을 보고하는 것이 도리이므로 도의회가 요구하는 날짜와 시간에 보고할 수 있도록 준비를 갖추되, 준비할 시간이 모자라면 정당한 사유를 들어 기일을 재지정 받도록 합시다."라고 결론을 내렸다. 이렇게 결정을 하고 나니 보고는 누가 할 것인가 하는 문제가 또 제기되었다. 조직위원장이 보고하는 것이 원칙이지만 조직위원회와 전라북도, 그리고 도의회와의 업무상 관계가 순탄치 않아 위원장이 업무를 보고하려 하지 않는다고 했다. 나는 불가피한 사유가 있으면 사무총장이 보고할 수밖에 없는 것이 조직 운영의 원리이고, 사전에 사무총장이 보고하겠다는 사실을 도의회에 알리는 것이 예의를 지키는 일이므로 납득할 수 있는 사유를 들어서 정중하게 그 사실을 통보하게 했다.

보고 준비는 하루 만에 마무리되었다. 다음날, 조직위원장은 체육회와의 업무협의 관계로 참석하지 않았고, 나를 비롯한 우리 일행은 12인승 버스를 타고 전주의 도의회로 갔다. 서울의 사무실에서 전주까지 도착하는 데 3시간이 소요되었으나 이 날도 차 안에서는 업무에 관한 얘기를 비롯하여 잡담 한마디 하는 사람도 없었다.

마침 점심시간이 되어 도의회와 가까운 곳에 있는 식당에서 점심을 먹게 되었다. 콩나물 국밥을 먹기로 하고 식탁에 앉아 있는데 남기룡 본부장[전 (주)쌍방울 사장]이 "이제 전주까지 오기는 왔고 질문이 쏟아질 판인데, 답변은 누가 어떻게 할 것인지 매우 걱정이 된다."는 말을 했다. 서울에서 전주까지 오는 동안에 아무 말도 없었던 사유를 어렴풋이 짐작한 나는 "일체의 답변은 내가 할 터이니

다른 분들은 잠자코 있어 주시고, 다만 구체적인 숫자를 물을 때에
는 종이에 적어서 주시기 바랍니다." 했다. 그랬더니 "사무총장으
로 부임한 지 3일밖에 안 되었는데 어떻게 답변이 가능하겠는가?"
하고 걱정을 하는 것이 아닌가. 나는 "모든 것은 내가 책임지고 알
아서 하겠으니 그런 점에 대해서는 안심하십시오." 하고 서로의 의
견을 맞추었다.

오후 2시부터 회의는 시작되고 질문이 쏟아졌다. 오후 7시가 넘
으니 해는 지고 거리가 어둑어둑해지기 시작했다. 5시간 이상을 혼
자서 답변하고 나니 배도 고프고 목도 말랐다. 이제 도의원들도 각
자 집으로 가야 하는 시간이 된 것이다. 폐회가 선언된 후 의원들
은 바쁘게 서류와 옷들을 챙겼다. 마침 방청석을 보니, 도청에 오
자마자 찾아가 인사를 했던 도의회 의장이 아무런 말도 없이 앉아
있는 모습이 눈에 띄었다.

나는 어떻게 하더라도 이 순간을 놓칠 수가 없었다. "의장님, 나
는 전주가 양반의 고을이고 전주에 사시는 분들은 예의가 분명하
여 인사에 소홀함이 없는 줄로 알고 있었는데 그렇지가 않은 모양
입니다." 하니, 의장은 "무슨 말입니까?" 반문한다. 나는 또 "전주
에 사시는 분들이 모두 자기 집으로 가고 나면, 서울에서 온 우리
들은 나그네마냥 국밥 한 그릇 먹고 알아서 가라는 것입니까? 설사
불가피한 사유로 저녁 식사는 같이 못한다 하더라도 천 리 한양
길, 무사히 가라는 말은 하실 수 있지 않습니까. 혹시 시간이 되면
밥값은 내가 낼 터이니 식당이라도 좀 안내해 주시지요." 했더니
"의원 여러분, 강 총장의 말이 맞소. 시간이 허락하는 분은 서울 손

님들과 같이 식사하고 헤어집시다."

이렇게 함께한 저녁 식사 자리에서 우리들은 인간적인 정을 주고받을 수 있었다. 그간의 사정을 대화를 통해 서로 양해하고, 앞으로는 일을 상의해 가면서 원만하게 처리하기로 하자는 등 의견 접근이 있었다. 전주에 사무실이 마련되는 대로 가급적 빨리 서울에 있는 사무실도 이사하기로 했다.

이렇게 해서 본격적인 전주 생활이 시작되었다. 조직위원회에서 내가 해야 할 일은 다음과 같았다.

첫째, 차질 없는 대회 진행을 위해 대한체육회의 적극적인 지원을 받아야 하므로 체육회와 원활한 의사소통이 되도록 하고,

둘째, 무주의 스키장과 전주의 실내 빙상장을 건설하는 데 있어 경기장의 규격과 시설이 IOC의 규정에 어긋나지 않도록 지도하는 일,

셋째, U-대회의 본부가 전주에 있게 됨에 따라 전주에서 무주까지의 도로를 확장하여 대회 기간 중 관계자들이 이동하는 데 소요되는 시간을 최대한 단축하는 도로확장 사업을 기간 전에 마무리하는 일,

넷째, 외국에서 찾아온 선수와 임원의 숙소 확보 및 식단의 마련 등이 중요한 사항이었다.

그 외에도 각종 행사에 소요되는 예산의 조달과 성화의 채화에서부터 봉송에 이르기까지, 일을 원활하게 추진하기 위해 도청과 도민의 적극적인 협조와 참여를 유도하는 일들이 내가 챙겨야 할 사항이었다.

무주군 설천면의 무주 리조트에 들어서는 스키장 건설은 비교적 순조롭게 추진되고 있었다. 스키대회 본부로 사용될 티롤 호텔은 훌륭한 목조 건물로서 국내에서는 보기 어려울 정도의 품위 있는 시설이었다. 리조트 경내에 건설되는 선수용 숙소는 콘도 형태로 지었다. 그런데 그 수효가 너무 많아 과다한 건설비가 투자된 것 같아서 과연 투자자금 조달에 애로는 없는지 걱정스러웠다.

나는 이 건물을 국내의 큰 기업과 정부의 투자기관에 사원용 연수시설로 활용하도록 홍보하고 권장하는 일을 적극적으로 주선하여 많은 성과를 올리기도 했다. 이것은 U-대회의 원활한 마무리와 국가가 추진하는 정부의 사업을 성공적으로 매듭짓기 위한 대책의 일환에서 한 일이었다. 정부사업을 주관 처리한 기업이 대회 이후 경영 사정이 어려워졌다면 앞으로 어느 기업이 정부에서 하는 일에 적극적으로 참여하겠는가.

대회 개최일이 가까워올수록 건설 공사를 책임지고 시공하던 ㈜쌍방울의 자금 동원 사정이 어려워진다는 풍문이 나돌기 시작했다. 나는 시공회사 사장을 오시게 하여 우리 조직위원회가 지원할 수 있는 대안을 말하고 또 조직위에 요구 사항이 있으면 기탄없이 의견을 제시해 달라고 했다. 쌍방울에서 바라는 일 역시 선수용 콘도를 최대한 매각하여 시공사의 자금동원 능력을 원활하게 해 주는 것이었다.

1992년 9월, IOC 산하 동계 올림픽위원회가 스페인의 마요르카(Mallorca)에서 열렸다. 마요르카는 지중해 가운데 있는 섬의 도시로, 위도 상으로 거의 적도 부근에 있고 여름에는 피서, 겨울에는 휴양을 위해 찾아오는 관광객으로 사계절 내내 붐비는 휴양지다. 여기서 열린 동계 올림픽위원회는 당해년도의 업무를 결산하면서 차기년도의 사업을 확정하기 위한 총회이므로 1993년 1월에 열리는 무주-전주 동계 U-대회의 사업추진 현황을 점검하는 과제가 큰 비중으로 등장하게 마련이었다.

나는 무주-전주 U-대회 업무추진 현황을 보고하기 위해 우리나라의 IOC 동계 U-대회 위원인 연세대학교의 ○○○ 교수와 대한체육회의 동계 체육담당 위원인 ○○○ 위원, 그리고 외무부에서 U-대회 조직위원회에 파견되어 일하던 장태신 과장과 함께 그곳으로 갔다. 따라서 내 역할은 총회의 매우 중요한 업무 중 하나였다. 여기서는 통역 없이 직접 원어로 보고하는 관례에 따를 수밖에 없었는데, 내가 국제회의에서 원어로 설명하기는 그때가 처음이었다.

북한의 장 웅 IOC 위원

1992년의 여름도 지나 날씨는 차츰 시원해졌다. 9월이 되자 이제는 U-대회에 최대한 여러 나라가 참가하고, 우수 선수를 많이 유치하는 일이 초미의 과제로 부상했다. 각국에 초청장을 발송하고, 참가 종목과 선수를 철저히 파악하기 위해 국제통신 수단을 이용, 상세한 상담을 하는 일도 게을리 할 수 없었다.

특히 북한 선수의 참가는 여러 가지 면에서 관심의 초점이 되고 있었다. 마침 이 시기에 미국의 애틀랜타 시에서 올림픽 대회가 열리게 되어 있었으므로 나는 동료 직원과 함께 애틀랜타로 갔다. 출장의 목적은 말할 것도 없이 북한의 IOC 위원인 장 웅 씨를 만나 무주-전주에서 열리는 동계 U-대회에 참가해 줄 것을 요청하고, 또 초청장도 직접 전달하고자 했던 것이다.

애틀랜타 현지에서 나는 문화체육부 장관과 우리의 IOC 위원이며 IOC 부위원장의 직책을 맡고 있던 김운용 위원에게 상의하고, 꼭 만날 수 있게 주선해 주도록 부탁했다. 또 문체부의 오지철 체육국장에게도 실무적으로 접근해 설득해 줄 것을 요청했다. 다음 날 오전 9시에 애틀랜타 올림픽 대회 본부가 있는 호텔의 로비라운지에서 만나기로 했다는 전갈을 김운용 회장으로부터 듣고 약속시간보다 30분 전에 가서 기다렸다. 그러나 2시간을 기다려도 북한의 장 위원은 나타나지 않았다.

이러한 일이 있을 것을 어느 정도 예상은 하고 있었으나 시간이 흐를수록 허탈한 마음이 깊어져 갔다. 나는 오기가 발동하여 장위원장 호텔 방의 전화번호를 입수했다. 낮에는 전화를 해도 받지를 않아 다음날 아침 7시에 전화를 걸었더니 통화가 되었다.

"아침에 너무 일찍 전화해서 단잠을 깨워 미안합니다. 나는 서울에서 온 강덕기라는 사람입니다. 전에는 서울특별시의 부시장을 지냈고 지금은 내년 1월 말에 무주와 전주에서 열리는 동계 유니버시아드 대회의 상근 부위원장 겸 사무총장의 일을 맡고 있습니다." 라고 말함으로써 처음 대화하는 사람의 예의를 갖추고 상대방의 신뢰를 얻을 수 있도록 애썼다.

"내가 이번에 이곳 애틀랜타에 오게 된 것은 장 위원장을 만나 우리 둘이서 직접 U-대회에 관한 이야기들을 나누기 위해서입니다. 어제는 직접 만나고자 약속된 장소에서 2시간을 기다렸으나 오시지 않아 섭섭했습니다." 했더니, "어제는 참으로 미안하게 되었습니다. 여러 가지 우리의 사정을 짐작해서 이해해 주시기 바랍니다."라고 대답하며 정중하게 사과를 하기에, 예의가 있는 사람이라는 느낌을 받았다.

나는 "장 위원이 훌륭한 인품을 지닌 분이라는 말을 김운용 위원장과 오지철 국장으로부터 들어서 알고 있습니다. 오늘은 1시간 정도 시간을 내서 만나주시기 바랍니다."라고 했다. 장 위원은 "오늘도 선수의 격려와 IOC 회의 참석 등으로 시간 내기가 불가능할 것 같습니다. 양해해 주시면 고맙겠습니다." 하는 것이었다. "그러면 언제쯤이면 가능할 것 같습니까?" 물어보니 "모처럼 외국에 나오고 보니, 바쁜 일정 관계로 강 선생을 만나기가 어려울 것 같습니다." 하는 답변이 돌아온다.

"그러면 시간이 다소 걸리더라도 전화로 말씀드리고, 또 부족한 부분이 있으면 김운용 위원장을 통해 말을 전하도록 하겠습니다." "그렇게 하여 주시면 더욱 감사하겠습니다."

"얘기하고자 하는 요지는 무주-전주에서 열리는 동계 U-대회에 북한의 선수와 임원을 많이 참가하게 해 주셔서 이번의 U-대회가 과거 어느 대회보다 활성화되고, 나아가서 남과 북 사이의 대화의 광장이 넓고, 깊어지고 있다는 사실을 세계에 보여 줄 수 있도록 하자는 것입니다. 이에 소요되는 일체의 경비는 우리 조직위원회

가 부담할 것이고, 참가하는 모든 선수와 임원에 대한 신변의 안전
도 책임지고 보호하겠습니다."

"그 문제는 나 혼자서 결정할 수 있는 일이 아니므로 돌아가서
체육회 등과 상의를 해야 하겠으나, 아마도 매우 어려울 것입니
다.""그러면 그 일은 장 위원이 최대의 노력을 기울여 성사되도록
해 주시고, 지금 말한 대로 정 어려우시면 장 위원 혼자만이라도
참석해 주시기 바랍니다. 혼자 오시는 일은 장 위원이 결정할 수
있는 일이 아니겠습니까?"

"그것도 나 혼자서 결정할 수가 없어서 대답을 드릴 수 없어 미
안합니다.""장 위원의 말이 모두 불가능한 방향으로 흐르고 있으
니, 어째 나에 대한 신뢰가 부족한 것 같아서 섭섭한 마음이 새로
워집니다."라고 했더니, "강 선생, 우리의 처지를 이해하시지 않습
니까? 양해해 주십시오." 했다. "장 위원, 다시 한 번 부탁합니다만
일이 성사되도록 애써 주시기 바랍니다. 아침 일찍부터 장시간 시
간을 내 주셔서 고맙습니다. 그리고 우리의 우정이 계속해서 이어
지기를 바라겠습니다.""강 선생, 감사합니다."

이렇게 전화 대화는 끝났고, 그 뒤로는 장 위원을 만날 수 없
었다.

유니버시아드 대회에서 구상한 일들

동계 유니버시아드 대회는 4년마다 열리는 대학생의 겨울종목 경기대회로서, 우리나라는 겨울종목의 경기력이 스케이팅 부문을 제외하면 여름 종목에 비해 국제적으로 앞서지 못했다. 하지만 전 세계인이 참여하는 국제대회이며 지방에서 열리는 큰 행사이므로 이 대회의 성공적 개최를 위해 조직위원회 사무국의 역할은 무엇보다 중요했다.

U-대회의 개막은 1993년 1월 22일로 정해졌다. 추진하던 일들은 대한체육회와 체육진흥공단의 적극적인 협조로 순조롭게 추진되고 있었다. 대학 및 대학인의 단합과 무주-전주 겨울 도시를 활기 넘치는 온정의 도시로 부각하기 위해 주요 도심의 가로는 각 대학을 홍보하는 밝은 색의 엠블럼(emblem) 기로 장식하기로 하고, 전국의 대학과 대학교육협의회를 통해 적극적으로 참여해 줄 것을 부탁했다.

전주의 거리와 무주의 간선도로는 참가국의 국기와 참가 학교의 깃발(emblem)을 우리나라의 대학교 기와 동시에 내걸게 했다. 그것도 최단거리 500m에서 1km 이상이 되게 집중적으로 게양하여, 도시의 미화와 함께 젊은이들의 우정을 표시하도록 한다는 생각이었다.

다음은 예산을 최대한으로 절약하여 남는 자금으로 U-대회의 흔적을 크게 남기고자 했다. 이로써 역사 속의 기록이 되도록 하고, 문화도시 전주에 또 하나의 역사성 있는 문화시설을 남기려 애썼다.

그러니까 U-대회의 성공적 마무리는,

첫째, U-대회에 참가한 국가와 대학교, 그리고 우리나라 대학 간에 영원한 연결 고리가 되고,

둘째, 새로운 문화유산을 창조하며,

셋째, 대회의 성공을 위해 참여한 업체의 발전을 도모하여 국제대회가 지방도시에서도 얼마든지 성공할 수 있다는 표본을 만들고자 했던 것이다.

그런데 이러한 기대와 계획은 곧 무너지고 말았다. 1992년 말 도청에서 도의회에 요구한 1993년 예산안에는 도에서 지원하기로 한 예산이 전액 삭감되고 말았던 것이다. 나는 도지사를 찾아가 설득했다.

"도정이 어려운 것은 인정하겠으나 U-대회에 지원하기로 협의된 예산이 예산요구서에서도 흔적을 찾아볼 수 없으니, 이는 도에서 U-대회의 가치와 성공을 위한 의지가 부족하다는 증거로 남을 것입니다. 도 재정이 어려우면 자금으로 통제해도 충분한 것을 예산요구서에서도 빠져 있다는 것은, 뒷사람들이 비난한대도 설명할 말이 없을 것입니다. 그리고 우리 조직위원회가 쓰고 남는 자금은 어디로 가겠습니까? 최우선적으로 전라북도와 전주, 무주로 갈 게 분명하지 않습니까? 그러면 이 자금으로 U-대회의 흔적이며 상징성 있는 문화시설을 건설한다면 아마도 역사에 길이 상찬할 일로

기록될 것입니다."

이 말을 받아들인 도지사는 도청에서 수정예산으로 의회에 제출하기에 이르렀으나 의회에서는 깊이 생각하지도 않고 전액 삭감하고 말았다.

다음으로, 짐작은 했으나 스키장을 건설하던 (주)쌍방울의 자금 사정이 어려워 일이 순조롭게 풀려 나가지를 못했다. 후일담이 되겠으나 청와대에서 김대중 대통령과 저녁 만찬을 하는 자리에서 "무주의 경기장과 경기 시설을 하던 건설사가 어디지요?" 하고 물으시기에 나는 대답했다. "주식회사 쌍방울입니다." "그 회사가 잘 발전하고 있나요?" "아닙니다. 매우 어렵다고 합니다. 대통령님, 정부의 일을 하고 난 건설사가 어려운 환경에 처한다면 이는 정부에도 일단의 책임이 있다고 봐야 할 것이므로 정부는 여하한 방안을 강구해서라도 (주)쌍방울 건설사를 살려야 합니다." 대통령께서는 "고맙소." 했다. 나는 (주)쌍방울에 그 사실을 알렸으나 끝내 소생하지 못하고 말았다.

전주-무주의 시가지를 미화하고 세계의 국가와 대학을 우리나라의 대학과 연결시키고자 한 사업은 내가 서울시의 부시장으로 자리를 옮김에 따라 흐지부지되고 말았다. 이 일들은 지금도 애석한 추억으로 내 머릿속을 어지럽힌다.

서울에서 월드컵 대회를 개최하다

월드컵 경기장 부지 결정

1996년 12월 24일, 나는 무주-전주 동계 U-대회 조직위원회의 상근 부위원장 겸 사무총장 자리에서 서울특별시 부시장으로 발령을 받았다. 대회 개막일을 1개월 앞둔 때였으므로, 업무추진 핵심 부서의 책임자를 교체하는 데는 대회 조직위원장과 이 업무를 주관하는 문화체육부 장관의 결단이 있어야만 가능한 일이었다.

서울시에서 다시 부시장의 업무를 맡게 된 시기에 서울시가 처리해야 할 여러 가지 일 가운데서도 반드시 성공해야 할 국가적 사업은 2002 월드컵 대회였다. 2002년의 월드컵 대회는 우리나라와 일본이 공동으로 개최하는 대회였으므로 여러 가지 고려해야 할 요인이 많았다. 경기장의 부지 선정 및 주변 정비, 도로를 비롯한 교통시설 등 부대시설을 갖춰야 하고, 참가국 선수와 임원의 숙소를 마련하는 한편 행사에 불편이 없도록 자원 봉사자를 선발하는 일 등 결코 작은 일이 아니었다.

사회의 일반적인 분위기는 올림픽을 성공적으로 치렀던 올림픽 주경기장을 월드컵 대회의 개막식 장소로 활용하고, 경기장이 수적으로 모자라는 형편을 감안하여 몇 곳에 더 건설, 전 경기를 원만히 치를 수 있게 하자는 쪽이었다. 시의 재정 형편을 고려해 새로운 경기장은 민간 기업에서 건설하되 월드컵 경기를 치르고 나면 기업의 의도대로 활용하는 방안이 채택되어 있었고 성수동(뚝섬)의 시유지를 LG건설이 사들여 월드컵 대회 조직위원회의 일정에 차질이 없도록 경기장을 건설하기로 하고 토지를 이미 매각한 상태였다.

그러나 상황과 여건은 변하게 마련이다. 어느 사업의 성공적 추진은 사업 주최 측의 의향에 따라야 하고, 그 사업이 세계적이고 국제적인 경우는 국제적 통념에 맞도록 하는 것이 타당한 일이다. 대한축구협회(회장 정몽준)에서는 우리나라의 경기장은 모두가 육상 경기를 위한 시설이라 축구 전용 경기장이 없어 월드컵 대회를 치르기에는 FIFA의 규정에 맞지 않는다는 사실을 강조했다.

FIFA 실사단이 우리나라 월드컵 경기장의 시설 현황과 건설 계획을 확인하고자 서울에 왔다. 올림픽 경기장을 현지답사하고 LG건설의 경기장 설계도 등을 검토한 후, 두 곳 모두 FIFA 규정에 맞지 않는다고 했다. 새로운 경기장을 마련해야 한다는 의견이 나왔다.

대한축구협회에서는 뚝섬에 LG건설에서 추진하는 경기장은 월드컵 대회에 활용될 수 없다는 의사를 분명히 하면서 동시에 새로운 축구 전용 경기장 건설을 강력하게 제의했다. 결국 LG에 매각했던 뚝섬의 시유지는 서울시에서 환수하고 매매 대금은 환불하는 일이 일어났다.

1997년도 거의 저물어 갈 무렵, 나는 서울시의 시장 직무를 대행하고 있었다. 월드컵 경기장 부지 선정이 하루를 다툴 만큼 급하게 되었다. 김영삼 대통령의 지시에 따라 국무총리(고 건)로부터 이 일이 내게 시달되었다. 주어진 시간이 20여 일에 불과했다. 시간이 부족하다고 중요한 일을 졸속으로 처리해서는 물의를 일으키게 될 터이니 신중을 기해야 했다. 먼저 경기장 건설 후보지를 물색하는 일이 급선무였다. 후보지는 각 구청장으로 하여금 관내에 있는 약 10만 평의 공지를 물색하여 보고하게 했다. 보고된 후보지는 12개 소였다. 이들 후보지 모두에 대해 도시계획 상황을 검토한 다음 서울시의 각 국장이 소관 업무에 따라 현장을 모두 답사, 그 장단점을 면밀히 검토하고 결과를 종합 정리했다.

다음은 서울시, 축구협회, 언론계, 학계 등 관련단체에서 추천한 23명을 경기장 건설 후보지 선정위원으로 위촉하여 부지선정위원회를 구성했다. 위원장은 부시장이 맡게 했다. 위원 모두를 한 버스에 태워 이미 선정 보고된 12곳의 후보지를 실사하되 부지에 대한 설명은 해당 구청장이 하도록 했다.

현장 실사가 끝나고 나서 부지선정위원회를 소집했다. 회의는 이번 한 번으로 끝을 내야 했다. 식사는 모두 외부에서 배달하게 하고 위원의 회의장 밖 출입도 금했다. 회의의 의결 방법은 만장일치가 될 때까지 토의하도록 했다. 위원 한 사람이라도 반대자가 있을 경우, 업무추진 과정에서 부지의 장단점에 대한 논란이 비어져 나와 지장을 초래할 우려가 있기 때문에 이를 미연에 방지하고자 함이었다. 그리고 결론이 나면 부지선정위원장이 전체 위원이 있는 회의장에서 즉각 회의 결과를 발표하도록 했다.

회의는 오전 10시에 시작되었다. 위원 개개인의 의견을 들으며 토론을 하다 보니 무려 5시간이 흘렀다. 부시장으로부터 회의가 끝났다는 보고가 왔다. 나는 "결과를 내게 애기할 필요도 없습니다. 곧 바로 기자실에 연락하여 취재진이 회의장으로 가도록 할 것이니 그 자리에서 부시장이 발표하고 취재진의 질문에 답하시면 됩니다."

월드컵 경기장 부지는 마포구 상암동으로 발표되었다. 그러니까, 월드컵 경기장 부지를 선정하자는 대통령의 지시가 있은 지 15일 만에 아무런 흠도 없이 경기장 건설 부지가 선정된 것이다. 선정 결과는 그날 중으로 청와대와 총리실에 보고되었다.

월드컵 주경기장의 탄생

대한축구협회에서는 축구 전용 경기장이 건설되어야 한다는 주장을 계속 하고 있었다. 축구협회에서는 서울시에 대해서도 적극적으로 동참해 줄 것을 요망하는 입장을 전달해왔다. 그러나 우리나라에 이미 건설된 운동장 대부분이 투자된 예산에 비해 활용도가 저조해 사회적으로는 투자효율에 대한 비난이 뒤따르는 데다 모든 행정적 시책이 모두 다 그렇듯이 충분한 명분과 타당성이 있어야 하는 것과 마찬가지로 당시 우리나라는 외환사정이 좋지 않아 IMF 관리 하에 있었으므로, 새로운 경기장 건설에 관한 한, 시민이 수긍할 수 있는 충분한 명분이 있어야 한다는 게 나의 입장이었다.

따라서 서울시에서는 새로 건설하는 경기장을 '축구 전용 구장'이라는 용어 대신 '월드컵 경기장'이라는 이름으로 건설하도록 제의하고 홍보했으나 축구협회와 언론에서는 좀처럼 받아들여지지 않는 상황이었다.

더군다나 경기장 건설에 대한 정부의 재정 지원 대책이 마련되지 않은 형편이었으므로 서울시에서는 정부의 경기장 건설 재원 마련과 경기장 명칭을 월드컵 경기장으로 할 것을 관계부처에 계속 요청하고 있었다. 그러던 중 정부로부터 '월드컵 경기장 건설 재원은 2,000억 원으로 책정하고, 서울시에 건설하는 경기장을 위해 600억 원을 배정한다.'는 언질을 받았다. 이제는 경기장 건설의 명분을 월드컵 경기장으로 한다면 아무런 장애 요인이 없다고 생각하고 있는 때에, 총리실에서 서울특별시장과 서울시의회 의장(문일권), 그리고 대한축구협회 회장(정몽준)이 참석하는 회의를 갖는다는 통보가 왔다.

회의에 참석한 나는 "여러 의견이 나오기 전에 경기장의 명칭을 시민이 공감할 수 있도록 월드컵 경기장으로 하고, 경기장의 설계와 건설은 FIFA의 규정에 맞도록 축구 전용 구장으로 하자."는 의견을 제의했다. 이에 총리께서 "그러면 서울에 건설하는 경기장을 월드컵 주경기장으로 하자."고 제안하고 축구협회 회장도 즉석에서 동의했다. 회의는 화기애애한 가운데 10여 분 만에 의견의 일치를 보고 끝났다. 이로써 월드컵 경기장의 일은 종결되었다.

개막 행사와 주요 경기의 서울 개최

1998년 2월, 국민의 정부가 출범했다. 새 정부가 들어서면서, 서울시에는 경기장을 건설하지 않고 우리나라에서 열리는 개막식 행사와 주요 경기는 지방도시에 신설되는 경기장에서 갖기로 한다는 언론의 보도가 지배적이었다.

월드컵 경기장을 건설하여 개막 행사와 주요 경기를 서울에서 할 것인가 하는 문제를 결정하기 위하여 김종필 총리 주재 하에 문화체육부 장관(신낙균), 재정경제부 관계관과 서울시장, 경기도지사(임창열), 인천시장(최기선), 대한체육회, 축구협회장 등 관계인사가 참석하는 회의가 총리실에서 열렸다.

총리가 주재하는 회의에 나는 월드컵 경기장 건설추진 본부장(진철훈)과 함께 참석했다. 총리는 회의를 활기차게 이끌어 갔다. 중앙 부처의 장들이 원칙적인 문제를 얘기하고, 문체부 장관이 종합적인 상황을 얘기했다. 이제 서울, 경기, 인천의 지방자치단체장들만 남았다. 총리께서 경기도지사, 인천시장의 순서로 의견을 제시하도록 했으나 경기도와 인천시에서는 특별히 주장하는 의견이 없었다. 이제 서울시장인 내가 기회를 놓칠 수 없는 시간이다. 내 마음 속에 '서울시장이 월드컵 경기를 서울이 아닌 다른 곳에서 개최해도 일언반구 말이 없었다는 기록을 남길 수는 없다.'는 중압감이 가득했다.

나의 생각과 판단으로는 서울에서 월드컵 경기의 개막 행사와 주요 경기를 갖지 않는다는 것은 서울시의 위상과 전 국민의 20% 가 넘는 많은 시민의 기대는 물론 우리나라의 발전된 모습을 세계인에게 보이는 기회를 스스로 저버리는 것이라 생각되었다. 나는 다음의 사유를 들어 서울에서 주요 행사와 경기를 열어야 한다고 역설했다.

첫째, 2002년 월드컵 경기는 우리나라와 일본이 공동으로 개최하는 대회이다. 축구 사랑 열기가 확산되면서 월드컵 대회야말로 세계인이 모두 관심을 갖는 경기가 되었으며 경기개최 기간은 세계인의 축제로 이어진다. 그런데 두 나라에서 공동으로 개최하는 일은 대회 역사상 처음 있는 일이므로 이의 성공 여부는 앞으로의 월드컵 경기에 많은 영향을 미칠 것이다. 더구나 공동 개최에 따라 세계의 많은 사람들은 한국과 일본을 여러 가지 사항을 비교평가하게 될 것이므로, 우리의 문화와 산업은 물론 수준 높고 친절한 국민의 우수성과 잘 정돈된 도시 관리의 실상을 보여 주어야 한다. 우리나라가 질 높은 문화를 향유하는 선진국임을 세계인의 머릿속에 심어줄 좋은 기회라고 볼 때, 보다 효과적인 도시는 서울이다. 또한 도시 관리의 측면에서도 서울이 가장 적격의 도시라 생각한다.

둘째, 최근의 국제 경쟁력을 볼 때 국가 간의 경쟁력이 그 주요 부분을 차지하고 있다 하더라도 도시간의 경쟁력이 차츰 그 비중을 더해 가고 있다. 우리나라의 발전상을 과장하자는 것이 아니라, 현실을 바로 인식할 수 있도록 주어진 여건을 최대한으로 활용하자는 것이다. 그래서 서울의 발전상을 통해 우리나라가 세계 속에 선진국으로서의 입지를 확실히 하는 계기로 삼도록 하자. 이와 같은 효과 면에서 서울이 지방도시와는 비교할 수 없는 우위를 확보하고 있다.

셋째, 월드컵 경기를 자국의 국민에게 즉각 생생하게 전하기 위해 찾아오는 외국의 보도진 및 경기관람이나 관광을 위해 방문하

는 외국인에게 불편하지 않도록 통신이나 숙박 등의 시설을 갖추
고 제공할 수 있는 도시가 서울이다. 통신 시설의 발달 정도를 알
릴 뿐 아니라 보도 활동에 지장을 주지 않는 일은 우리나라를 찾은
외국 손님에게 좋은 인상을 남기는 중요한 일이다. 이를 수행할 수
있는 도시는 서울뿐이다.

넷째, 숙박 시설과 회의 시설 등 국제 행사의 진행에도 장애가
없어야 한다. 도시 관리자의 책임은 도시와 도시민의 품위를 통해
국가 경쟁력을 높이고, 문화를 창달하여 세계로 비약하는 저력을
축적함으로써 그 도시에 살고 있는 시민의 긍지를 높여 국가 발전
에 기여하는 것이다.

이와 같은 의견을 들은 총리께서는 "신 장관, 당신하고 나는 내
일, 오늘의 회의 결과를 보고하고 기합 받을 준비를 하는 것이 맞
을 것 같소." 했다. 회의는 끝이 났다.

이틀이 지났다. 청와대의 교문 수석비서관(조규향)으로부터 전화
가 왔다. "내일 월드컵 경기장 건설과 관련해 대통령께 보고를 해
야 하니 오후 3시까지 청와대로 들어오라."는 것이었다.

나는 언론의 보도 경향이, 서울에는 월드컵 경기장을 건설하지
않을 뿐 아니라 주요 경기와 개막식 또는 폐막식 등의 중요 행사도
하지 않는 것으로 흐르는 데 대해, 혹시 대통령의 의중도 같은 것인
가 매우 궁금했다. 여러 군데 물어본 결과 청와대를 비롯해 언론사
들의 의견을 종합해 보면, 대통령도 서울에서는 월드컵 경기장을
건설하거나 주요 행사는 하지 않는 것으로 생각하고 있다고 한다.

대통령께 드리는 보고에는 문화체육부 장관과 내가 참석하게 되

어있고 교문 수석이 배석했다. 보고하러 들어가기 전에 조 수석에게 내가 오늘 보고에서 약간의 실수나 결례가 있더라도 양해해 줄 것을 미리 귀띔했다. 보고 순서를 조 수석은 나부터 하라고 종용했으나, 나는 중앙부처의 장이 먼저 보고한 다음에 하겠다고 했다. 신 장관의 보고는 최근의 언론 보도 등을 중점적으로 하는 비교적 평이한 내용이었으므로 5분 정도로 끝났다.

이제는 내가 보고할 차례다. 나는 국무총리께 보고할 때 이상으로 정신을 가다듬고 자세를 바르게 하면서 대통령께 말씀드렸다. 대통령 앞에 상암동 일대의 도면 한 장만을 폈다. 그리고 나는,

"일반적으로는 보고하는 순서가 먼저 사유를 말씀드린 다음, 결론을 보고 드리는 것이 예의입니다만 오늘은 결론을 말씀 드린 다음, 그 사유를 말씀드리겠습니다. 양해해 주십시오."

"그렇게 하세요."

"최근 언론 보도의 경향을 보면, 서울에서는 경기장도 건설하지 않고, 따라서 월드컵 경기의 개회식이나 폐회식 혹은 주요 경기마저 하지 않는 것으로 기울어져 있는데, 이는 우리 국민의 생각과 우리나라의 국제적 위상을 전혀 고려하지 않은 언론의 일방적 생각이고 위험한 판단의 결과입니다. 따라서 저는 이번의 월드컵 대회는 반드시 서울에서 개최되어야 한다는 점을 대통령님께 건의 드립니다. 그 사유를 말씀 드리겠습니다." 라고 했더니 도면을 보고 계시던 대통령께서는 나를 직시하신다.

나는 그 자리에서 총리께 보고했던 사유 외에 몇 가지를 더 추가했다.

"먼저, 월드컵 대회를 집행 운영하기 위해 우리나라를 방문하는 귀빈들의 숙소와, 이분들이 지방으로 출장할 때 서울을 경유해야 하는 번거로움을 생각해야 합니다."

"다음으로는 세계인의 축제가 월드컵 대회보다 큰 것이 없습니다. 세계인의 시선이 집중될 이 행사를 인천이나 수원 혹은 대구나 광주에서 열었다고 상상해 볼 때, 과연 세계인이 우리나라를 훌륭한 문화를 가진 나라요, 특히 공동개최국인 일본과 비교를 해도 부족함이 없는, 발전된 나라요 선진국이라고 인정하겠습니까?"

"끝으로 하나만 더 말씀드리겠습니다. 2002년의 월드컵 대회는 대통령님의 임기 중에 열리는 전 인류 최대의 축제입니다. 이 축제를 의도적으로 확대하거나 증폭시키지는 않는다 하더라도, 일부러 격하할 필요는 없는 것입니다."

"다시 한 번 강조하겠습니다. 2002년의 월드컵 대회를 반드시 서울에서 개최하여, 우리나라의 위상과 우리 국민의 긍지를 높이도록 대통령께서는 현명하게 판단하여 주십시오."라고 보고하였더니, 대통령께서 "서울에서 한다면 예산이 4,500억 원이 소요된다는데, IMF 상황 아래 이 많은 돈이 없지 않소?" 하신다.

"그 돈의 문제라면 제가 말씀드리겠습니다. 첫째, 4,500억 원 가운데 3,000억 원은 우리 서울시가 이 지역 발전을 위하여 투자해야 할 자금입니다. 대통령님께서도 아시다시피 서울시가 과거 30여 년 동안 상암동의 월드컵 경기장 부지 가까운 곳에 쓰레기를 매립함으로써 주변에 살고 있는 시민의 생활에 많은 불편을 주어 왔으나, 이제 쓰레기 매립장이 김포 해안으로 이전되었으므로 이곳에 시설 개량의 투자를 하는 것은 지극히 당연한 일입니다. 이를 위해 우리 서울시가 마련한 예산이므로 정부에서는 조금도 걱정하실 일이 아닙니다. 그리고 나머지 소요자금 1,500억 원은 정부에서 500억 원, 축구협회에서 500억 원, 그리고 우리 서울시가 500억 원만 부담하면 되는데, 정부에서 500억 원은 충분히 투자할 수 있다고 봅니다."

"문체부 장관과 교문수석은 서울시장의 말을 들었지요? 다시 보고하시오."

이렇게 하여 2002년 월드컵 경기는 서울에서 열리게 되었다.

월드컵 경기장의 설계와 시공

이제는 경기장을 설계하는 일이 남았다. 대부분의 운동장 시설이 많은 투자에 비하여 효율적으로 이용되지 못하고, 매년 소요되는 많은 관리비에 비해 수입이 적거나 시민의 이용도가 저조한 것이 큰 단점으로 지적되어 왔다. 그래서 나는 많은 시민이 연중 이용할 수 있도록 설계에 반영할 몇 가지 기준과 지침을 지시했다. 그 내용을 보면 다음과 같다.

첫째, 운동경기 외에도 많은 시민이 참여하는 문화 · 예술 행사 등이 가능하도록 해야 한다. 주빈석 맞은편을 300명 이상이 동시에 출연할 수 있도록 해 우리의 전통 문화인 농악도 펼칠 수 있을 정도의 넓은 가변식 무대로 만들어야 한다.

둘째, 경기장 외부를 백화점으로 설계하여 중소기업 제품 판매장으로 활용할 수 있게 함으로써 기업의 판로 확대에 기여함과 동시에 시민이 언제나 즐겨 찾을 수 있도록 한다.

셋째, 가능한 범위 내에서 지하철역을 운동장 진출입 광장과 가까이 건설한다.

넷째, 운동장 지하를 개발하여 많은 시민이 동시에 회의나 집회를 개최할 수 있는 시설공간으로 사용하게 한다.

그런데 첫째에서 셋째까지의 지침은 잘 반영되었다. 지금도 상암동의 월드컵 경기장은 밤낮 없이 시민이 찾아드는 명소가 되었고, 관리 면에서도 흑자를 내는 시설로 발전하고 있다. 그러나 네 번째 항목은 경기장 건설 기간이 촉박하여 반영되지 못한 점이 못내 아쉬움으로 남아 있다.

올림픽 타운의 대침수

침수 상황

1984년 9월 1일 토요일, 아침부터 내리는 빗방울이 제법 굵었다. 강동구청장으로 부임한 이래 올림픽 경기장 건설에 여념이 없고, 하루에도 수많은 민원인이 찾아와 한순간도 쉴 틈이 없는 나날을 보내고 있던 때였다.

시청에서 근무하는 다정한 벗, 전명호 씨가 다른 곳에 일이 있어

출장 갔다가 돌아가는 길에 들르겠다는 연락이 왔다. 모처럼 찾아오는 벗이 반갑고, 여유 있는 시간도 가질 수 있다는 생각으로, 그날은 점심을 다른 날에 비해 조금 늦게 먹기로 하고 구청의 국장들을 함께 식사하도록 기다리게 했다.

1시가 조금 지나서 전명호 씨가 구청에 도착했다. 우리들 6, 7명이 청사 가까이에 있는 설렁탕집으로 갔다. 가는 길이 멀지는 않았으나 비가 제법 세차게 내리므로 전 군이 타고 온 12인승 자동차를 이용해 식당으로 갔다. 점심을 먹는 시간은 한 시간도 채 걸리지 않은 짧은 시간이었다.

밖으로 나오니 비는 계속 쏟아지고 있었다. 그런데 어찌된 영문인지 식당 앞과 도로가 물에 잠긴 게 아닌가. 물의 깊이는 적어도 20cm는 되어 보였다. 자동차로 사무실에 들어오는데 청사 광장도 이미 물이 차서 사람들은 신발을 벗고 다녔다. 빗물이 배수되지 않는 원인을 알 수 없었다.

사정을 알아보도록 했더니 아침부터 내린 비가 한강의 상류에 집중되어 한강 수위가 상승하여, 고여 있는 물이 배수되지 못하는 게 아니라 한강물이 넘쳐 온다는 것이다. 시간은 오후 2시를 막 넘어가고 있었다. 나는 제일 먼저 전 직원에게 대기 명령을 하달했다. 동시에 전후 사정을 시청의 상황실과 관계국장에게 소상하게 보고했으나 아무런 지시나 전갈이 없었다.

비는 계속해서 줄기차게 내렸다. 도로와 청사의 광장에는 수심이 차츰 깊어 갔다. 오후 3시에 전체 직원을 비상소집하고, 국·과장 책임 하에 소속 직원의 인원을 점검했다. 침수되는 주택들이 차

츰 늘어갔다. 옥상으로 대피하는 주민들이 보이기 시작했다. 나는
관내에 위치한 특수전 사령부와, 예비군 연대에도 전화를 걸었다.
시민의 구조작업에 직접 나서 줄 것을 간곡히 부탁했다. 1시간쯤이
지나니 특전사 사령관(육완식 장군)으로부터 전화가 왔다. 사령관이
직접 현황을 보기로 하겠다는 고마운 내용이었다.

　구청의 계장 이상 간부와 동사무소의 동장과 사무장, 그리고 보
건소의 소장 이하 간부를 전부 회의실로 집합시켜 다음 두 가지를
지시하면서, 모든 간부가 추호도 차질 없이 철저히 이행하기를 재
삼 강조했다.

전결규정의 효력 정지

　첫째, 이 시간 이후 전결 규정은 그 효력을 정지한다. 큰일이건
작은 일이건 간에 모든 사항은 청장에게 보고하고 청장의 지시
를 받아야 하며 이를 위반하는 경우에는 중징계에 처할 것임을
확실히 알고 이행할 것.

　둘째, 지하층에 있는 모든 서류와 장비는 2층 이상의 높은 곳으
로 운반하여 사소한 물품도 침수되는 일이 없도록 할 것.

　청사의 5층, 옥상으로 올라갔다. 이미 주위는 어둠이 깃들어온
다. 두터운 먹구름이 하늘을 덮고 장대 같은 비가 쉴새없이 쏟아지
고 있으니 그럴 수밖에 없다. 보이는 것은 지붕까지 차오른 홍수에
침수된 주택들로부터 흰색 옷가지를 흔들면서 구조를 호소하는 주
민의 모습이고, 들리는 것은 절규와 애원이다. 옥상에서 사방을 관

찰하고 있는데 특전 사령관이 왔다. 함께 그 참상을 보았다. 나는 고무보트를 이용해 시민들을 구조해 달라고 간곡하게 요청했다. 사령관도 그것이 급선무라고 판단하여 부대로 돌아갔다.

이때 구청으로부터 멀지 않은 곳에 위치한 태양금속 공장의 용광로가 바다 위에 떠있는 배 모양으로 덩그렇게 보이고, 희고 검은 수증기를 내뿜기 시작하더니 10분도 지나지 않아 시커먼 연기와 함께 붉은 화염이 하늘 높이 치솟는다. 마치 해전이 벌어지는 전쟁영화에서나 보듯, 거대한 전함이 피격되어 침몰하는 양상이었다.

오후 6시경에 시청으로부터 비상근무 지시가 하달됐다. 그러는 동안에도 비는 줄기차게 내렸다. 7시가 가까워지니 주변이 어둑어둑해지기 시작한다. 특전사에서 침수지역 주민을 구조하기 위한 병력이 출동했다. 30여 척의 고무보트가 물에 잠긴 시가지를 신속하게 누비면서 침수된 가옥으로부터 절규하던 시민을 모두 구조하여 안전한 대피소로 피신하게 하고 귀대하겠다는 연락이 왔다. 나는 다시 한 번 현장을 순시하고 귀대하도록 부탁했고, 구조 장병들은 침수 구역을 샅샅이 점검한 다음 귀대했다. 신속하고 철저한 구조 작전이었다. 더구나 그 뒤에 알게 된 일이지만 병력의 출동에는 고위층의 승인을 받아야 가능하다는데 특전사의 육 장군은 신속하게 작전을 전개했던 것이다. 나는 그때의 감격스럽고 고마운 마음을 지금도 잊을 수가 없다. 주변에는 어둠이 깃들고 사방에서 들리던 처절한 절규와 보트의 굉음도 사라졌다. 잠시 동안 정적이 흘렀다.

구청 청사는 지하 1층에 지상 4층 건물로, 지하층에는 보건소의 X-Ray 촬영기를 비롯한 각종의 검사 기구와 약품이 있고 구청의 보존문서 창고가 있는가 하면 변전실과 보일러실이 있었다. 청사 마당은 이제 수심이 1m를 넘고 있었다. 이대로라면 두어 시간 후 청사의 지하층 침수는 분명했다.

청소과장을 찾았다. 구청이 보유하고 있는 모든 청소 차량을 동원하고 환경미화원을 독려하여 청사 주변에 토사를 실어다가 청사 침수를 방지할 수 있는 토성을 쌓도록 지시했다. 청소과장(김경중)은 그 일을 충실히, 성의를 다해 실천해 갔다. 그러나 물은 계속해서 불어났고, 지하층의 배수구가 이제는 홍수의 용출구로 변하여 거대한 분수인 양 솟아오른다. 차량이 움직일 수가 없었다. 토성 쌓는 일을 포기할 수밖에 없었다.

직원들은 모두 각자의 일에 충실했다. 지하층의 물품과 장비를 연약한 보건소 소장(이은호)과 여의사, 간호사가 옮겼고 보관 서류도 구청 직원이 모두 2층 이상의 높은 곳으로 옮겼다. 이제 지하층에는 변전실만 남았다. 시설의 규모로 보나, 물속에서의 작업에 따르는 위험도로 보아 손을 대는 것은 무리였으므로 직원의 접근을 금하고 혹시 누전되는 경우의 위험만 차단하도록 했다.

한국전력회사에서 직원이 출장을 나왔다. 변전실에 인입되는 고압의 전선을 절단해야 감전 사고를 예방할 수 있다고 하면서 안전 조치를 취했다. 이제는 청사에 켜지는 전등불도 구청 앞에 있는 전봇대의 변압기에서 직접 송전되는 형편이었다. 물은 계속 불어나고 구청의 마당도 수심이 2m를 넘어 갔다.

구청사 앞에 서 있는 전봇대에 설치된 배전판과 가로등도 곧 침수될 수위에 다다랐다. 이것마저 차단하지 않으면 감전 사고가 우려되니 이를 절단해 전등불을 *끄*겠다고 한전 직원이 내 동의를 구해 온다. 이제는 물이 더 불어나지 않을 것이니 *끄*지 말아 달라고 요구하며 약 30분을 더 버텼으나 소용이 없었다. 이 불마저 *끄*고 나니 사방이 곧 칠흑으로 변했다.

구조와 책임자의 심경

전결 규정의 효력을 정지하게 한 것은 신속을 요하는 보고를 받은 계·과장들이 판단하고 조치하는 과정에서 자칫 작은 일을 더 키울 우려를 예방하고, 또 책임을 물어올 사후의 일이 두려워 보고를 은폐하거나, 보고를 기피하는 일이 없도록 하겠다는 나의 판단이었다.

침수로 인한 인적 혹은 물적 손실이 적지 않을 터, 홍수가 지나고 나면 수많은 이재민이 생길 것이고, 침수로 인해 가족이 희생된 유가족과 재산을 잃고 하소연할 곳 없는 주민은 구청으로 밀려올 것이다. 나는 공직에서 물러날 것을 이미 마음속으로 다짐했다. 따라서 공직에서 물러나는 사람이 나 하나로 최소화되기를 바라고 취한 조치였다.

시시각각 밀려오는 일을 일일이 거론할 수는 없으나, 보고 받고 지시하는 일들이 꼭 1분에 1건은 되었다.

홍수 피해는 너무도 컸고 그 면적도 광활했다. 한강의 수위는 한남대교의 측정소에서 측정하여 수위를 공표한다. 대체로 해발 4.5m를 평수위라고 한다. 그리고 8.5m를 홍수경계 수위, 10.5m가

되면 위험 수위라고 하여 저지대의 하천 주변에 사는 시민에게 위험 경고를 하고 대피 홍보를 한다. 이로써 피해를 최소화하면서 시민의 안전을 도모하는 것이 수해 예방의 일반적인 요령이다. 9월 1일, 이때의 한강 홍수위는 기록상으로 11.2m였으니 가히 그 규모를 짐작할 수 있으리라.

이러한 와중에 일어났던 몇 가지의 일을 회상해 보는 것은 그때의 처절하고 절박한 사정을 이해하는 데 도움이 될 것 같다. 나의 위치는 기획 상황실, 저녁 먹을 시간도 없으려니와 관내의 침수 상황에서부터 침수 이재민의 대피와 수용을 위한 시설의 알선은 물론 코앞에 닥쳐온 이재민의 저녁 식사에도 적절한 조치를 강구해야 했다.

동장들이 제일 먼저 할 일은 수위의 현황을 주민들에게 알리고 대피할 것을 방송하는 일이었다. 대피소가 있는 동에서는 방송을 통하든, 통반장의 힘을 빌려서든 우선 이웃돕기 방식으로 저녁 식사와 한밤중의 추위를 방지하는 데 최선을 다하도록 했다.

풍납동, 지금의 아산병원이 있는 곳은 상당한 저지대로 이곳에 시에서 빗물 펌프장을 설치하여 준공한 것이 불과 20여 일 전의 일이었다. 홍수로 펌프장이 물에 잠기게 되니 펌프장을 시공 감독했던 시청의 종합건설본부에서 전기를 절단하고 모터를 철거하겠다고 통보해 왔다는 것이다. 구청의 하수과장을 불러서 "배수펌프는 절대로 가동을 중지해서는 안 되니 어떠한 일이 있더라도 주민이 보는 앞에서 모터가 정상 가동되고 있다는 사실을 확인케 하시오." 이것이 과장이 사수할 임무임을 명심하게 하고 현장에 내보냈다.

물은 계속 불어나고 시간이 흘렀다. 현장에 나간 과장으로부터 전화가 왔다. "제 힘으로는 본청의 의사를 꺾을 수가 없습니다."

"그럼 잠시만 기다리시오. 모터펌프 시설과 수위는 얼마나 차이가 있소?" "30cm 정도 됩니다." "국장이 현장에 나가도록 할 것이니 최대한으로 버티시오." 국장을 찾았다. "풍납동 유수지로 나가되 부득이 펌프장의 모터를 가동 중지할 때에는 반드시 통·반장과 같은 책임 있는 시민이 보는 앞에서 시민의 동의를 얻은 다음에 모터의 전원을 단절하되 주민이 양해하지 않으면 절대로 모터 가동을 중지해서는 안 됩니다. 이를 반드시 지켜 차질이 없도록 해 주기 바랍니다." 약 30분이 지났을 때 현장에서 국장(김문학)의 전화가 왔다.

"이제 곧 수위가 모터에 도달할 것 같고 주민이 동의를 했습니다."

"그러면 시 본청에서 나오신 분과 상의하고 조치해도 좋습니다."

가락동 유수지 수문 닫는 결단: 필사즉생(必死則生)

가락동의 유수지를 관리하던 직원으로부터 전화가 왔다.

"청장님, 엊그제 시험 가동을 할 때만 해도 아무런 이상이 없고 잘 닫히고 열리던 수문이 닫히지를 않아 탄천의 물이 역류하여 가락동 일대가 침수되고 있습니다."

"수문이 닫히지 않는 원인을 알 수가 없단 말이오? 언제부터 수문을 닫으려고 했으며 시간이 얼마나 되었소?"

"벌써 2시간은 되었습니다. 탄천의 물이 내수와 수위가 같아질 때부터 닫으려고 했는데 닫히지를 않습니다."

"알았으니 잠시만 더 노력해 보시오. 곧 국장을 보내겠소." 건설국장이 현장으로 나갔다. 1시간 정도 시간이 지나자 전화가 왔다.

"아무리 시도를 해도 수문이 닫히지 않습니다. 홍수는 계속해서 쏟아져 들어오는데 수문이 닫히지 않는 이유를 알 수 없으니 그 이유를 알아내 수문을 닫으려면 사람이 직접 수문으로 들어가 보는 방법밖에는 없겠습니다. 지금과 같은 양으로 물이 쏟아져 들어온다면 앞으로 30분 정도만 지나면 가락동의 시민아파트가 침수될 것 같습니다."

"사람을 수문에 들어가게 한다면 그 위험도는 어느 정도로 예상하오?"

"상당히 위험합니다. 위험 정도로 말하면 8, 90%는 사람이 희생될 것 같습니다."

나는 잠시 망설였다. 이 순간의 판단이 매우 중요하다는 사실을 머리에 떠올렸다. 사람을 수문에 들어가게 하더라도 과연 수문을 닫는 데 성공할 것인가? 물속에 사람을 들어가게 했다가 수문을 닫는 일도 실패하고 인명만 희생시키는 최악의 상황이 벌어진다면 나는 어떻게 처신해야 할 것이며, 사회는 이 일을 어떻게 평가할 것인가? 인명과 관련이 된다고 생각하니, 왜 이토록 절박한 현실이 내 앞에 전개되는지 하늘도 무정하다 싶었다. 하지만 어느 것도 원망할 수 없는 절박한 순간이었다. 오늘날까지 나를 믿고 자랑스러워하시던 부모님, 처자식과 형제의 모습이 떠올랐다. 그러다가 불현듯, 내가 시간만 보내다 적절한 지침을 시달하지 못하면 침수의 피해를 당하고 말 수만 명 시민의 한은 어떻게 위로하고 다스릴 것인가 하는 데 생각이 미쳤다.

냉정을 되찾자 나는 '초심으로 돌아가자.' 하는 생각을 했다. 홍수가 지나가고 나면 많은 인명 피해가 있을 것이며 재산상의 손해로 하늘을 원망하고 허탈해 하는 시민도 숱할 것이었다. 이들을 어떻게 다시 만나랴. 어찌 다시 목민관을 자처하며 떳떳한 행정인으로 업무에 임할 것인가. 애초에 이 엄청난 물이 빠지고 나면 공직에서 물러날 각오를 했던 것이 아니더냐. 그래서 전결 규정도 그 효력을 정지시켰던 것 아닌가. 상황을 정확하게 판단하여 가장 효율적인 조치를 취하자는 것이 내가 홍수를 보면서 다짐했던 초기의 결심이었다. 그렇다, 초심으로 돌아가자. 아마도 30초가량의 시간이 흘렀을 것이다.

"김 국장(김문학), 모든 책임은 내가 질 것이니 몸이 건강하고 사실을 잘 판단할 수 있는 직원을 수문에 들어가게 하시오. 그리고 급류에 휩쓸려 떠내려가는 일이 없도록 밧줄로 몸을 단단히 묶은 다음 유수지의 수문 철주와 연결해, 수문에 들어가는 사람이 심리적 안정감을 갖도록 하십시오." 통화는 끝이 났다. 20여 분의 시간이 지났다.

"김 국장으로부터 전화가 왔습니다."라는 직원의 말을 듣는 순간, 나는 성공을 직감했다. 내가 평소에 편협한 일을 하지 않았고, 또 많은 시민의 신체와 재산을 보호하기 위해 살신성인(殺身成仁)의 결심으로 취한 조치가 아니더냐. 어찌 하늘이 감동하여 도우지 않

을까. '지성감천(至誠感天)이요 필사즉생(必死則生)'이라는 성현의
말씀이 있지 않은가.

그래도 혹시나 하고, 상상했던 최악의 상태를 마음속으로 지우
지 못하면서 "김 국장, 어찌 되었소?" 하고 황급히 물었다. "성공
했습니다. 지시하신 대로 조치한 결과 수문도 닫히고 직원도 아무
탈 없이 임무를 완수하고 나왔습니다."

"참으로 수고했습니다. 그 직원을 좀 바꿔 주시오." "직원은 지
금 옷 갈아입으러 다른 곳으로 가고 없습니다." 나는 마음속으로
감격의 눈물을 흘리면서 나의 다음 지시를 기다리는 사항들을 가
벼운 마음으로 이행해 갈 수 있었다. 이리하여 어려운 일이 또 하
나 해결되었다. 가락동 주민은 이러한 일들을 알지도 못하는 채 침
수의 피해를 모면할 수 있었다.

김광수 씨. 강동구청 토목과에서 근무하던 기능직이셨다. 지금
은 에버랜드에서 수목을 관리하신다는 소식을 듣고 있다. 아마도
공무원이 김광수 씨와 같은 마음을 갖는다면 우리 국민은 안심하
고 공무를 맡길 수가 있을 것이며, 국가발전은 한결 그 효율이 향
상될 것이다. 그렇게 산다면 본인의 삶은 언제나 평화로울 것이며
주변으로부터 조직과 단체 속에서 꼭 있어야 할 사람이라는 평가
를 받을 것이다.

대피소 이재민 식사는 식권으로 해결

전깃불이 꺼진 사무실에서 비상시를 대비해 비치해 둔 양초를

밝히고 서류를 작성했다. 2시간만 더 지나면 전화기의 충전이 소진되어 통화도 되지 않을 것이라는 게 전화 기사의 판단이었다. 시간은 밤 10시를 넘어서고 있었다. 직원들은 너나 할 것 없이 저녁 식사도 거른 채 무거운 기물과 서류들을 옮기는 중노동을 하였으므로 허기져서 기력을 잃어 갔다. 라면을 사오더라도 물을 끓일 전기도 기구도 없었다. 빵을 사 오려 해도 청사 주변의 수심이 2m를 넘으니 사람이 밖으로 나갈 수도, 들어올 수도 없었다.

건축과장(심관종)에게 직원으로 하여금 인근의 공사장에서 스티로폼을 구해 사람이 밖으로 나다닐 수 있도록 배와 같은 도구를 만들어 보라는 지시를 했다. 건축과장은 물에 빠져 헤엄쳐 나가서 자재를 구하고 묶어서 스티로폼 배를 만들었다.

학교와 교회 등에 대피하고 있는 침수 지역의 이재민은 43개소에 8천여 명으로 보고되었다. 이재민에게 시간에 맞춰 식사를 제공해야 하는 일이 무엇보다 중요한데 식사 대책이 없었다. 계절이 9월이고 보니 낮에는 덥지만 밤이 되면 연만하신 어른들과 어린아이들은 추위를 느낄 정도니 감기를 조심해야 했다. 제일 먼저 대피소를 관할하는 동장들은 아파트 단지와 식당이나 매점 등에 호소하여 주민의 협조를 구해 대피 중인 이재민의 식사를 제공하는 데 최선을 다하게 했다. 그러는 한편 상황을 상세히 적시하여 시에서 충분한 예산을 배정해 줄 것을 요청했다. 밤이 새도록 시에서는 어떠한 지침이나 지시도 없었다.

시에 요청했던 예산은 배정되지 않고, 다음날 저녁 무렵에 문서로 시달된 내용은 "예산 5,000만원을 배정할 것이니 이재민에게 취사를 해서 급식하도록 하라."는 것이다. 즉시 문서의 지시 내용이 부당함을 지적하고 문서를 정정해 줄 것을 요청했다.

"이재민이 대피하고 있는 장소만 해도 43곳이며 대피 인원이 8,000명을 넘어섰는데 취사장을 어느 장소에 설치할 수 있겠는가. 또 취사 장비와 그릇 등의 식사 도구를 비롯한 부식품을 구입하는 데 소요되는 시간도 없고 예산도 부족할 뿐만 아니라, 취사 및 배식 등의 소요 인력도 확보할 수가 없다. 그래서는 당장 식사 시간에 맞춰서 급식할 수가 없으니, '구청장이 가장 적절한 방법으로 민원이 발생하지 않도록 조치하라.'는 내용으로 바꿔 달라."고 했다.

시간은 흐르고 끼니때는 가까워 왔다. 시의 담당 국장과 과장에게 독촉을 했으나 "시장님이 안 계셔서 방침을 수정할 수가 없다."는 대답뿐이다. 나는 그들에게 욕설 섞인 불평을 퍼부었다. 아무런 소용이 없었다. 가까이 있는 간부 공무원을 모이게 하고 전후의 사정을 설명한 다음, "이 건에 대한 모든 책임은 구청장이 질 것이다. 대피소를 관장하고 있는 책임자는 다시 한 번 급식 인원을 정확하게 파악하여 차질이 생기지 않도록 하고, 즉시 가장 가까운 곳에 있는 식당과 계약을 맺어, 한 끼에 1,000원의 식권을 발급하여 급식에 차질이 없도록 하시오. 그리고 이 문서에는 구청장 이외에는 어느 누구도 서명하지 말 것"을 지시했다.

왜냐하면 감사를 받을 경우, 이 일을 잘못 판단하는 감사관이 감사하게 되면 상급기관의 지시를 위반했다는 이유로 애매한 공무원만 전말서를 쓰거나, 심하면 징계를 받을 수도 있으리라는 생각에서였다. 이재민들의 식사는 그렇게 해서 가장 빠른 방법으로 해결할 수 있었다. 이 건은 뒷날 감사원 감사에서 우수처리 사례로 보고된 바 있다.

구조와 복구 작업: 수도 가설과 폐기물 처리

9월 1일 밤 10시경 나는 특전사에서 보내주신 응급 구조용 고무보트를 타고 둔촌동 4거리로 나가 이재민 대피소를 돌아보고 구청으로 돌아왔다.

부시장으로부터 전화가 왔다기에 반갑게 받았더니, 풍납동의 어느 빌라에 대법관 이 모씨가 살고 있는데, 아래층으로부터 물이 차올라 차츰 높은 곳으로 피하다 보니 옥탑방에 전 가족이 몰려 있고 여기마저 침수되면 그 가족은 물론 부모님 제사를 모시려 모여 앉은 일가친척이 모두 익사할 수밖에 없다는 구조 요청이 있으니, 구청에서 시급히 구조하여 주기를 바란다는 내용이었다.

이 전화를 받고 나니 몹시 흥분이 되었다. '현실을 몰라도 너무 모른다. 편안한 사람들의 생각이로구나.' 하는 느낌을 지울 수 없었으나 차분하게 구청의 실상을 설명했다. "현재 이곳의 수심이 3m가 넘으며, 이럴 때에는 경찰이 보유하고 있는 한강 순시선을 출동하도록 하는 것이 좋은 방법이라고 본다. 만일 경찰에서도 불가능하다면 한강 하류에 위치하고 있는 도하단의 힘을 빌리든지, 이것도 저것도 안 되면 헬리콥터를 출동하는 방법밖에 없으니 이 문제는 본청에서 조치해야 할 것"이라고 설명하고 통화를 끝냈다.

밤 12시가 지나서 헬리콥터 소리가 들리더니, 직원들이 먹을 수 있는 빵이며 음료수 등 기타의 물품이 청사 가까이에 있는 성내 초등학교 교정에 투하되었다. 급조해 만든 스티로폼 배로 실어다 적은 양이지만 허기를 때웠다. 시에서 지원된 최초의 물품이었다.

결국 전화도 단절되었다. 시내의 상가를 돌며 잠들어 있는 상점 주인을 깨워 전화기용 축전지를 사다 급히 가설했다. 홍수 첫날의 하루는 이렇게 지새웠다. 아침이 되니 물이 빠지기 시작했다.

침수 지역은 온통 황토와 진흙투성이였다. 대피소에 있던 이재민들은 노약자를 남겨둔 채 자기 집으로 돌아갔다. 집을 돌아본 시민은 한숨과 울음을 터뜨리고, 이는 곧 구청과 정부에 대한 원망으로 번져 갔다. 집단민원이 일기 시작했다. 나는 아침 일찍 홍수가 빠지면서부터 사람이 들어갈 수 있는 곳은 모조리 들러 구청과 시민이 해야 할 일들을 파악해 나갔다. 진흙에 뒤덮인 집안을 청소하는데 물이 턱없이 부족했다. 무엇보다도 각 가정에서 쏟아져 나오는 쓰레기의 양이 엄청났다.

제일 급한 것이 밥을 짓고 청소와 빨래를 하기 위한 물의 부족이었다. 수도공사과에 지시해 관내의 급수 관망도를 가져오게 하여 수도관이 통하는 곳에는 어디를 막론하고 굴착해서 20mm 이상의 급수전을 100m 간격으로 가설하도록 지도에 표시하니 50군데가 넘었다. 침수되었던 성내동과 풍납동의 거리는 모두가 빨래터고, 세탁장으로 변했다. 식사는 대피소에서 발행하는 식권으로 해결하도록 했다.

쓰레기가 쌓여 길이 막혔다. 청소가 급했다. 구청이 확보한 차량과 장비로는 이 많은 쓰레기를 난지도까지 운반 처리하는 일이 불가능했다. 시에 보고해 인근의 구청이 보유하고 있는 장비와 인력을 지원해 줄 것을 요청했다. 10여 대의 지원 장비와 인력이 투입되었으나 역부족이었다. 또다시 특전사의 차량과 병력 지원을 요청하여 차량 50여 대와 병력의 지원을 받고 급한 일은 처리할 수가 있었다. 침수 지역의 쓰레기는 특징이 있다. 우선은 씻고, 닦고 하여 쓸 만하다 하더라도 시간이 흐름에 따라 뒤틀리고 상해 냄새가 나므로 또 내다 버리게 되는 것이다. 따라서 쓰레기의 종류도 가재도구에서부터 옷가지에 이르기까지 그 양이 많고 부피가 큰 것이다.

날이 가도 쓰레기의 양은 줄어들지 않고 이제 썩는 냄새가 동네에 진동했다. 나는 인근 주민의 동의를 받아 잠실의 비교적 주택이 적은 학교 건립용지로 지정된 공지를 임시 쓰레기 적환장으로 쓰도록 조치했다. 마을 안의 쓰레기는 잦아들기 시작했으나 임시 적환장 주변에서 쓰레기 썩는 냄새를 방지해 줄 것을 호소하는 민원이 일기 시작했다. 산더미같이 쌓였던 쓰레기는 열심히 실어 나르는 수송차량에도 불구하고 줄어들지 않았다. 이때에 동원된 차량이 강동구에서 25대, 인근의 구청에서 10대, 그리고 군부대에서 지원된 차량이 50대였으나 그것도 모자라는 형편이었다.

그와 같은 처리 속도라면 앞으로도 30일은 더 소요될 것 같았다. 하지만 뽀족한 대책이 없었다. 해가 기울고 어둠이 찾아들 무렵, 청소과의 처리반장이 찾아왔다.

"청장님, 제가 하는 일을 한번만 눈감아 주시고 혹시 외부로부터 이의가 있더라도 3일만 참아 주시면 3일 안으로 모두 처리하겠습니다. 우리 두 사람만 알고, 저를 믿어 주십시오."

나는 "좋습니다. 약속하지요." 하고 허락했다. 직원은 밖으로 나갔다. 이른 아침이었다. 임시 적환장 인근에 사는 주민으로부터 전화 민원이 있었다.

"적환장에 화재가 발생했습니다."

"알았습니다. 소방서에 연락해서 진화하도록 하겠으니 안심하십시오." 그리고 시간이 흘렀다. 정오쯤, 소방서장이 찾아왔다.

"청장님, 직원을 방화범으로 문책해야 합니다. 처음에는 대수로운 화재가 아니므로 물로 쉽게 진화할 수 있다고 생각했더니, 물을 뿌리니까 불이 더 깊이 스며드는 것으로 보아 휘발유 등의 기름을 붓고 불을 지핀 것 같습니다."

"서장님, 앉으시오. 오랜만인데 차나 한잔 하시고 마음을 진정하시오. 그래 이번 홍수로 너무 많은 고생을 하셨습니다. 내가 감사를 드릴 기회를 갖고자 생각하고 있었는데 이렇게 오셨으니 우선 감사하다는 정이나 알고 있어 주시면 고맙겠습니다."

"아니, 청장님. 지금 잠실에서는 화재로 주민이 아우성인데 이렇게 한가한 말씀만 하시고 있을 때가 아닙니다."

"여보시오. 알고 있는 일이니 그리 심각하게 생각하지 마시고 주변의 민가에 피해가 가지 않도록만 조치하여, 두어 시간만 참아 주시오. 그리고 뒷날 우리들의 추억담으로 합시다."

이 날 밤이 되니 불길은 사라지고 쓰레기의 양은 20분의 1 정도로 줄어들어, 남아 있는 모든 물건을 정리하는 데 3일 만에 끝낼 수가 있었다. 그리고 이웃 주민에게는 인내심을 갖고 협조하여 주신 데 대해 고마움을 표하는 일도 잊지 않았다. 참으로 어처구니없는

일을 했던 것이다. 지금도 그때를 생각하면 쑥스러운 웃음을 금할
길이 없다.

꺾어진 광나루다리를 건너다

1984년의 대홍수 때, 이재민을 구조하고 사후를 정리하던 기간
중에는 매일같이 서울시의 국장과 구청장이 참석하는 회의가 오후
늦은 시간인 8시경에 열렸다.

강동구청에서 서울시청의 회의에 참석하려면 천호대로나 잠실
대교를 이용한다 하더라도 편도에 30분 이상이 소요되었다. 한강
의 홍수위가 11m를 넘으니 강동구에서 강북으로 갈 수 있는 모든
교량은 그 교량의 접속도로가 침수되어 이용할 수가 없었다. 시청
까지 안전하게 가는 길은 강동에서는 유일하게 성남시로 가서 현
인로를 거쳐 경부고속도로를 이용하여 한남대교를 통하는 길밖에
없었는데, 이 길을 택할 경우 회의에 참석하는 데는 적어도 2시간
이 소요되었다. 그렇게 하려면 회의 시간보다 2시간 전에 자리를
떠야 하는데, 이 사이에 나의 결심을 물어오는 직원을 기다리게 할
수는 없었다. 따라서 백방으로 길을 찾아보니 오직 한 군데, 광진
교의 진입로는 침수되지 않았다고 했다.

광진교로 갔다. 경찰이 2중3중으로 길을 막았다. 광진교가 부실
한 교량이라는 것은 세상이 다 알고 있는 사실이므로 광진교의 통
행을 차단하고 통행금지 조치를 한 것이다.

나는 나의 신분을 밝히고 본청의 회의에 참석해야 하니 통과시

켜 줄 것을 하소연하고 광진교를 건너 시청회의 시간에 맞춰 참석했다. 밤 10시경, 회의가 끝나고 구청으로 돌아오는 길도 광진교를 이용하기로 했다. 이번에는 광나루의 성동 쪽에서 동부경찰서 직원이 "통행할 수 없다"고 저지한다. 또 경찰과 의견을 주고받으며 겨우 통행 저지책(柵)을 넘었다. 나는 구청에서 밤 11시에 있을 회의를 생각했다. 시청에서의 회의 결과를 전달하는 한편 오늘 구청에서 있었던 주요한 일, 내일 할 일 등 내가 주재해야 할 회의를 생각하면서 자동차 속력을 높이도록 기사(김종문)에게 말하고 광진교를 건너는데, 아마 시속이 70km는 되었으리라. 밤늦은 시간, 사방은 칠흑같이 어둡고 고요한데 굽이치며 흐르는 물소리가 요란했다. 그런데 자동차의 전조등에 비치는 광진교 상판이 절단되어 안 보이는 게 아닌가. 나는 순간적으로 "다리가 절단되어 상판이 없다. 정지하라!"고 했으나 자동차는 이미 그 구간을 통과하고 말았다. 통과하여 뒤를 돌아보니 교량의 2경간 상판이 V자 형으로 꺾여 있고, 그 경사도가 20도는 되었다. 경간이 꺾이지 않고 절단되었더라면 나와 김 기사는 어찌되었을까? 통행을 금지하던 경찰은 또… 생각만 해도 등줄기에서 식은땀이 흐른다. 수위 11m가 넘는 홍수는 소용돌이를 일으키며 파고도 높게 흐르는 모습이 칠흑 속에도 완연했다. 시청에 갈 때는 그래도 교량의 상판이 평면이었는데 2, 3시간의 회의 뒤에 오는 길이 그랬던 것이다.

그 뒤 광진교는 오랫동안 통행이 금지된 상태로 방치되었고, 지금의 광진교는 옛날의 다리를 철거하고 새로 가설한 현대식 교량이다.

공직자의 길

9월 2일 오후 2시경, 구청 청사의 1층도 12시간이 넘는 침수의 재앙으로부터 벗어나 구청 광장의 물이 빠지고, 이재민들이 구청으로 몰려들면서 집단 민원이 한창 벌어지고 있을 때 마포구청장(신현석)이 찾아왔다.

나는 놀라서 물었다. "지금 많은 일을 판단하고, 지침을 주고, 이재민을 설득하고 대화를 해야 할 시간인데 어떻게 여기까지 올 수 있느냐?" 그러자 그는 "이럴 때는 어떻게 하며, 여기서는 무슨 일들을 하고 있느냐?"고 물어 보는 것이었다.

"홍수가 끝나고 나면 나는 그만 둘 각오로 사태에 대응하고 있으나 지금 자리를 뜨면 필연코 사람들은 '구청장이 행방을 감췄다.'는 말을 퍼뜨릴 것이니 빨리 돌아가서 자리를 지키라."라고 했더니, "같은 처지를 당하여 업무를 습득하기 위해 방문한 것이니 이 일을 놓고 그렇게 폄하하는 말들은 하지 않을 것이다." 했다.

신 청장은 즉시 돌아갔다. 그러나 들려오는 소문은 "구청장이 어려운 시기에 자리를 비웠다."는 말이 퍼지기 시작했다는 것이다. 결국 시에서 마포구청장을 직위해제하는 사태로 발전하였고, 급기야 신 청장은 뇌출혈의 중증 사고를 당하고 말았다.

참으로 한순간의 판단이 주변에 있던 시민으로부터 신뢰를 잃게 했던 것이다. 이로 인해 닥쳐온 결과는 냉혹했다. 천성이 정직하여 상하와 벗 사이에 인정이 많았던 신 청장은 이로 인해 공직에서 물러나게 되었다. 이 일의 경우, 사사로운 일이라도 그러할 것을 심

지어 많은 사람의 울분을 받아들여 이를 해소시킬 방안을 찾아야
할 공직자가 자기의 직분을 한시라도 소홀하게 판단해서는 안 된
다는 교훈으로 삼아야 할 것 같다.

대통령의 격려

당시 전두환 대통령은 일본에 국빈 방문하여 천황으로부터 과거
의 식민 지배와 우리 국민의 강제 징용을 비롯한 여러 가지 잘못에
대해 사죄를 받고 밤늦은 귀국을 하게 되어 있었다. 대통령이 귀국
하면 수해 지역 시민에 대한 지원 대책과 관계 공무원 격려차 반드
시 현장에 들를 것을 예상할 수 있었다.

오늘 있었던 일들을 평가하고 내일 할 일을 챙긴 다음 청사를 한
바퀴 돌아보니 직원들은 지친 몸을 책상이나 의자에 기댄 채 곤하
게 잠들어 있었다. 새벽 3시를 넘긴 시간이었다. 기획과장(임광빈)
과 기획계장(김준기)을 찾았다. "내일 아침 대통령께서 반드시 서울
의 수해 지역을 시찰하실 것입니다. 마포 지역보다 면적도 광범위
할 뿐만 아니라 이재민이 더 많은 우리 강동으로 오실 것이 예상되
니 보고서를 만들어 두는 것이 현명한 일일 것입니다." 그러고는
내가 만들어 놓은 초안을 기초로 타이프를 쳐 보고서를 정리하도
록 했다. 새벽 5시가 되었을 때 원고는 마무리되었고, 이제는 계 ·
과장도 쉴 수 있었다. 6시가 되니 시장의 비서실장으로부터 축전지
를 이용하여 살려둔 구청의 비상전화로 연락이 왔다.

"시장님이 급히 구청으로 나갔으니 대비해 주시기 바란다."는

간단한 내용이었다. 1시간 전에 타이핑한 보고서를 복사하려고 구청에 있는 복사기를 모조리 가동해도 전기가 없어 작동이 되지 않았다. 기획계장이 얼른 성내동 사무실로 뛰어가 복사를 해왔는데 이미 시장은 구청에 도착했고, 곧이어 귀빈의 승용차가 도착했다.

청장실의 주빈석 정면에 시간대별 침수 상황도를 걸어두고 보고서를 자리에 놓고 현관으로 나갔다. 대통령께서 도착하고, 뒤이어 내무부, 건설부, 보건복지부 장관, 그리고 강동구 출신의 국회의원과 국회의 건설위원장이 속속 도착하여 자리에 앉았다. 보고는 도면을 통해 침수상황과 주민의 대피현황 위주로 설명했고, 무엇보다도 다행인 것은 인명의 손실이 없었던 것이라고 하여 보고 분위기는 매우 좋았다. 일본 방문 이야기와 여담도 나오는 등 비교적 여유를 찾을 수 있었다.

이때 국회의원이 "각하, 다른 일들은 다 잘 되고 있는데, 천재지변을 당한 중에도 이유 없는 억지주장을 하는 집단 민원을 차단해야 할 것 같습니다."라는 말을 했다. 대통령은 "내무장관! 내가 일본으로 가면서 비행장에서 이런 일을 예상하고 지시한 게 있지요. 이유 없는 시위는 강력히 대처하여 사회 질서를 확립해야 하는데 어째서 아직도 이러한 일이 있단 말이오. 경찰서장 부르시오!" 분위기는 급격히 냉각되었다. 경찰서장이 급히 달려왔다.

"서장, 몇 명을 조처했소?" 무슨 말인지 알 길이 없는 서장이 영문을 몰라 어물어물하고 있을 때, 이런 분위기를 전환하기 위해서는 제일 직급이 낮으면서 이 지역의 책임자인 구청장인 내가 총대를 메야겠다고 생각했다.

"대통령님, 우리 국민은 정말 훌륭한 점이 한두 가지가 아닙니다. 둔촌동 주민회관에 대피하고 있는 주민의 실상을 단지 내 방송을 통해 호소했더니, 먹을거리는 말할 것도 없고, 식기류와 침구류까지 가지고 오신 분이 많아 부족하거나 불편한 점이 많이 해소되었습니다. 칭찬할 만한 가상한 국민이라는 생각이 들었습니다." 했다. 분위기는 바로 정상화되었고, 다시 방일 이야기로 화두가 바뀌는 사이 시간은 1시간 가까이 지났다.

대통령께서는 "그래, 이번 수해로 구청장이 건의할 일은 없소?" 하신다.

"그럼 두 가지만 건의 드리겠습니다. 첫째는, 우리 관내 하일동의 가래여울 마을에서 구천 초등학교까지의 거리는 3km가 넘을 뿐만 아니라 등하교하는 도로도 없어서 어린 학생들이 개천을 따라 다니는데, 장마철 홍수를 맞아 개울을 건너면서 물살에 휩쓸려 떠내려가 시신도 찾지 못한 비극이 있었습니다. 마침 고덕지구를 개발했으므로 하일동에서 제일 가까운 단지 안에 학교를 건립하고 하일동과 고덕지구를 연결하는 직선 도로를 개설한다면 그 거리가 불과 900m 밖에 되지 않으니, 이 도로를 개설하여 주민 모두의 숙원인 학교 문제를 해소하고 지역 발전에 기여할 수 있도록 해 주십시오. 다음으로, 아시다시피 이번 홍수로 저희 구 청사가 지하는 물론 1층까지 모두 침수되었습니다. 보건소의 X-Ray 촬영기 등과 문서는 모두 2층 이상으로 옮겨 전연 피해가 없습니다. 그런데 변전실이 지하에 있어서 침수 피해를 입었습니다. 전력이 단절되는 일이 있어 시민의 구조와 행정 처리에도 지장이 있었습니다. 변전

설비를 복구할 때 그 위치를 옥상으로 옮겨 시설하면, 전기 공급도 원활할 뿐더러 지하실을 이용할 수 있어 공간 확장의 효과도 있을 것입니다. 실현되도록 지원해 주십시오."

"좋은 의견입니다. 시장은 곧 지원하도록 하시오."

이 두 가지 일은 그 즉시 이루어졌다. 아침 8시가 가까워지는 시간에 구청에 오셨던 귀빈들은 떠나고, 나는 밤사이의 일들이 궁금해 침수지역으로 나갔다.

복구 작업과 홍보의 중요성

수재민들은 부지런했다. 집안을 청소하고, 벽과 마루를 닦으며 물에 젖은 가재도구를 손질하고 젖은 옷가지들을 씻고 말렸다. 사무실에 돌아왔다. 많은 주민이 구청에 몰려와 여러 가지 의견을 제시하고 울분을 한꺼번에 쏟아 냈다. 온갖 유언비어가 난무했다. 예를 들면, 홍수가 위험 수위를 넘었음에도 구청에서 주민의 대피를 위한 일언반구의 홍보 방송도 없었다, 군부대에서 지원한 세탁차를 구청 직원이 돌려보냈기 때문에 주민의 세탁이 늦어지고 의복류의 폐기량이 증가되었다, 중앙재해대책본부에서는 이미 거액의 재해 복구비가 배정되었음에도 구청에서 수령하지 못해 이재민이 손해를 보고 있다, 전기가 빨리 인입되어야 함에도 전기 연결을 구청에서 지연시키고 있다 등등 근거도 없는 얘기들을 누가 어떻게 만들어 내는지 알 수 없는 노릇이었다. 이들을 무마하려고 아무리 노력을 해도 도무지 믿으려 하지 않았다.

재해 복구비가 이미 배정되었다고 주장하는 여인에게 아직 그러한 사실이 없으니 잘 알아보고 확실한 얘기를 하시라고 말했더니 고래고래 고함만 질러댄다. 하는 수 없이 그 말을 믿고 함께 따라온 주민에게, 지금 말씀하신 분이 상당한 근거를 가지고 말을 하시는 것 같으니 그 얘기를 전해들은 출처와 그 사실을 확인하기 위한 전화번호 등 확실한 자료를 주민들 앞에 시원히 밝혀 달라고 했다. 그러자 함부로 말을 퍼뜨리고 고함치던 아주머니가 슬그머니 도망을 갔다.

"저런 분들이 선량한 시민을 흥분시키는 나쁜 사람이니 어떻게 처리하는 것이 좋겠습니까?" 하고 물었더니 경찰에서 당사자를 연행해야 한다고 하면서 함께 오셨던 주민들이 멋쩍은 모습으로 돌아갔다.

주민 홍보반을 편성했다. 홍보반은 구와 동의 직원 외에 통장들이 참여했다. 홍보 내용은 주민들 사이에 돌고 있는 여러 가지의 낭설에 현혹되지 말고 의문이 나면 곧바로 동사무소 또는 구청으로 연락하면 정확한 사실을 알려주겠다는 내용이었다. 주민이 모이는 곳에 자진해서 찾아가 설명하고 4, 5일의 시간이 흐르니 민심은 안정을 되찾았다.

북한에서 온 구호물품(쌀과 옷감)을 두고 또 하나의 일이 벌어졌다. 북한에서 지원한 쌀을 수재민에게 골고루 잘 배정했는지 확인하러 오겠다는 것이었다. 그렇게 되니 자연히 여러 기관에서 찾아왔다. 이때 구청에서 중점적으로 추진하던 업무는 수해 지역의 복구 작업을 이재민에게만 맡겨두지 않고 전 구민과 함께 하는 것이

었다. 조속한 복구를 위해 전체 구민이 단결된 모습으로 복구 작업
에 참여해 하수도의 준설은 물론 보도의 정비와 건물의 청소 등 수
해의 흔적을 제거하는 일을 하고 있었다.

어떠한 사람이 찾아오더라도, 적어도 시가지의 모습을 수해 지
역이라는 인식을 가질 수 없을 만큼 정돈하였다. 복구사업의 지원
에서부터 사회구조를 위하여 찾아온 여러 기관에서도 현장과 이재
민 가정을 돌아보고 같은 평가를 했다. 구동의 직원과 주민이 혼연
일체가 되어 수해복구 작업을 한 성공사례의 표본이라고 해도 모
자람이 없는 일이었다.

북한에서 온 쌀을 배정받은 구청에서는 사회과장(정안상) 주관
아래 동사무소의 직원과 동장의 빈틈없는 행정관리로 아무런 잡음
없이 아주 순탄하게 인구수에 따라 신속하게 지급했다. 북쪽에서
는 아무도 오지 않았다.

한강 정박장 정리

1986년 9월, 서울에서 아시안 게임이 열렸다. 강동구청장에서
성동구로 부임한 때가 1985년 5월이니까 그로부터 1년이 지난 후
였다.

아시안 게임과 올림픽 대회를 위해 강동구에서 많은 일을 치러
냈다. 경기장 건설 부지를 비롯해 선수촌, 그리고 시가지의 가시권

정비와 도로 개설 사업을 하느라 숱한 대상물을 정리하는 등 많은 어려움을 경험한 나로서는 우선적으로 두 대회를 성공적으로 마무리하기 위해 성동구에서 해야 할 일이 무엇인가를 가장 먼저 살펴보게 되었다.

우선적으로 해야 할 여러 가지 일들 가운데서도 한강을 오가는 어선 및 기타 선박들의 항구 기능을 맡아 해 주던 강변의 정박장 정리와 성화 봉송 도로 및 그 주변을 단장하는 일이 눈에 들어왔다.

그 당시의 성동구는 성동구와 광진구가 분할되기 전이었다. 한강의 흐름은 상류쪽 미사리에서 흘러온 큰 물 줄기가 서울로 들어오면서 워커힐 언덕의 광장동을 지나 강북 쪽의 절벽을 따라 흐르다가 광나루, 두모포와 무쇠막을 지나 한남동으로 빠져 나가니 그 거리가 6km 가까이 되었다. 서울시가 관리하는 한강의 거의 20%가 성동구 관할이었다. 성동구청장에 부임하면서 곧바로 한강 시설물의 허가 유무와 설치 유래 등을 조사했다.

당시 한강에는 크고 작은 어선 100여 척에, 정박장이 30여 개소가 있었는데 이 가운데 성동구 관내에는 어선 50여 척에 정박장이 23개소, 불교 종단에서 관리하고 운영하는 방생법회 소유의 3층짜리 대형 선박, 허가를 받아 유선과 요식업을 하는 2층짜리 선박이 있는 등 서울시 관내의 한강과 관련 있는 정비 대상의 대부분이 성동구에 소재하고 있었다.

이러한 실태를 자세하게 작성하여 시에 보고한 것이 1985년의 9월의 일로, 여름철 홍수기가 지나면서 이들에 대한 대책을 수립해 달라고 여러 번 건의했으나 그 다음해 여름이 다가도록 아무런 회답이 없었다. 하지만 적절한 조치가 있겠거니 기대하면서 비교적 편안한 마음으로 다른 업무에 전념했다. 그런데 1986년 8월 27일, 느닷없이 시달된 문서를 가지고 온 건설국장(지건홍)의 얼굴이 샛노래져 있었다. 문서의 내용은 대략 이러했다. '한강 연안에 있는 정박장을 비롯한 어선과 일체의 시설물은 그 허가의 유무에 관계없이 모두를 9월 10일까지 완전 철거 정리하라.'

즉시 국장 이상의 간부를 청장실에 모이게 해, 건설국장으로 하여금 들고 온 문서를 낭독하도록 했다. 문서 내용을 들은 간부들은 이러한 일을 예견하고 이미 우리 구청에서 대책을 건의했던 사실을 잘 알고 있었다. 모두가 시청에 대한 불평을 한두 마디씩 했으나 소용없는 일이었다.

방생법회의 선박과 유선업 허가를 받고 영업하던 선박, 선박의 수리를 영업으로 하던 선박 수리업소에 대한 정리는 건설국장이 직접 맡아서 처리하도록 하고, 나머지 23개의 정박장은 1개소 당 구청의 1개 과와 1개 동을 묶어서 책임지고 처리하되, 그 완료 시일은 9월 8일로 지정했다. 물론 50여 척의 어선에 대해서는 정박장과 연계되어 있으므로 정박장 정비 책임이 있는 과장과 동장이 정박장과 함께 처리하도록 하는 것도 빠뜨리지 않았다. 시설물의 보상에 관해서는 보상금을 산정하는 평가사로 하여금 일체의 물품 누락이나 경솔함이 없도록 하고, 업무 처리는 친절에 최선을 다하여 불필요한 분쟁이나 다툼이 벌어지지 않도록 타이른 것은 말할 것도 없다.

이틀이 지난 8월 30일 오후, 부구청장이 웃음을 띠며 청장실로 들어섰다.

"청장님, 정박장 정비 업무가 잘 되겠습니까? 아무래도 어려울 것 같습니다."

"어렵다면 다른 좋은 방도가 있습니까?"

"다른 방안은 없지만 시일이 짧은 것도 문제고, 또 설득에도 한계가 있는 것 같아 일이 불가능할 것 같습니다."

"업무를 지시한 지가 이틀이 지났는데 지금까지의 추진 성과는 어떻습니까?"

"추진상황은 미처 챙겨보지 못했습니다."

"일이 되어가는 상황도 파악하지 않은 상태에서 아무런 대안도 없이 업무 자체의 가능성을 부정하고, 불가능할 것이라 판단하는 것은 업무 자체를 포기하겠다는 겁니까? 이 일을 포기하거나 성공하지 못했을 때 예상되는 사태를 생각이나 해 봤습니까? 무책임하고 무성의한 생각을 하고 있으니 일을 시작하기도 전에 패배의식에 젖는 것이 아닙니까? 정신무장부터 새롭게 해야 합니다. 그리고 즉시 과장과 동장을 포함한 전 간부를 회의실로 불러, 한강 정박장 정비 사업의 진행 실태를 매 정박장별로 점검하고, 부청장이 직접 나에게 보고하도록 하시오."

회의는 소집되었고 약 3시간이 흘렀다. 회의실 주변이 소란스러워졌다. 회의가 끝난 모양이었다. 부청장이 혼자 들어왔다.

"23개의 정박장을 하나씩 점검하느라 시간이 걸렸습니다. 결론적으로 일은 순조롭게 진행되고 있습니다. 하나하나 보고가 끝나고 나니까 서로의 추진 실적과 전망, 방법 등을 자랑하는 소리가 여러 곳에서 들려오는 것으로 보아 모두 열심히 하고 있는 것 같습니다."

"그것 보시오. 그러니 내일부터는 현장 확인을 철저히 하여, 현장에서 진도와 애로사항을 청취하고 처리방안을 지시하도록 하는 게 좋겠소. 지원할 일이 있으면 즉각 지원하도록 해 업무 추진에 박차를 가해 주기 바랍니다."

방생법회의 방생선과 유선, 그리고 선박수리 시설은 9월 5일에 완전히 정리되고, 23개의 정박장을 비롯한 어선들의 정리는 9월 8일 밤에야 완전히 끝났다.

정박장 한 곳을 철거해 보니 물 위에 떠 있는 판자의 면적이 작은 것도 150여 평이나 되고 물밑에서 물에 뜨도록 하는 데 필요한 빈 드럼통이 250여 개씩이 넘었다. 이를 난지도의 폐기물 처리장까지 운반하는 일만 해도 엄청난 일이었다. 물량이 많아 쓰레기 운반차를 이용하여 이들을 야간에 수송하는 일만 해도 쉬운 일이 아니었다.

어차피 처리해야 할 일이라면 미리 일의 대상과 양을 결정한 후 충분한 시간을 확보하고 소요예산을 넉넉히 지원하는 것이 경륜 있는 지휘자가 갖춰야 할 덕목이라는 점을 실감하게 하는 일이었다.

한강과 호안을 말끔히 정비하고 이틀이 지난 오후에 관내를 순찰하고 사무실에 들어오는 길인데 수위장이 급히 다가왔다. "이번에 한강에서 철거된 정박장과 어선의 주인들이 집단적으로 구청에 와 있으니 잠시 다른 일을 보신 후 사무실에 들어가시는 게 좋겠다."는 것이었다. "구청장이 어떻게 찾아오신 구민을 피하라는 말이냐?" 하는 말을 던지고, 무슨 일인가 하여 더욱 빨리 사무실에 들어왔더니 30여 명의 주민이 기다리고 있었다.

찾아오신 분 모두를 청장실로 오시게 했다. 음료수를 권하면서 구청에 온 사유를 물었다.

"저희들은 짧게는 15년, 길게는 3, 40년을 한강에서 고기를 잡아 생계를 유지하고 살아 왔습니다. 그런데 이번 정비 사업으로 우리들은 생업을 잃었습니다. 그러니 빠른 시일 안으로 고기를 다시 잡을 수 있게 허가해 주십시오."

그러나 고기잡이 허가를 내줄 수는 없는 일이었다.

"이제 한강에서 고기를 잡을 수는 없습니다. 그동안 오래도록 한강에서 고기를 잡아왔지만 여러분들의 생활이 다른 사람보다 넉넉했습니까? 앞으로 우리나라가 더욱더 공업화가 되고 또 경제가 성장하면, 소득의 격차가 더 많이 벌어질 것이 명약관화한데 어째서 아직도 한강에서 고기를 잡아 생계를 유지하시겠다고 하십니까? 한강에서 고기를 잡지 못하게 하는 것은 자연 보호 차원에서도 안 될 일입니다. 우리나라도 선진국으로 가야 하지 않겠습니까. 제가 고기를 잡게 할 수는 없으나 직업을 바꾸도록 도와드릴 수는 있습니다. 구청의 청소원으로 취직하시겠다면 도와드릴 수 있으니, 10일 동안 생각하고 결정하십시오."

한창 대화를 주고받는데 뒤쪽에서 6, 7세 되는 아이를 데리고 온 아주머니가 울고 있는 것이 아닌가. "아주머니, 하실 말씀이 있으면 하시지요. 어째서 울고 계십니까?" 하고 물으니 "내일 모레면 추석인데 집에는 쌀 한 톨이 없고, 이 아이는 영문도 모르고 '아무

개 네는 추석이라고 떡을 하는데, 우리는 언제 하느냐?'고 하니 눈물이 납니다." 하는 것이었다.

"잘 말씀해 주셨습니다. 그런 일이라면 구청에 잘 오신 겁니다. 23개 정박장 주인들의 가정 형편이 비슷할 것이라 생각됩니다. 제가 내일 중으로 쌀 60kg씩을 이웃돕기로 보내드릴 터이니 적지만 이번 추석은 그걸로 지내주시기 바랍니다."고 했더니, 모두가 고맙다며 박수를 치고 헤어졌다.

참으로 순박하고 착한 국민이 아닌가. 그 다음날 약속대로 동장을 오게 해서 집집마다 직접 쌀 60kg과 라면 1상자씩을 배달하도록 했다. 그리고 나니 마음이 편안해지고 나머지 일들도 순탄하게 진행되었다. 청소원으로 일하겠다고 찾아온 사람은 한 사람도 없었다.

올림픽을 코앞에 두고 치른 악취와의 전쟁

환경녹지국장으로

사당동 쪽에서 집단 민원이 없는 날이면 동작구 전 관내의 분위기는 언제나 평온하고 구청 직원들도 명랑했다. 7월 말의 어느 토요일, 비교적 무더운 날씨였다. 사당동에 있던 높이 30m에 경사도가 70°가 넘는 황토질의 절개지는 5월초에 이미 지질 보강공사를 완료하였고 매일같이 지형의 변화를 관측하고 있어서, 장마로 인한 피해는 없었다. 조용한 가운데 일과가 끝나고 몇몇 간부와 함께 점심을 먹으려고 자리에서 일어서는 참이었다. 시청의 김태수 인사과장으로부터 "오늘은 퇴근시간 이후 별도로 연락이 있을 때까지 멀리 가지 말아 주십시오." 하는 내용의 전화가 걸려왔다.

무슨 내용인지 묻자 "잘 모르겠으나 시장님(김용래)의 지시이니 짐작하시면 될 것 같습니다." 하고 대답한다. "얼마나 오래 기다려야 할 것 같습니까?" "아마 1시간 정도면 될 것입니다."

전화를 끊고 모여 앉은 간부들을 보고 "우리 오늘은 사무실에서 제일 가까운 음식점으로 갑시다."라고 말하면서 함께 중국식 식당으로 갔다. 자장면 한 그릇을 먹고 사무실에 오니 시간은 오후 2시 반경이고, 조금 있으려니 "3시까지 시장실로 오십시오. 인사 발령이 있습니다." 하는 연락이 있었다. "나는 어디로 가는 것이오?" "환경녹지국장입니다." "이동 되는 사람이 많소?" "아닙니다. 딱 세 분입니다."

동작구청장으로 부임한 지 7개월 만에 전보 발령장을 받고 자리를 옮긴 것이다. 월요일인 8월 1일부터 시청의 환경녹지국으로 출근했다. 월요일의 간부 회의는 서울시 국장 이상의 간부가 모두 참석한다. 그런데 이 날은 시장 집무실에서 주요 보직자들만 참석하는 회의를 한다기에 나는 사무실에서 소속 과장들과 부임인사 겸 가벼운 환담을 나누고 있었다. "올림픽이 이제 한 달 보름밖에 남지 않았는데 어째서 녹지공원과 환경을 책임지고 있는 주무국장을 바꾸어야 했습니까? 시장이 생각하는 고민스러운 일이 무엇이라고 봅니까?" 이야기를 나누는 중에 시장실에서 급한 연락이 왔다. 빨리 회의에 참석하라는 것이었다.

이유도 모르고 바쁘게 갔더니, 내무국장(백상승)이 내일부터 환경국장은 반드시 회의에 참석해야 한다고 귀띔을 한다. 회의가 진행되었다. 각 국장들이 업무보고를 하는데, 악취에 관해 구청에서 조치한 일들을 강북 쪽은 내무국장이 보고하고, 강남 쪽 상황은 감사관(김진호)이 설명한다. 나는 의아한 마음이 들었지만 가만히 듣고만 있었다. 회의가 끝났다.

시장실을 나오면서 내무국장과 감사관에게 "악취가 언제부터 그렇게 중요한 업무여서 두 분이 나눠서 보고하느냐?"고 물었더니, "오늘까지는 그렇게 했지만 내일부터는 매일 시장실 회의에 참석해서 환경국장이 보고해야 할 것이오." 하는 게 아닌가.

사무실로 돌아왔다. 과장들이 그대로 앉아 있었다. 아까 하던 얘기를 계속했다. 누구 한 사람 대답하는 사람이 없었다. 시장실의 회의 분위기와 함께 과장들의 자세에도 의구심이 들기 시작했다. 시간이 상당히 흘렀다. 국의 주무계장이 배석하고 있었으므로 "박종정 계장, 공보실에 가서 최근에 보도된 환경녹지국 관련 기사만 좀 얻어 오시오" 했더니 "우리 국에서도 관련기사를 스크랩해 둔 것이 있습니다. 곧 가지고 오겠습니다." 한다.

가지고 온 신문 보도철을 펼쳐 보니 적어도 모두가 5단 이상 크기로, 악취에 관한 기사가 사회면을 뒤덮고 있다시피 했다. 시민들이 호소하는 생생한 현장의 소리를 인용 보도해 가면서 지면을 채우고 있었다.

"이렇게 많은 비평 기사들이 하루도 그치질 않고 보도되고, 괴로움을 당하는 시민의 하소연이 빗발치고 있는데, 이 업무가 도대체 어느 국의 일입니까?" 물으니 또 묵묵부답, 시간만 흐른다. 나 역시 악취에 관한 일이 우리 환경녹지국의 일이 아니라는 자그마한 근거만 있으면 이 일의 소관 쟁의를 해서라도 다른 국으로 떠넘기고 싶은 생각이 간절했기에 마음속으로는 우리 국의 일이 아니라는 대답이 나오기를 바랐다.

시간이 한참 지났다. 공원녹지과장(박용재)이 "이사람들아. 아니면 아니다, 맞으면 맞다, 말을 해야지 왜 아무 말도 안하느냐?" 했다. 그러자 그때야 환경과장(유익현)이 "악취 문제는 우리 국의 일이 맞습니다." 하는 것이었다. "그러면 어느 과의 일이 됩니까?"라고 물으니 또다시 환경과장이 "시내의 일반적인 악취는 환경과에서 조치해야 하고, 쓰레기 적환장이나 매립장에서 발생되는 악취는 청소과에서 처리해야 합니다." 그제야 나는 "청소과장, 환경과장의 말이 맞습니까?" 하고 확인을 했다. "소관은 맞습니다만, 대책이 없으니 어떻게 해야 할지 몰라 지금까지 조치하지 못하고 있습니다." 청소과장의 대답이었다.

"방도가 없다니요, 방도를 찾아야지요. 지금까지 검토했던 일들이 있으면 얘기를 해 보세요. 우리들은 각자가 세부 전문 분야에서 시장님을 보필하는 참모가 아닙니까? 참모가 대책이 없다고 수수방관하고 있으면 그 전투는 백전백패할 것은 불문가지 아닙니까? 어떻게 그런 말을 쉽게 할 수가 있소." 또다시 침묵이 흐른다.

10여 분이 지난 뒤, "악취가 많은 곳이 도대체 어딥니까? 보도 내용을 보니 시민들은 성산동의 분뇨 처리장을 제일 큰 악취 발생의 원천으로 보고 있는 모양인데 일리가 있나요?"라고 물어도 또 아무 반응이 없다.

나는 자리에서 일어섰다. "박 계장, 현장에 갈 것이니 총무과에 얘기해서 10여 명이 출장할 수 있도록 차량을 준비하시오." 박 계장이 "저희 환경국에도 10명 정도가 탈 수 있는 차가 있습니다."라고 대답한다. 그 자리에서 나는 "청소과에서는 과장 외에 분뇨 처리장과 쓰레기 매립장을 담당하는 계장, 그리고 환경과에서는 과장과 악취를 담당하는 계장이 나와 같이 출장하도록 준비하시고, 빨리 준비 상황을 연락해 주시오."

출발 시간은 11시경이고 일행은 7명이었다.

성산동 분뇨 처리장의 폐쇄

먼저 성산동의 분뇨 처리장으로 갔다. 처리장은 입구에서부터 물청소를 하여 분뇨의 악취는 전혀 찾아 볼 수 없도록 깨끗이 청소하고 처리장의 내부와 외부를 격리하도록 공기 차단막(Air curtain)을 가동하여 생각보다 정돈되고, 잘 관리되어 있었다. 소장이 나와서 안내를 했다.

"3일 전에도 시장님이 오셨는데, 현장을 돌아보시고 악취가 발생하지 않는다는 사실을 확인하고 가셨습니다."라고 최고의 경어를 구사하면서 설명했다. 분뇨차가 도착하는 곳으로부터 분뇨의 처리 경로를 따라가면서 확인을 했다. 처리장 안은 밖으로 냄새가 나가지 못하도록 확실한 공기 정화 시설이 되어 있었다. 그러면 안에 들어 왔던 냄새는 어떻게 처리할까 하는 의아심이 들어 찌꺼기의 반출 지점까지 확인했다.

드디어 우리 일행은 지상 50m가 넘는 굴뚝 앞에 섰다. 굴뚝으로 들어가는 직경 50cm의 철관이 지상 2m의 지점에서 굴뚝으로 연결되고 있었다.

"이 굴뚝은 무엇 때문에 세워진 것입니까?"

"처리장의 난방을 위해 건설되었습니다."

"그래요. 그러면 저기 굴뚝으로 연결된 바로 앞에 직경 10cm 가까운 쇠로 만든 뚜껑이 붙어 있는데, 저것은 무엇에 쓰려고 부착해 놓은 것입니까?"

"그냥 붙여 놓은 것입니다."

"그래요. 그러면 소장이 올라가서 그 뚜껑을 열고 냄새가 나는지 확인을 하시오. 소장이 확인을 한 후 나도 올라가 확인할 것이요. 그러고도 냄새가 나지 않는다면 그 사실을 믿을 것이오."라고 했더니, 소장의 얼굴이 벌겋게 상기되기 시작했다. 부끄러움을 자각하고 망설이면서 시간만 끌었다.

"빨리 확인하시오. 나는 우리 일행과 함께 또 다른 곳으로 가야합니다."

잠시 머뭇거리던 소장이 "제가 잘못했습니다. 냄새가 납니다."하고 사실을 시인했다.

"여보시오. 당신과 같이 일을 한다면 시민은 누굴 믿어야 하며, 시장은 어떻게 안심하고 직원에게 일을 맡기겠소? 당신은 지금 시민은 물론 이 사실을 알고자 들르셨던 시장도 속이고 말았소. 그 사실을 인정합니까? 어떻게 그런 일을 자초하였단 말이오?"

"잘못되었습니다. 사실은 일이 이렇게 커질 줄 모르고, 단순하게 우리들 화공직의 자리가 하나 줄어들면 어쩌나 하는 생각에 처음부터 가벼운 눈가림을 하다 보니 일이 이렇게 되고 말았습니다."

"주의하시오!"

성산동 분뇨 처리장을 나온 우리 일행은 난지도의 쓰레기 매립장으로 향했다.

난지도 쓰레기 매립장에 도착한 시간이 오전 11시경이다. 계·과장과 함께 제일 높은 곳으로 올라갔다. 100m는 족히 되어 보이는 정상에 서니 서북쪽에서 불어오는 바람이 시원하기만 했다. 악취는커녕 어떠한 냄새도 나지 않는다. 잠자코 돌부처마냥 서서 이것저것을 생각한다. 45일만 지나면 올림픽 대회가 서울에서 열린다. 모든 시설이 거의 준공 단계에 접어들었다. 이제는 외국에서 찾아오는 손님들에게 아름답고 신선한 인상을 가지도록 하는 것이 환경국장인 내가 할 일의 대부분이다. 도시를 미화하고 꽃을 심고 나무를 옮겨 심어서 공원의 품위를 한껏 높여야 했다. 저 멀리 북한산 자락을 따라 내려와 서울 시내를 둘러보던 나의 시선이 차츰 우리가 서 있는 주변으로 좁혀 왔다. 동북쪽으로 약 50m쯤 발아래, 그것도 경사가 급한 곳에 언뜻 보기에 그림 같은 녹청색 연못이 눈에 띄었다. 200평은 되어 보였다.

나는 거의 무의식적으로 물었다.

"저 연못이 무엇을 하는 곳이며 언제부터 생겼습니까?"

"아, 그건 연못이 아니라 쓰레기가 썩으면서 배출되는 침출수가 고인 웅덩이입니다." 누군가가 대답했다. '아하, 냄새의 원천은 바로 침출수 웅덩이였구나. 더군다나 늦여름의 서울은 기압이 낮고 바람이 잔잔해 대기의 흐름이 정체되어 있는 편이다. 그런데 가끔씩 서북쪽에서 불어오는 바람이 동남쪽을 향하니 이곳에서 발산되는 악취가 서울시 전부를 뒤덮을 수밖에 없지 않은가.' 나는 생각이 정리되어 가는 것 같았다.

국회의 조사단이 예고도 없이 도착했다고 쓰레기 매립장 관리소에서 알려 준다. 나는 조용히 만나 가볍게 인사를 나누었다. 조사단장은 신상우(뒷날의 국회부의장) 환경위원장과 김우석(뒷날의 내무부장관) 여당 간사, 박영숙 야당 간사를 비롯한 5, 6명이었다.

우리 일행을 본 조사단은 "서울시에서도 대책을 강구하고 있는 것 같으니 우리는 일을 지체하게 하지 말고 돌아갑시다." 하고 일찍이 떠났다. 우리 일행은 다시 창릉천변에 있는 사릉의 간이 처리장과, 강서구 가양동의 한강변 처리장을 둘러본 다음 오후 8시가 넘은 시간에 사무실로 돌아왔다. 전신에 땀이 흠뻑 배어 있었다. 몸도 마음도 고단한 가운데 점심부터 끼니를 걸렀으니 말할 기운도 없었다.

8월 2일 아침, 일과의 시작과 함께 청소과의 계·과장을 함께 불렀다. 난지도 매립장 관리소장도 들어오게 했다. 환경국장으로 발령된 지 이틀째다.

"내가 지금부터 지시하는 사항은 과장이 책임지고 챙기시오. 그리고 담당 계장은 소관 별로 다음과 같이 조치하기 바랍니다. 먼저, 성산동의 분뇨 처리장은 최대한 빠른 시일 안으로 폐쇄할 것입니다. 그러니 수거업자의 혼란이 없도록 성산동 처리장으로 운반하여 오던 수거지역의 분뇨를 다른 처리장을 지정하여 실어가도록 조치하고, 처리장에서도 새로 확대된 구역의 분뇨 반입을 거부하는 사태가 벌어지지 않도록 하시오. 다음으로, 난지도 매립장에 있는 침출수의 큰 웅덩이는 흙으로 메워야 할 것 같소."

매립장 관리소장(양해만)에게는 매립장의 현황 도면 위에 웅덩이까지 진입할 수 있는 통로의 위치를 두 군데 이상 그려 넣도록 했다.

"청소과장은 각 구청에 지시하여 건설 공사장에서 나오는 토사를 그 웅덩이 메우는 데 사용하도록 반입 지시하고, 그래도 모자라는 흙은 서울시의 각 공사장에서 나오는 굴착토를 받을 계획입니다. 그러니 건설국과 지하철 본부에도 협조 요청하여 흙을 최대한으로 반입하도록 하고, 불도저를 비롯한 중장비는 건설국에 의뢰해서 유상으로 동원하는 계획서를 오늘 중으로 만드시오. 이의나 이견이 있으면 지금 얘기하세요. 없으면 즉각 일을 시작합시다. 작성된 계획서는 내가 오늘밤 안으로 검토할 겁니다."

청소시설계장(최동조)이 의견을 제시한다.

"분뇨 처리사업소장 회의를 해서 추가되는 처리량을 합리적으로 조정할 필요가 있을 것 같습니다."

"일리 있는 제안입니다. 청소과장은 지금 바로 처리사업소장 회의를 소집하시오. 다른 의견이 없으면 오늘 오후 6시에 만나서 만들어진 계획서를 검토합시다."

10시 30분까지 분뇨 처리사업소장을 환경국장실로 모이게 하였다. 중랑, 탄천, 가양, 난지 하수처리장의 소장들이 시간에 맞춰서 모였다. 성산동의 처리장에서는 하루에 평균 1,600kℓ의 분뇨를 처리하고 있었다. 이 물량을 다른 곳으로 배정해야 하는 것이다.

우선 알아야 할 사항이 각 처리장의 처리 능력에 여유가 있는가 하는 것이었다. 처리 능력을 초과하여 반입하는 경우 완전하게 처리하지 못한 상태에서 방류하게 되므로 하천을 오염시키고 제2의 민원을 유발하게 될 것은 불문가지, 처리장 별로 현재의 1일 처리량과 추가 처리 능력을 얘기하라고 했는데도 30분이 지나도록 말이 없다.

이 문제가 해결되지 않으면 성산동의 처리장에 대한 조치 방안이 달라질 수밖에 없는 일이었다. 심지어 처리사업소장이 업무의 현황을 파악하지 못해 의견도 제시하지 못하는 능력 부족자라는 모욕적 발언을 해도 입을 벌리지 않는다. 또 30분이 지났다. 그때서야 중랑사업소장(안종순)이 "우리가 분뇨를 추가로 처리하게 되면 하수국장의 승인이 있어야 합니다." 하는 말을 한다.

그때까지만 해도 나는 분뇨 처리장이 당연히 환경국의 산하 사업소라고 알고 있었다.

"그 문제라면 내가 책임지고 해결할 것이니 우선 처리장 별 여유양을 밝히시오."

이러한 곡절을 거쳐 1,600kℓ의 분뇨는 다른 처리장으로 배정하는 조정안이 마무리되고 회의는 오후 2시가 되어서 끝났다.

오후 6시에 청소과의 계·과장이 내 방에 모였다. 아침에 지시한 업무의 추진계획서를 보자고 하였으나 모두가 빈손으로 왔다. 그냥 넘어갈 수가 없었다. 구청에 보내는 토사 반입 지시와, 건설국과 지하철건설 본부장에게 보내는 협조문서, 그리고 성산동으로 반입하던 분뇨 수거업자에게 보내는 문서도 내손으로 직접 만들었다. 성산동 처리장을 폐쇄한다는 시장의 방침은 내일 아침까지 만들어 올 것을 지시하고 나니 밤 9시가 넘었다.

부임한 지 3일째, 청소과에서는 예상한 대로 성산동 분뇨 처리장 폐쇄 방침을 만들어 오지 않았다. 나는 즉석에서 보도문을 만들었다. 중간 단계를 생략하고 직접 시장이 읽어보게 한 다음 이를 기자실에서 발표한 날이 8월 3일이었다.

보도문의 내용은 "악취의 진원지는 난지도의 매립장과 성산동의 분뇨 처리장으로 확인되었습니다. 따라서 난지도의 매립장은 토사를 덮고 탈취제를 살포하여 악취를 방지하고, 성산동의 분뇨 처리장은 5일부터 폐쇄하여 악취 발산을 근절하겠습니다. 처리장의 폐쇄를 5일로 정한 것은 이곳으로 반입하던 수거업자의 현장 관리상 부득이한 기간을 제공하기 위한 것이니 시민들께서는 양해해 주시기 바랍니다."

악취를 없애달라는 시민의 호소와 함께 보도 내용이 언론에 크게 상세히 게재되었다. 5일부터 성산동의 처리장은 서울시의 사업소로서의 기능은 없어졌고, 서울시의 직제에서 사라진 것은 처리장의 폐쇄 방침이 확정된 9월 말의 일이다.

난지도의 악취 제거: 헬기로 탈취제 살포

중기를 상시 대기하게 하고 토사를 웅덩이에 밀어 넣는 일을 시
작했다. 묻혀 있던 썩은 쓰레기가 뒤집히고, 조용하던 침출수가 출
렁이기 시작하니 악취가 더욱 심했다. 하루 종일 투입한 토사는 간
곳이 없으니 웅덩이의 깊이를 측정할 수도 없었다. 작업이 언제 마
무리될 수 있을까. 상당한 시일이 소요될 것 같았다. 올림픽 개최
일 1주일 전부터는 손님들이 찾아올 것인데 냄새는 매립에 착수하
기 전보다 훨씬 더 많이 났다.

불도저 등의 중기를 5대 이상 추가 투입했다. 쓰레기의 높은 봉
우리를 깎으면서 지형을 평탄하게 정리하고, 탈취제를 살포해서라
도 악취를 조금씩 줄여야 했다. 처음에는 소방본부의 고성능 살수
차를 활용했으나 불도저의 작업 면적이 넓어지고 탈취제의 살포량
이 많아지면서 지상에서 살포하던 방법으로는 냄새를 줄일 수가
없다.

탈취제도 처음에는 값이 다소 비싼 '두오존'을 사용했으나 많은
양을 살포하기 위해 '유한락스'로 바꿔 사용하기로 하고, 살포 방
식도 소방본부의 헬리콥터를 이용하기로 했다. 토사 반입 차량이
하루에도 100여 대씩 드나들고 비행기로 탈취제를 살포하니 일대
가 전쟁터를 방불하게 했다.

20여 일이 경과되니 웅덩이가 줄어들고 쓰레기 산이 제법 둥그
스름한 야산의 모습으로 변해 갔다. 토사를 이용해 10여 일간 지형
을 고르고 풀씨를 뒤덮고 나니 이제 올림픽 개최일은 10일이 남았

다. 드디어 악취는 사라졌다. 이제 서울은 냄새 없고 쾌적한 환경의 도시로 재탄생했다. 상쾌한 공기와 함께 가을 하늘이 드높았다.

환경녹지국장으로 부임한 한 달은 가히 전쟁을 치르는 것 같았다. 기간 안에 일을 처리하자니 그럴 수밖에 없었다. 공무원이 자기 업무에서 유발된 문제를 능동적으로 처리하지 못하고 방관자적 자세로 일관해 일을 키운 결과였다. 분뇨 처리장의 폐쇄와 헬리콥터의 동원, 탈취제의 과감한 살포 등을 그들이라고 왜 못했겠는가. 결단성 있는 업무 추진 의지가 부족해서 벌어진 일이라고 보아야 할 것이다.

chapter 8

정치에의 유혹

아무리
크고
험하다 한들

자민련과의 인연

국가를 움직이는 데에는 여러 가지 요인이 있겠지만 그 가운데서도 정치가 차지하는 비중이 절대적이라는 사실은 누구도 부정하지 못할 것이다. 따라서 정치에 대한 인간의 동경은 끊이지 않아 '인간은 정치적 동물'이라는 말까지 있는 것이라 생각된다.

1993년 가을, 그러니까 내가 서울특별시 부시장의 자리에서 물러났을 무렵 우리나라 정치 현장에 '자유민주연합'이라는 정당이 등장했다. 김종필 씨를 중심으로 하고, 내가 공직 생활 중 존경하던 몇 분 가운데 한 분인 구자춘 전 서울시장이 핵심적 역할을 하면서 창당 후 여러 방면에서 인재를 규합하고 있었다.

구자춘 시장은 나를 매우 사랑했으며, 내가 건의하는 정책사항은 거의 모두를 긍정적으로 받아들였다. 구 시장이 서울시에 재임하던 때 나는 예산과의 총괄계장으로 근무하면서 서울시의 적자 재정을 흑자로 전환하는 일을 전담했는가 하면, 이때 최초로 『서울특별시 재정연감』을 발간하기도 했다. 구 시장은 서울시의 직원 가운데 한 사람을 대통령 비서실에 파견 근무하도록 하는 시책이 있자 지체 없이 나를 발탁해 주었으며, 대통령 비서실 근무를 마치고 서울시로 돌아왔을 때 시민과장으로 보직해 주었다. 또한 서울시의 인구가 급증하고 도시가 급속하게 팽창하자 급선무로 대두되던 교통문제 해결의 일환으로 추진하던 지하철 건설 사업이 지지부진할 때에 지하철 건설의 총체적 책임과 기획을 수립해야 하는 지하철관리과장으로 임무를 수행하게 해 주었다. 또 지하철 건설 업무가 본 궤도에 올라 공사가 순조롭게 추진되는 것을 본 다음 서울시에서 업무의 비중이 막중한 예산과장으로 발탁해 주었고, 내무부 장관으로 전임한 후에는 내무부의 재정국에 근무하는 계·과장급 간부로 하여금 "서울시의 예산과장한테 가서 일을 배워 오라."는 말을 하여 많은 내무부 직원들이 서울시의 예산과를 찾아오도록 했던 인연이 있는 분이었다.

내가 공직을 떠나 무직자가 되고 나서 평소에 존경하던 몇 분을 찾아 인사를 드리려고 구 시장님께 전화를 드렸다. 그러자 즉시 하는 말씀이 "한 시간 뒤 하얏트 호텔 커피숍에서 만나자."는 반갑고도 자상한 말씀이었다. 나는 지체하지 않고 약속 장소로 갔다. 인사를 드렸더니 옆에 계시는 분에게도 소개를 하신다. 성함은 장동운 씨이고 현직은 자민련의 후원위원장이라고 하신다. 같이 서울시에서 근무할 때의 얘기부터 공직을 그만둔 사정 등의 얘기를 나누었다. 시간이 지나 차츰 커피도 식고 별로 할 만한 얘기도 없어질 무렵, 구 시장님은 "이제 정치를 함께 하자."고 제의하면서 내 의견을 묻는 게 아닌가.

이때만 해도 나는 정치에 대한 생각은 조금도 해 본 적이 없는 데다 스스로 정치에 대해 별 매력을 느끼지 않는 사람이라고 생각하고 있었으므로 다소 당황해 할 수밖에 없었다. 나는 이런 마음이 겉으로 표시나지 않도록 하면서 "시간을 좀 주셔야 되겠습니다." 하고 대답했다.

"시간이 뭐가 필요해."

"이런 일이야말로 여러 가지로 상의도 하고 또 판단도 해야 할 일 아니겠습니까?"

"어떤 분들과 상의를 할 것인데…."

"첫째 저 자신과 상의를 해서 과연 내가 이 길을 갈 것인가 하는 마음의 정리가 필요할 것 같습니다. 둘째로는 가족들과도 상의할 필요가 있다고 보며, 셋째는 어디서 정치에 입문을 할 것인가, 그리고 그분들은 나를 얼마만큼 지지해 줄 것인가에 대해 표를 가지고 있는 분들과 상의를 해야 할 것 같습니다."

"자네 말은 맞네. 그런데 자네의 출발 입문처는 강동구와 송파구이고, 그 두 곳이면 자네는 100% 가능성이 있는 것으로 우리가 여론 조사 결과에서 확인을 했네. 그리고 자네는 정치를 하는데 따르는 자금 문제를 제일 많이 걱정할 것 같아서 오늘 후원회장을 모시고 왔으니 돈 걱정은 하지 않아도 되네. 그러면 상의하고 결심하는 데 어느 정도의 시간이면 되겠는가?"

"한 달은 필요하지 않겠습니까?"

"한 달은 너무 길고 20일이면 되니, 20일 후에 이 자리에서 만나기로 하세."

이런 대화가 오고간 후 헤어졌다. 그 뒤에도 여러 번 입당 독촉을 받았다. 심지어 보좌관 편으로 입당에 필요한 서류를 보낼 테니 도장만 찍어 회송하라는 연락을 받기도 했다. 그러던 중 연말이 가까워져 집으로 오라는 전화를 주시기에 "입당 관련 일이라면, 제가 새해 세배는 가지 않을 수 없으니 세배를 가면 도망할 수가 없지 않겠습니까?"라고 하였더니, "그게 좋겠다. 그럼 그렇게 하지."하신다. 솔직히 나는 정치를 좀 싫어하는 편이었지만 이쯤 되니 도저히 더 이상 빠져 나갈 수 없는 막다른 골목에 이르렀다는 생각이 들었다.

하는 수 없이 도재용 선배에게 전후의 사정을 상의했더니 도 선배가 하는 말이 "그러면 세배도 가지 말라."고 한마디로 자르는 것이었다. 나는 "구 시장님은 참으로 나를 아껴 주신 분인데 예의도 없고 신의도 없는 못된 사람으로 취급당할 것이 두렵다."고 했더니 "그 문제는 내가 책임질 테니 조금도 걱정하지 말라."고 했다.

일이 이렇게 되고 보니 그 해는 일절 어느 곳에도 세배를 하지 않기로 결정하고, 무거운 마음으로 묵은해를 보냈다. 그리고 두어 달이 지난 후, 존경하던 구 시장님이 심근경색으로 대구에서 운명하셨다는 갑작스런 비보를 접하게 되었다. 가벼운 마음으로 새해 인사를 드리면 될 것을, 그러지 못한 것이 두고두고 후회되었다.

서울시장 직에서 물러나는 인사를 드리기 위해 1998년의 6월 29일 김종필 총리께 퇴임 인사를 드리려고 찾아가 김 총리와 둘이 앉아 구 시장과의 관계에 관한 얘기를 나누었더니, 김 총리께서 "이제 한두 달 여름휴가 보내시고 우리 같이 일을 합시다."라는 말씀을 하셨다. 그러나 그 후 자민련과의 인연은 단절되었다.

지금도 나는 구 시장님을 생각하면, 아껴 주신 분의 애정을 제대로 받아들이지 못한 내가 얼마나 속 좁은 사람인가 하는 자책감을 저버리지 못한다.

민정당과의 인연

종로 선거구

서울시장으로 재직하고 있을 때의 일이다. 제2기 민선 시장의 선거가 전 달에 끝나고 시정을 맡아 일을 해야 하는 기간도 20여 일밖에 남지 않은 1998년 6월 초의 어느 날, 뜻밖에도 그 당시 시민적 지지도가 비교적 높았던 민주정의당 원내총무로부터 전화가 걸려 왔다.

"선배님, 차 한 잔 사 주시겠습니까?"

"무슨 좋은 일이 있는 모양이요, 하 총무(하순봉)가 바쁜 일정에도 불구하고 여유 있게 한가로운 얘기를 하는 것을 보니…. 어떻게 해서라도 시간을 내야 하지 않겠소. 언제 어디서 만나는 것이 좋겠소?"

"지금 시간이 되면 곧바로 시장님 방으로 갈 것이니 그래도 되겠습니까?"

"그래요? 이리로 오신다면 더욱 고맙지요."

시간이 얼마 흐르지도 않았는데 하 총무가 도착했다.

오랜만에 만난 선후배 사이의 간단한 인사말은 쉽게 끝이 나고, 찾아온 주된 목적의 얘기가 시작된다.

"사실은 종로의 선거구 문제로 찾아왔습니다. 이명박 의원의 하차로 7월 8일에 종로구의 국회의원 보궐 선거가 실시되는데, 우리 당 후보로 강 선배를 공천하기로 만들어 놨으니 동의해 주시면 됩니다."

그때 문득 생각나는 말이 '세상만사는 언제나 순서가 있고 또 어떠한 조직이라 하더라도 최종 책임자의 결심이 있어야 한다.'는 평범한 상식이었다.

"지금까지 하 총무가 한 얘기는 고맙소. 그런데 이 일은 총재가 어느 정도 알고 있으며, 또 그런 얘기는 어떻게 추진된 것이오?"

"사실은 총재께서 결심하시고 총재의 뜻에 따라 오늘 내가 심부름으로 찾아오게 된 것입니다."

"그러면 총재께 가시거든 나는 정치에 별로 흥미도 없고, 정치는 지금까지 생각해 보지도 않은 분야이기에 총재님의 뜻은 참으로 고마우나 이번의 경우에는 받아들일 수가 없다고 전해 주시면 고맙겠소."

이런 말을 주고받는 것으로 이날의 대화는 끝났다. 그러고 난 다음, 이틀이 지나 우연히 최병렬 전임 서울시장을 만났다.

"며칠 전에 하 총무가 갔을 텐데 어찌 하기로 했습니까?"

"왔습디다. 그리고 나는 종로에서 출마하는 일은 하지 않기로 했습니다. 정치는 내게는 별로 매력도 없을 뿐 아니라, 하 총무가 나를 천거하는 데 많은 고생을 한 모양입니다. 나는 평소에 사람들의 신세 지는 것을 달갑지 않게 생각하므로 그저 평범하게 살겠노라고 말했습니다. 그래 그 일의 전말은 어떻게 된 것입니까?"

"사실은 이회창 총재와 김정수 장관, 그리고 나와 하 총무가 있

는 자리에서 김 장관이 제의하여 전원 찬성으로 만들어진 일을 하
총무가 동의를 받으려고 찾아간 것이 맞습니다."

송파갑 선거구

공직을 떠난 이후 나는 친구들과 모처럼 자유롭고 즐거운 세월
을 보내고 있었다. 그러던 어느 날, 내가 성동구청장으로 있을 때
사회정화위원회의 위원장으로 같이 일했던 이병익 사장과 그 당시
에 정계에서 비중이 높고 또한 민정당에서 중책을 맡고 있던 서정
화 의원, 그리고 신영균 의원, 네 사람이 자리를 함께 하는 기회가
있었다. 이 자리는 신영균 의원이 연락을 주어 만들어졌다. 나는
단순히, 내가 공직에서 물러난 데 대한 우정으로 만들어진 자리라
생각하고 갔다.

서로 정을 나누었던 지난날을 회상하는 조촐한 만찬이었으므로
즐거운 분위기 속에 이런저런 대화가 오갔다. 그런데 회식이 끝날
무렵, 서정화 의원이 화두를 꺼냈다.

"송파갑구에서 홍준표 의원이 도중하차 하고, 며칠 있으면 국회
의원 보궐 선거를 치르게 되는데 여기에 강 시장이 우리 민정당의
후보로 입지해 주기 바랍니다." 하는 게 아닌가. 그러자 신영균 의
원이 "혹시 선거에 필요한 자금이 걱정되면 그 문제는 조금도 걱정
하지 마시오. 선거 비용은 우리 당에서 부담하게 되고, 또 내가 개
인적으로 힘을 보태서라도 강 시장의 생활에는 부담이 되지 않도
록 하겠네. 형을 믿으시오." 하고 거든다. 이때 두 분의 당직은 기

획조정위원장과 재정위원장의 중책이었다.

또다시 정치에 대한 나의 소신과 평소에 생각하고 있던 바를 얘기했다.

"정치는 닥쳐오는 모든 난관을 스스로 극복할 수 있는 능력이 있어야 하고, 다음으로 그 난관을 돌파하겠다는 의지가 있어야 할 것이며, 끝으로 천성이 강인해서 인정에 쏠리는 일이 있어서는 안 된다고 생각합니다. 나는 정치와는 거리를 두고 생활하는 것이 맞고, 또 정치에 입문하기에는 나이가 너무 늦었으므로 두 분의 애정 어린 권유는 받아들이기가 매우 어렵겠습니다."

그날의 얘기는 이렇게 끝이 났다. 그 선거구에는 이회창 총재가 출마하여 당선이 됐다.

새천년민주당과의 인연

LG의 구자원 회장은 내게는 학교뿐 아니라 사회의 선배이면서 친구와도 같은 그야말로 막역한 사이다. 어느 날 구 선배로부터 전화가 왔다. "LG의 구본무 회장이, 명예회장을 비롯한 최고 책임자가 모인 회의석상에서 강 시장을 극구 칭찬하면서 우리와 같이 일하도록 하는 게 좋겠다는 의견을 제의해 그 자리에서 동의를 얻었습니다. 얼마나 잘된 일입니까. 우선 축하합니다." 하는 내용이었다.

이틀 후 구본무 회장실로부터 "금명간 회장실로 한 번 들러 주기

를 바란다."는 전화연락이 왔다. 그 다음날 회장실로 갔다. 물론 구
회장과의 단독 면담이었다. "내일부터라도 좋으니 LG건설의 고문
으로 와서 일을 해 주면 고맙겠다."는 요지의 말이었고, 나는 감사
의 말을 드리고 물러나왔다.

그리고 기쁜 마음으로 LG건설의 고문이 되어 행복한 분위기 속
에서 근무하고 있었다. 나는 평소에 서울시에서 꼭 이루고자 하던
여러 가지 도시정책을 서울시의 공직을 떠나서라도 문서로나마 제
의하고 건의하는 일을 하고 싶었던 것이며, 이를 위하여 "21C 도시
정책개발원"을 창설하였고 이에 소요되는 비용은 LG에서 받는 보
수로 충당하고자 했었다. 거의 1년이 되어 갈 무렵의 어느 날이었
다. 친구 조동순 사장과 함께 조 사장의 회사 일로 얘기하고 있을
때 휴대전화 벨이 울렸다. 받아 보니 잘 알지도 못하는 이로부터의
전화였다.

"나는 김민석 의원입니다. 잠시 만나서 얘기를 좀 나누고자 합니
다. 시간을 내어주시기 바랍니다. 시장님이 지금 어디에 계시는지
가르쳐 주시면 곧바로 찾아가겠으며, 그렇지 않으면 마포의 서교
동에 있는 서교호텔 커피숍에서 뵈었으면 더욱 좋겠습니다."

"무슨 일로 그러시는지 용무의 내용을 대략이라도 얘기해 줄 수
가 없겠습니까? 그리고 지금은 손님과 얘기를 나누고 있으므로 시
간을 내기가 좀 곤란합니다."

"그러면 만날 수 있는 시간을 정해 주시면, 그때 가서 만나도 됩
니다. 대화의 요지는 만나서 말씀드리겠습니다."

"시간을 낼 수 있는 때는 아무래도 오후 3시 이후라야 되겠습니

다만, 정치에 관한 얘기 같으면 아예 만날 필요도 없고 만나지도 않겠습니다."

그 당시의 언론 보도로 보아 아무래도 정치에 관한 화제일 것 같아서 면담을 거절한다는 뜻을 전했더니, "3시에 어디에 계실 건지 찾아가겠습니다." 하는 것이 아닌가. 하는 수 없이 "그렇다면 내가 서교호텔로 가지요." 했다.

이렇게 전화는 끝이 나고 나는 조 사장과 둘이서 김 의원을 만났을 때 나올 수 있는 화제를 상의해 봤으나 아무리 생각을 해 봐도 정치에 관한 얘기 외에는 없을 것 같다는 결론을 내리고, 조 사장의 자동차로 나를 LG 본사에 데려다 줄 것을 부탁했다. 그리고 곧바로 구자경 명예회장과 구본무 회장을 찾아가 김 의원과 통화한 내용을 얘기한 다음 "LG건설에서 사임하는 것이 현명할 것 같다고 판단되므로 즉시 사임하고자 합니다. 저에 대한 애정은 영원히 잊지 않을 것입니다. 용인해 주시기 바랍니다."고 말했다. 그랬더니 "왜 그렇게 판단하는가?" 묻기에 "정치에 몸을 담게 되어도 그만 둘 수밖에 없고, 또 설사 어떠한 방법이든 정치에 발을 들여 놓지 않는다 하더라도 나 개인도 편하지 않을 것 같고, LG에 계속해서 근무할 수도 없을 것 같습니다."

이렇게 LG와의 1년여에 걸친 인연이 끝이 났다. 나는 섭섭한 마음을 금할 길이 없었다. 자금원이 단절되니 도시정책개발원의 활동을 이어갈 수가 없다. 이 활동이 정체상태로 접어든 것은 나에게는 매우 통탄할 가슴 아픈 일이다. 참으로 좋은 기회가 날아가 버린 것이다.

오후에 약속된 장소에서 김 의원을 만났다. 화제는 예상한 대로 정치 얘기였다. 김 의원의 말이 "김대중 대통령께서 다가오는 총선에 앞서 새로운 정당을 창당하려 하시는데, 이번 창당에 꼭 참여해 주셔야 하겠습니다." 하는 것이었다. 나는 내 성품이나 우리 가정을 생각해 볼 때 정치는 할 수 없는 사람이고, 또 저간에 있었던 정당들과의 사정을 상세히 얘기한 다음 "제발 나는 창당 작업에서 제외시켜 주기를 바란다."고 간곡하게 얘기했다.

그런데도 "강 시장님은 우리와 같이 정치를 하셔야 합니다. 그리고 강 시장님 영입에 관한 일은 제가 책임지기로 했습니다." 하고 강하게 나의 동의를 구하며 집요하게 얘기를 전개하는 것이었다. 같은 말을 되풀이해 가는 사이에 한 시간 이상 시간이 흐르고 더 이상 새로운 얘기가 나올 것 같지 않아 나는 그만 자리에서 일어서려고 했다. 그랬더니 김 의원은 "그러면 내일 저와 같이 이 일을 하는 분을 한 번만 만나서 오늘의 얘기를 해 주신다면 고맙겠습니다. 설마 이것마저 거절하시지는 않으시겠지요?" 하는 것이 아닌가.

"그리하지요. 그런데 그분이 누구신데요?" 물어 보았지만 그는 "그러면 내일 오후 5시에 롯데호텔에서 만나기로 하겠습니다." 하고 시간 약속만 할 뿐이었다. 다음날 그곳에서 만난 사람은 정균환 의원이었다. 세 사람 사이에 한참 얘기가 오고 가는 사이 김 의원은 다른 일이 있다 하여 자리를 뜨고, 커피는 다 식었다.

정 의원이 "우리나라에서 어느 누구도 우리의 창당 작업에서 자유로울 수 있지만 강 시장만은 기어코 참여해야 하고 빠질 수가 없습니다." 하는 것이었다. "그건 또 무슨 논리요?" 하고 물었더니 여러 사람의 명단을 놓고 대통령께 보고를 드렸더니 "서울시에 강 시장이 있지 않은가. 강 시장을 영입하도록 해." 하며 "직접 거명까지 하셨는데 어떻게 빠질 수가 있습니까?" 하는 것이었다. "그러나 정 의원, 나는 정말 정치에 발을 들여 놓기 싫소. 어떠한 방법을 강구하더라도 나는 좀 빼주시오." 그러면서 또다시 되풀이해서 지금까지 했던, 자민련과의 관계와 민정당의 권유를 수용하지 않은 사연들을 얘기했으나 이제는 정 의원의 말이 적어도 내가 듣기엔 위협적으로 바뀌어간다. 하는 수 없이 "그러면 정 의원이 대통령께 '강 시장은 정치를 하지 않겠다고 한다.'는 말을 한 번 더 드린 다음, 그래도 '당을 같이 해야 한다.'고 하시면 그때 다시 만납시다." 하고 헤어졌다.

또 하루가 지났다. 만나고 싶지 않은 대면은 이어졌고 만나자마자 내가 한 말은 "평안감사도 제가 하기 싫으면 안하는 것인데, 어째 이렇게 가기 싫은 길을 가야 하는지 모르겠네. 오늘은 정 의원이 나에게 좋은 소식을 전해 주시겠지요?" 했더니 "어제 대통령을 찾아뵙고 저간의 말씀을 드렸더니 기어코 모셔 와야 한다는 더욱 강한 지시를 받았다."는 것이 아닌가. 하는 수 없이 찻잔을 들고 멍하니 창밖을 내다보니 하늘엔 흰 구름만 떠 있고 식은 찻잔 한가운데는 흰색 거품이 모여 있었다.

정 의원은 일어서면서 "이제 동의하신 것으로 알고 다른 일들을 추진할 것이니 그리 알아주시오. 그리고 나는 다른 일정 관계로 장소를 옮겨야 합니다. 당 관계의 일은 이제 사무처에서 연락이 있을 것입니다." 했다. 나는 "한 번 더 생각해 주시오."라고 인사를 한 후 두 사람은 헤어졌다.

오후에는 창당 업무에서 나를 제외시켜 주도록 최종적으로 부탁해 볼 생각으로 평소에 나를 좋아하던 권노갑 의원을 만났다. 권 의원은 이미 그간의 사정을 알고 있었던 듯 "강 시장, 참 잘하셨소. 이제 힘을 합쳐 일하도록 합시다." 하는 것이 아닌가.

창당사무처에서의 나의 직함은 고문이었다. 회의에 참석해 달라는 전화 연락은 어김없이 1주일에 한 번씩은 왔고, 회의장에 가보면 무슨 말들을 많이 하고 있는데, 정책이나 국정에 관한 얘기는 거의 들어 볼 수가 없었다. 다만 자주 들리는 얘기는 상대 당의 잘못과 특정인의 발언이 귀에 거슬린다는 말들이 무성할 뿐이다. 나는 실무자에게 "혹시 정강 정책의 초안이라도 있으면 하나 구해 보았으면 하는데 가능한지요?"라고 물었더니 아직 만들어진 것이 없다고 했다.

평소에 내가 생각하는 정당이라는 것은 정강 정책이 만들어진 다음 그 정책과 정강을 찬동하는 사람이 모여서 만드는 것이고, 정치활동은 그것을 기초로 이루어지는 것이라 알고 있었다. 그런데 우리나라의 실정은 여기에 미치지 못하는 것 같고, 더욱 정치는 매력이 없다는 생각이 들었다. 나는 하루 속히 정치에서 탈출하는 것이 옳다는 확신을 갖게 되었다.

그러니 회의에 참석한다고 하여 무슨 의견을 제시하고 발언을 하겠는가. 가만히 앉아서 자리만 채우고 있는 것이 3, 4회 지나갔는데, 하루는 갑자기 이만섭 대표께서 "오늘은 다른 분들은 발언을 자제해 주시고 강 시장의 말을 들어 보도록 합시다." 하는 제의를 했다. 다들 찬동했다.

"나는 정치에 대해서는 전혀 아는 바가 없고, 정당인으로 갖추어야 할 기본적 소양도 터득하지 못한 처지이므로 할 얘기가 전혀 없습니다. 나는 한참동안 배운 다음에 얘기할 수 있는 기회를 갖겠습니다. 양해해 주시기 바랍니다."

"풍부한 행정 경험과 경륜을 바탕으로 당의 진로를 비롯한 정책의 제안 등 할 말이 많을 것으로 알고 있는데 미처 준비가 덜 된 모양입니다. 그러면 다음 기회에 얘기해 주기 바랍니다." 아슬아슬한 순간이 두세 번의 회의에서 더 있었다. 계속 침묵으로 세월을 보내고 있으려니 송자 총장, 장영신 회장, 이창복 의원, 그리고 권노갑 의원이 가만히 다가와서 한결같이 하는 말이 "강 시장은 앞으로 어떻게 하실 작정입니까?" 하는 걱정 어린 말이었다. "네, 나는 정치에는 별로 매력이 없고, 창당을 하면 그때 가서 백의종군을 하든지 또는 다른 길을 모색하든지 하렵니다." 심지어 권 의원은 "정치가 싫다고만 생각하지 말고 적극적으로 생활하는 것이 좋을 것 같으니, 어려운 일은 상의하면서 흥미를 붙여 보자."고 했다. 그러나 나는 "정치가 싫은 것을 어떻게 합니까. 지금의 생각으로는 창당만 하면 나는 탈당하여 자연인으로 돌아갈 생각입니다."라고 솔직한 심정을 얘기했다. 그랬더니 "정치가 싫으면 일을 해서라도 정부와 대통령을 도와 드려야지 그게 무슨 말이냐?"며 깜짝 놀라는 것이었다. "일을 맡겨 주신다면 어떠한 어려운 일이라도 기꺼이 하겠지만 정치는 참으로 도망가고 싶은 것이라는 심정을 이해해 주시기 바랍니다."

그리고 10여 일이 지났다. '새천년민주당'이 창당되고, 다시 10여 일이 지나갔는데 당의 사무처에서 전화가 왔다. 다음 목요일에 회의가 있으니 참석해 달라는 것이었다. 무슨 회의냐고 물었더니, 나는 중앙당 지방자치위원회의 부위원장이고, 회의는 지방자치위원회의 회의라는 설명이었다. 회의에는 가지 않았다. 2, 3일이 지난 어느 날 갑자기 당정의 개편 소식이 언론으로부터 흘러나오면서 내 이름이 행자부 장관의 유력한 후보로 거명되기 시작했고, 그러기를 이틀이 지났을 때 청와대에 근무하는 한 친구로부터 "시장님, 조금 전에 시장님을 행자부 장관에 **임명하도록 하라**는 대통령님의 승낙이 떨어져서 지금 바로 총리의 **제청을 위한 서류**가 총리실로 갔습니다."라는 전화가 걸려 왔다. 그날 밤부터는 기자들이 우리 집에 찾아와서 앞으로의 정책 등에 관한 질문이 이어지는 등 밤늦게까지 진을 쳤다.

또 이틀이 지났다. 나는 서울시에 같이 근무하던 선후배 모임에 나갔다. 이 자리에서도 인사 예측에 대한 나름대로의 의견이 교환되었으나 여러 가지 정황으로 보아 나는 정부의 고위직 인사에서 제외되어 있음을 알 수 있어 이를 해명하는 해프닝도 있었다. 물론 예측한 대로 다른 분이 임명되었다. 약 3개월의 시간이 흐른 다음 이제는 내 주변의 모두가 이해해 주리라고 생각되는 때에 탈당계를 등기우편으로 당사에 보냈다. 그리고 나니 정치에서 멀리 있는 생활이 얼마나 편안한지, 평상의 마음을 되찾은 것이 참으로 다행스러웠다.

김대중 대통령과의 인연

내가 김대중 대통령과 처음 만난 것은 무주 전주의 동계 유니버시아드 대회에서 일하고 있을 때였다. 1992년 10월경, U-대회가 5개월 앞으로 다가왔을 무렵 김 대통령(이때는 야당의 당수)께서는 U-대회의 성공적 추진을 위해 이 업무를 맡고 있는 U-대회 조직위원회의 직원을 격려하고자 전주에 있는 U-대회 사무실을 방문했다.

마침 이 날은 U-대회 조직위원장이 사무실에 나오지 않았으므로 부위원장인 내가 업무 전반에 관한 추진 현황을 보고한 후 간단한 질문과 응답이 이어졌다. 나는 여러 가지 질문에 답변했다. 분위기는 매우 부드러웠다. 직원들도 긍지를 가질 수 있는 자리라고 생각하고 있었다.

그런데 보고와 질의응답이 끝났는데도 김 대표께서는 자리에 앉아 있었다. 배석했던 10여 명의 수행 인원 모두가 자리에서 일어났는데도 한동안 혼자 앉아 생각에 잠겨 있더니 나를 보고 물으시는 말이 "강 총장, 강 총장은 어떻게 여기를 오시게 되었습니까?"였다. 참으로 뜻밖의 질문이라고 생각할 수밖에 없었다. 경상도 출신이, 서울에서 공직에 근무하여 호남지역과는 특별한 연고도 없을 뿐 아니라 체육행정과도 어떠한 형태로든 인연이 없는 사람이 어찌 무주 전주의 U-대회와 인연을 맺게 되었는가 하는 질문이었을 것이다. 나는 서슴지 않고, "예, 저는 U-대회 조직위원회의 결의에 의해 오게 되었습니다."라고 대답했다. 격려차 이루어진 회합은 그렇게 끝이 났다.

그리고 12월 말이 가까워지면서 나는 서울시청의 부시장으로 다시 근무하게 되었다. 해가 바뀌어 3월의 새봄, 경기도 고양시장으로부터 고양시에서 개최하는 꽃 박람회에 서울시장이 참석하여 줄 것을 바라는 초청장이 왔다. 그런데 조 순 시장은 다른 일정이 바빠 참석하지 못하고 서울의 농민 후계자와의 대화를 위해 내가 참석했다.

개회 시간은 약간 여유가 있었고 내빈이 아직 오지 않은 단상에는 두어 사람만이 앉아 있는데 김대중 대표의 모습이 보였다. 나는 내가 앉아야 할 자리도 확인할 겸 단상으로 올라가서 인사를 드렸다. 김 대표께서는 "아, 우리가 만난 것은 전주 U-대회 사무실에서였지요? 이번에 서울시의 부시장으로 오시게 되었습디다. 축하합니다." 하는 것이 아닌가. 반가운 마음이 들었다. 이 어른이 나에 대해 깊은 관심이 있었던 모양이구나, 혹시 인사를 하지 않았다면 나를 못난 사람으로 치부하고 말았겠구나 하는 생각을 하게 되었다. 새삼 사람의 사회생활에는 먼저 수인사 차리는 것이 중요하다는 어른들 말씀의 값진 뜻을 되새길 수 있었다.

대통령 선거가 끝나고, 김대중 대통령이 취임했다. 그러니까 고양시의 꽃 박람회에서 만나고 1년이라는 세월이 지난 때였다. 대통령 취임 1개월이 지났을 무렵 대통령 비서실에서 통지가 왔다. 전국의 시도지사를 위해 마련한 대통령과의 만찬회가 있으니 참석하라는 내용이었다. 만찬회에 참석해 보니 각 시도지사 외에 이만섭

의장이 참석했는데, 좌석의 배치는 대통령의 맞은편에 이만섭 의장이 앉고, 나는 시도의 서열에 따라 대통령의 바로 왼편에 앉게 되었다. 참석한 시도지사 협의회의 회장은 강원도의 최 지사였다. 최 지사의 간단한 인사가 있고 자연스럽게 얘기가 오간 후 강원도, 부산시, 전라남도, 전라북도의 지사가 발언을 하는데 각기 자기 관할시도의 재정이 어려우니 중앙 정부가 특별히 배려해 줄 것을 바라는 내용이다. 만찬은 계속 진행되어 가는데 식사를 하고 있는 나를 돌아보신 대통령은 "이번에는 서울시장이 한 말씀 해 보시오."라고 하신다.

"예, 오늘 대통령님께서 만들어 주신 이 자리는 지방 행정의 총책임자들이 참석한 자리입니다. 국정이 바쁘고 하실 일이 많으신데도 불구하고 지방 행정의 책임자들을 제일 먼저 초청하여 만찬의 자리를 베풀어 주신 대통령님의 뜻을 알고, 새로운 다짐이 있어야 할 것이라고 생각합니다. 따라서 우리들은 대통령님의 통치 이념이 적나라하게, 그리고 신속하게 국민에게 알려지고, 나아가서 국민의 뜻을 한곳으로 모아 국정에 반영되도록 함으로써 국정의 능률을 극대화해야 할 책임을 지고 있는 사람들이라는 위상을 견지해야 한다고 생각합니다. 고맙습니다."라고 했더니 대통령께서는 말도 없이 항상 가지고 다니던 노트를 챙겨 리셉션 라인에 가서셨고, 만찬은 끝이 났다.

리셉션 라인에서 인사를 했더니 "고맙소. 내가 서울시를 빠른 시일 안으로 방문하겠소." 하셨다. 옆에 섰던 이 의장이 내 귀 가까이에 얼굴을 대고 말을 건넸다. "오늘 참으로 좋은 말을 해 주었소.

고맙습니다."

1개월쯤이 지나 김 대통령께서 서울시 초도순시를 나오게 되었다. 아마도 서울시에 대한 순시가 다른 어느 기관보다 빨리 이루어진 것으로 생각된다. 물론 순시장에서의 보고는 조금도 차질 없이 진행되었고, 보고장의 분위기도 매우 좋았다.

그런데 한참을 지난 다음 대통령께서 "여의도에 잘 만들어진 광장을 헐고 공원으로 바꾼 것은 잘못된 것입니다. 세계의 대도시는 모두 자랑할 만한 광장이 있지 않습니까? 서울시장은 어떻게 생각하시는지 대답해 보시오."라고 하신다. 순식간에 장내는 찬물을 끼얹은 듯 조용하고 숨소리도 들리지 않는 고요가 엄습한다. 대통령이 잘못된 일이라고 단정을 하고 묻는데, 잘못 되었다면 어떻게 처리하고, 잘 된 일이라면 잘 된 일이라고 항변할 수 있을 것인가. 나는 실내의 좌중을 돌아보았다. 참석 인사의 모든 시선이 나에게로 집중되어 있었다. 나는 자세를 바로 하고 대답했다.

"조금 전, 서울시의 업무 보고에서도 말씀드린 바와 같이 서울시의 업무는 국가의 어느 주요 업무에 못지않게 중요합니다. 그중에서도 중요하다고 생각되는 업무는 대통령님께 보고를 드리고 지침을 받아 가면서 집행함으로써 국정에 혼선을 가져오는 일이 없도록 할 것입니다."라고 대답함으로써 장내는 안도의 분위기로 바뀌었고, 참석하였던 몇몇 중요 인사는 크게 긍정적인 몸짓을 하면서 동의해 주었다.

보고가 끝나고 대통령께서 퇴장하는 순간, 어디서 뛰어왔는지 박지원 씨가 내 등 뒤에서 "강 시장님, 정말 존경합니다. 명불허전

(名不虛傳)이라더니 이 말은 오늘 같은 경우를 두고 한 말이라고 생각됩니다.”라고 대통령께서 들을 수 있을 정도의 큰 소리로 말을 했다.

이후로도 국무회의 석상에서 만나는 기회가 자주 있었다. 하루는 국무회의가 끝나고 참석한 국무위원들이 자리에서 일어서려 하는데도 대통령께서는 앉아서 가지고 있는 자료를 챙기더니 “교통행정을 어떻게 하면 잘 되겠는지 먼저 교통부 장관이 말을 한 다음, 서울시장이 생각을 말해 보시오.”라고 하신다. 교통부 장관의 보고가 끝나고 국무위원 모두의 시선은 나에게로 집중되었다.

“교통행정을 전반적으로 말씀드리는 것은 너무 광범위하므로 국민의 편의를 증진해야 할 급선무 두어 가지를 말씀드리겠습니다. 먼저, 시내버스 시외버스의 개념을 불식시켜야 합니다. 왜냐하면 시내 · 시외의 개념은 행정관할 구역을 기준으로 했을 때에 성립되는 언어이며, 국민의 생활과는 무관한 개념입니다. 그럼에도 불구하고 승차요금이 달라서 국민의 생활비 부담만 가중하고 있으니, 이 말은 전 국토가 1일 생활권화한 오늘에 와서는 조속히 없어져야 할 용어입니다. 따라서 이 일을 성공적으로 처리하는 방법은 요금 정산을 할 때 카드를 이용하는 방법입니다. 카드 하나로 버스도 타고 지하철도 타고 택시도 탈 수 있게 해야 합니다. 이 제도의 발전을 위해 서울시에서는 이미 연구 용역을 발주했으며 빠른 시일 안으로 결과가 나타날 것으로 기대하고 있습니다.

다음은 교통수단을 명백하게 구분, 운용되도록 해야 합니다. 오늘날은 택시가 대중교통 수단이 되어 있으므로, 택시는 지저분하고 기사는 피로하여 아무리 손님에게 친절하라고 강조해도 진정한 친절이 베풀어지지 않습니다. 따라서 손님은 짜증이 나고 기사는 하루 종일 우울한 가운데서 일하게 되니 사회가 정이 없는 모습으로 다가오고 있는 것입니다."

이러한 나의 말을 듣는 것으로 이 날 회의도 끝나고 말았다.

또 어느 날은 노숙자 문제가 토의의 대상이 되었다. 대통령께서 "노숙자 문제를 해결하는 방법을 보사부 장관, 노동부 장관, 그리고 재경부 장관이 말한 다음 서울시장이 의견을 말씀해 보세요."라고 제의하셨다.

각 부 장관들이 여러 가지 의견을 말한 다음 나는 "노숙자 문제는 걱정하실 필요도 없습니다. 쉽게 얘기해서 노숙자를 대면 조사해서 그들의 희망사항을 알아야 합니다. 일이 하고 싶은데 일자리가 없는 경우에는 정부가 일자리를 만들어 주어야 하고, 일도 하고 싶지 않고 집에도 있기 싫은 사람은 집으로 돌아가게 하고, 일도 하기 싫고 집에도 갈 곳이 없는 사람은 부랑인으로 간주하여 수용하여 교육을 시켜야 합니다. 최근의 추세를 보면 여러 구호기관과 인사들이 서울 시내의 지하도나 혹은 공지에서 끼니와 음식을 제공하겠다고 경쟁적으로 나서고 있으나, 서울시는 절대로 용납할 수 없는 일입니다. 왜냐하면 지하도나 공원 등의 공지는 모두가 만들어질 때에는 그 고유 목적이 있어서 만들어졌고, 서울은 세계 굴지의 대도시이면서 우리나라의 수도입니다. 수도 서울의 거리가 아무 곳에서나 식사를 제공하는 도시로 전락해서는 안 되기 때문입니다. 식사를 제공하고 싶은 분들은 자기 시설에서 하면 되는 것입니다. 이것은 각 부처에서 적극적인 의지로 대처하면 되는 것입니다."

이러한 일들이 여러 번 반복되는 동안에 1998년 6월 28일이 다가왔다. 나는 이제 3일만 있으면 공직생활에서 물러나야 하고 정들었던 서울시도 떠나야 한다고 생각하고 있을 때, 대통령께서 국무회의를 마치고 자리에 앉은 채로 "오늘은 강덕기 서울시장이 그 어려운 서울시 시장의 일을 무사히 마치시고, 국무회의에 참석하는 것도 마지막인 것 같습니다. 우리 모두는 강 시장의 노고를 격려하고, 앞날에도 관운이 승승장구 하도록 비는 환송의 박수로 격려합시다."

그렇게 대통령은 자리를 떠나시고, 연이어 김종필 국무총리께서도 "대통령께서 좋은 말씀 하셨는데, 나도 가만히 있을 수 없으니 우리 한 번 더 격려의 박수를 보냅시다." 이리하여 국무회의는 끝이 나고, 나는 정말 공직을 결별하는 것 같은 느낌을 가졌다.

그날 오후 대통령 비서실에서 전화가 왔다. 다음날 아침 대통령 집무실로 들르라는 것이었다. 29일 아침 10시에 대통령 집무실에서 대통령과 나는 단 둘이서 녹차 한잔을 나누는 시간을 가졌다. 대통령께서는 "그동안 고생 많이 했습니다. 앞으로도 나는 임기 중에 남북통일은 못하더라도 지역 화합은 하고 싶소. 나를 도와주면 고맙겠소." 하신다. 대통령 비서실에서 나오면서 김종필 총리도 만나서 인사를 했다. 김 총리께서는 "이제 여름이니 여름휴가 한다 생각하고 찬바람이 나면 우리 같이 일합시다."라는 다정한 말씀을 해 주셨다.

chapter 9

단상

아무리
크고
험하다 한들

하늘무대

　1996년은 서울이 '조선의 서울'로 정도(定都)한 지 600년이 되는 해이다. 1396년 10월 태조 이성계는 고려의 도읍이던 개경에서 그 당시 남경(南京)이라 부르던 한성으로 서울을 옮겨 새 왕조의 기반을 구축했다.

　서울시에서는 '정도 600년 기념사업'과 함께 '시민의 날'을 제정하기로 했다. 그동안 없던 '시민의 날'을 제정함으로써 수도 서울의 위상을 정립하고 시민의 긍지를 함양하는 동시에, 일제강점기를 거쳐 6·25한국전쟁으로 폐허가 된 터전을 재건하고 잘살아 보겠다는 일념으로 24시간을 쪼개가면서 노력해온 시민들에게 휴식과 축제의 장을 마련해 주고자 '시민의 날' 선포 행사를 갖기로 했다.

　'시민의 날'은 10월 28일로 정해졌다. 10월 28일을 '시민의 날'로 제정하기까지 다른 여러 가지 뜻있는 날이 없는 것은 아니었다. 서울이 경기도로부터 분리되어 자치단체로 출발한 날이라든가 다른 시·도 자치단체와 달리 서울이 특별시로 승격된 날 등 의미를 가진 날들이 여럿 있었으나, 역사의 긴 맥을 이어가는 데 있어 '정도'가 가지는 의미를 크게 두었다. 또한 '시민의 날'이 시민에게 주는 휴식과 축제의 면에서도 계절적으로 아름다운 10월 28일로 정하는 게 좋겠다는 것이 다수 시민의 의견이었다.

　이제 '정도일'을 '시민의 날'로 제정함과 동시에 이 날이 시민의

날임을 선포하는 경축 행사를 어떻게 준비하고 진행할 것인가 하
는 것이 큰일로 다가왔다.

정도 600년 사업은 600년 후 서울의 모습을 현재와 실증적으로
대조할 수 있게 하기 위해 600년 뒤의 '시민의 날'에 개봉하기로
하는 타임캡슐을 매설하는가 하면 조선조의 인재 등용 방법인 과
거시험 재현과 같은 일들을 계획했다. 또한 '시민의 날' 선포 행사
는 조금이라도 특색 있게 하는 것이 좋겠다는 의견에 따라 시청 앞
분수대 위에 뿜어져 나오는 물이 닿지 않도록 약 15m 높이의 높은
곳에 투명한 유리와 같은 형태의 넓은 무대를 만들고 그 무대 위에
서 선포식을 갖기로 했다. 무대의 이름은 '하늘무대'라고 정했다.
그리고 선포의 시간에 효과를 극대화하기 위해 남대문(숭례문)을 활
짝 열고 이곳에서 레이저로 쏜 섬광을 시청의 옥상에서 받아 하늘
무대로 전달하기로 했다. 그러면 그 레이저에 의해 점등이 되고 이
때에 '시민의 날'을 선포하는 것으로 시나리오가 짜여졌다.

그런데 모든 일이 보편적인 상식에서 크게 벗어나지 않는 범위에
서 구상되고 추진되는 것이 합리적이라는 생각에 젖어 있던 나는
레이저에 의해 화기가 전달되는 것은 과학적 상식에서 타당하다 하
더라도, 물(분수) 위에서 불(성화)이 점화되고 또 하늘무대에서 공연
을 하는 것이 오행(五行)의 상생상극(相生相剋) 원리에도 합당하지
않다는 생각이 들었다. 게다가 하늘무대에서 춤을 추는 행위가 우
리가 사는 인간사회와는 동떨어진 것 같다는, 꼭 집어 말할 수 없는
불안감이 들었다. 이 행사를 중지하거나 그렇지 않으면 무대를 지
상에 설치할 것을 끝까지 주장했으나 받아들여지지 않았다. 나는

이 서류에는 일절 동의하지 않기로 결심하고 실행에 옮겼다.

그런데 분수대 공원에서 무대 설치의 기초공사가 반쯤 추진되고 있을 무렵 이곳 현장은 아니었지만 대형 사고가 터지고 말았다. '시민의 날' 선포 이틀 전, 성수대교가 무너져 무고한 시민과 학생이 희생되었다. 시장은 이 사고에 책임을 지고 물러나고 말았다.

분수대와 석가탑

1995년 5월 초순, 일찍 핀 꽃들은 이미 다 떨어지고 서울의 산과 들에는 산벚꽃나무가 꽃의 고운 자태를 가리면서 새잎을 키우고 있다. 온 산과 들에 연둣빛 물결이 가득했다. 시청 앞 광장의 분수가 기지개를 켜고 힘찬 물줄기를 내뿜기 시작한 지도 벌써 한 달이 되었다.

사무실에 앉아 월별로 챙겨야 할 일들을 구상하고 있는 조용한 시간에, 손장호 문화국장이 짙은 담배 냄새를 풍기면서 반가운 표정으로 들어왔다. 엽차 한 잔을 놓고 여러 가지 일들을 하나하나 더듬어 얘기하는 가운데, 느닷없이 손 국장이 "실장님만 동의하면 큰 난관이 한 가지 해결되겠다."는 말을 한다.

"아니, 손 국장, 내가 금년 들어 손 국장이 하는 일이나 문화국의 업무에 대해 이견을 제시한 기억이 없는데 무슨 말이오?" 했더니 "그게 아니고, 다가오는 부처님 오신 날에 불교 종단에서 추진하는 행사들 가운데, 시청 앞에 석가탑을 건립하는 행사가 있지 않습니까. 금년에는 분수대에 석가탑을 설치할 수 있게 해달라는 것이 불교 종단의 요구인데, 시장을 비롯하여 시청의 모든 간부들이 동의했으나 오직 강 실장만이 동의하지 않을 것 같아 아직 얘기를 하지 못하고 오늘 처음으로 말을 꺼내는 것입니다." 하는 게 아닌가.

"손 국장, 그게 가당키나 한 일이오? 분수의 시원한 물줄기가 초봄에 힘차게 치솟아 겨우내 움츠렸던 시민의 가슴을 시원하게 적셔 주고 있는 터에 이를 중지하고 그 위에 석가탑을 설치한다니, 이는 불교 신도들이라면 양해가 될지 모르지만 일반 시민은 반대할 것이 분명하므로 나는 그 설치 행사에 동의할 수 없소."

"크리스마스 때에는 그곳에 오색영롱한 전등까지 달린 시설물을 설치해 보는 이들이 예수 탄생을 축하하지 않습니까. 그런데 유독 부처님 오신 날에 석가탑은 안 된다는 논리는 불교도들이 거부감을 가질 뿐 아니라 차별의식에서 나오는 편견이라고 말해도 설득하기가 매우 궁색합니다."

"그것은 그렇지가 않소! 연말에 설치하는 전등불 시설은, 첫째, 한해가 가고 새해를 맞이하는 송구영신의 시민적 의사가 담겨 있어서 모든 시민으로 하여금 새해 좋은 일 많기를 기원하는 전통적인 우리 민족 문화의 표시이면서, 다만 그 정상 부분에 별 3, 4개를 첨가한 것이고, 둘째, 이 분수대는 겨울에는 그 저수조가 얼어붙은 빈 못(池)이므로, 여기에 밤만이라도 시민에게 희망을 심어주자는 의미의 경광등을 장식한 것이기 때문에 봄·여름에 분수를 끄고 설치하는 것과는 확연히 다른 것입니다."

나는 손 국장을 설득했다. 그러나 손 국장은

"실장님 혼자만 그런 생각을 하고 있지, 다른 간부들은 모두 불교 종단에서 희망하는 대로 설치해 주는 것이 일리가 있다고 생각하고 있습니다. 그러니 실장님이 한 번 더 생각하여 주기 바랍니다." 하고 돌아갔다.

다음날이었다. 10시 반경 시장이 찾는다는 연락을 받고 시장실로 갔다. 시장이 문화국장, 내무국장과 함께 앉아 있다가 급히 일어서면서 "그곳으로 가 보자."고 하는 게 아닌가. "그곳이 어디인데, 어디로 가자는 것이냐."고 물으니 내무국장이 "분수대로 가는 길"이라 한다. 나는 시장도 들으라는 생각에서 "그곳에 가나마나 석가탑은 설치해서는 안 된다." 제법 큰 음성으로 강조하며 뒤처져서 따라갔다. 시장은 분수대를 한 바퀴 돌면서 이곳저곳에 기초를 해서 설치하면 된다고 했다. 분수는 여전히 힘차게 솟구치고, 산들거리는 봄바람에 나부껴서 지나가는 사람의 옷깃에 물방울을 튕긴다.

시장실 앞에서 나는 다시 한 번 강조했다. "분수대에는 석가탑을 세우면 안 된다." 시장도 들을 수 있게 큰 소리로 문화국장에게 강조했다. 그 다음날 아침, 여느 때와 마찬가지로 시장실의 회의용 탁자에는 시장을 비롯한 서울시의 최고 관리자 10여 명이 모여 앉았다. 회의가 시작되었다. 시장을 중심으로 왼쪽에 부시장이 앉고 직급의 순위에 따라 앉고 보니 나는 시장의 오른쪽 바로 옆이었다. 시장은 "분수대에 석가탑을 세우는 문제를 부시장(이원택)부터, 그러니까 왼쪽부터 의견을 얘기해 보라."고 했다. 부시장은 불교 종단의 의견을 수용하여 "탑을 세워 주는 것이 옳다."고 발언하고,

두 번째로 종합건설 본부장(이 동)은 "세워주되 이번 한 번만 허용한다."는 의견이었으며, 다른 모든 참석자는 모두 "설치를 허용하는 것이 옳다."고 했다.

이제 내가 얘기할 차례였다. "분수의 작동을 중지시키고, 석가탑을 세우는 것은 안 되는 일입니다. 한참 힘차게 내뿜는 분수를 중지시키는 것은 기계의 고장 등 명분 있는 사유가 있을 때에는 가능하지만, 석탄일 행사를 위한 일이라면 전체 시민이 납득할 수 있는 명분이 약하기 때문에 각계각층으로부터 지탄의 대상이 될 것이 분명하고, 매년 연말에 그 자리에 송구영신의 장식물을 설치하는 것과는 그 뜻이 다릅니다. 또한 이번 한 번만 허용한다는 의견도 합리적이라고 할 수가 없으므로 나는 반대합니다."

시장은 즉시 일어서면서 "문화국장, 석가탑을 분수대에 설치할 수 있도록 허가 하시오!"라고 결론을 내렸고 회의는 쉽게 끝이 났다. 내 방으로 돌아와 다른 일을 챙기고 있을 때 외부로부터 전화가 왔다.

"실장님, 아침에 시장실에서 분수대에 석가탑 건립하는 건으로 회의를 하셨지요?"

"그런 회의가 있었지요."

"결과는 어찌 됐습니까?"

"음, 그 문제는 불교 종단이 바라는 대로 분수대에 석가탑을 설치하는 것으로 결론이 났어요. 그러니 부득이 설치해야 하는 이유를 잘 정리해서 설치 허가에 대해 오해 없도록 해 주기 바랍니다."

"무슨 말씀입니까? 그래도 나는 실장님만은 반대하고, 또 실장님이 반대했기 때문에 그 일은 없던 것으로 결론지어지리라 확신했는데…. 그럼 실장님도 설치에 동의하셨단 말입니까?"

"여보시오, 김 과장. 개인의 동의 여부가 중요한 것이 아니고 시장님 주재 하에 시 간부가 참여한 회의의 결론을 당신한테 애기하고 있는 것이오. 당신은 서울시의 행정이 잘 되도록 지원할 책임이 있으니 서울시의 시책을 합리화시켜 주시기 바라오."

이러한 애기가 오간 지 30분이 지났다. 나는 내 생각이 잘못된 것인가 반성도 해보고, 김 과장과 통화한 일까지 떠올라 허망한 생각이 들기도 했다. 그러면서 시민들이 바라는 바를 우리가 쫓아가지 못하는 건 아닌지 푸념도 해보았다.

점심시간이 가까워졌다. 상황이 어떻게 되어가고 있는지 궁금하기도 하고 점심도 먹어야 하겠기에 부시장실로 갔다. 부시장실 문은 꼭 닫혀 있었다. 회의 중이라는 부속실 직원의 말에 나는 문을 열고 들어갔다. 부시장과 문화국장, 내무국장 3명이 서로 얼굴만 쳐다보고 담배를 피워 대서 넓은 방이 온통 담배 연기로 가득했다.

"왜 이렇게 담배만 피우고 있나. 점심시간이니 점심이나 먹으러 가자."고 했더니 "점심이 문제가 아니고 큰일이 났다."는 부시장의 말이었다. "이 평온한 계절에 무슨 놈의 큰일, 금강산도 식후경이니 점심이나 먹고 보자."고 또 한마디 했더니 "아침회의를 끝내고 자리에 오니, 외부의 김모 과장이 분수대에 석가탑을 세우면 안 된다."고 하면서 "그 회의 결과를 번복해야 한다고 하니 어떻게 처리하면 좋겠나? 강 실장이 시장한테 애기해서 이 일은 없던 것으로 해주면 좋겠다."는 것이 부시장의 두 번째 말이었다.

"김 과장의 말은 두려운가. 시민적 저항이 있을 것이 예상되니 설치 반대라던 나의 말은 그렇게 가볍게 들리던가. 그리고 어째서 시장이 듣기 싫은 소리는 내가 해야 하나. 그렇다고 담배만 피우고 있으면 문제가 해결되는가. 나는 점심 먹으러 갈 터이니, 당신들 세 사람이 함께 가서 전후 사정을 얘기하고 결론을 얻으라. 그리고 시장이 주재한 회의의 결론을 쉽게 접어 거두는 것도 자주 있어서는 안 되는 일임을 명심해야 한다." 하고 부시장실을 나왔다.

점심을 먹고 사무실에 있으려니 문화국장과 내무국장이 들러서 "시키는 대로 세 사람이 같이 가서 보고하고, 석가탑은 분수대에 설치하지 않고 예년과 같이 시청 앞의 포장된 공터에 설치하기로 했다."는 것이었다.

성수대교 붕괴

"성수대교가 일부 무너졌다고 합니다. 오늘 아침의 출근은 다른 교량을 이용하시는 것이 좋을 듯합니다."

아침 8시가 조금 되지 않은 시간에 출근을 하려고 아파트의 현관을 나서니 수위 아저씨가 친절하게 일러 주는 말이다.

그 육중한 철골로 만들어진 교량이 어떻게, 왜 무너졌겠는가. 아마도 잘 알지 못하는 사람들의 일방적인 생각일 것이라 짐작하면서 매일 다니던 한남대교를 건너 사무실에 도착했다.

당직실에서 간밤에 있었던 업무를 보고한다. "자세한 상황은 모르겠으나 성수대교의 일부가 붕괴되어 사상자가 발생하고, 차량이 운행되지 못하는 것 같습니다." 이 말을 듣고 나는 현장으로 달려갔다. 시장과 부시장에게는 당직실에서 보고하도록 했다.

현장은 성수대교의 한가운데에 해당하는 지점이므로 간신히 근처까지 갔으나 작업의 현황은 볼 수가 없었다. 구조작업에 임하고 있는 119 구조 요원을 비롯해 현장 보전을 위한 경찰의 통제, 사고 소식을 듣고 달려온 가족들의 몸부림, 정확한 소식을 전하기 위한 취재 기자의 쉴 새 없는 움직임, 하늘에는 헬리콥터가 날고, 물 위에는 경찰의 경비정과 소방정이 인명구조를 위해 분주하게 움직인다. 현장에서 내가 할 일은 별로 없어 보였다. 사무실로 돌아왔다.

보건사회국장을 찾아서 각 병원에 '성수대교의 사고로 인한 부상자와 사망자가 병원으로 후송되는 경우 진료비를 비롯한 병원비용은 서울시가 책임지고 부담할 것이니 친절하고 치밀하게 치료에 임해 줄 것을 요망하고, 각 구청에서는 간부급 직원을 병원에 파견하여 병원과의 협조가 잘 이루어지도록 만전을 기해 줄 것'을 당부하는 통첩을 보내도록 했다.

10월 하순이었으므로 서울시 의회가 열리고, 국회의 국정감사가 있었다. 질의가 사고에 집중되었다. 검찰에서는 교량의 건설 당시 감독 상황에서부터 준공관계 문서와 관련 공무원을 파악하고 관계 직원과 건설회사의 간부에 대한 소환이 끈질기게 지속되었다.

국정감사와 시의회의 행정감사는 주로 교량 붕괴 이후에 있었던 구조 활동에 대한 집요한 질문이 강도 높게 이어졌다. 교량을 전공

으로 하는 대학 교수들과 건설 회사의 기술직 간부들을 초청해 교
량 붕괴의 원인에서부터 설계상의 하자와 시공에 소홀한 점은 없
었는지, 관리의 부실은 아닌지 규명하는 일은 교량 붕괴의 책임 규
명을 떠나 앞으로의 시설물 건설, 시공과 관리의 표준화를 위해 꼭
필요한 일이었다. 멀리 미국의 뉴저지주에서 교량국장을 맡고 있
던 박성호 씨도 초청하여 여러 가지 자문을 구했다.

이 사건으로 시장이 사표를 냈다. 성수대교를 시공했던 건설회
사에서는 시민에 대한 사죄의 담화를 발표했다. 그 내용 가운데는
성수대교를 가장 안전한 1등 교량으로 재건설하여 시민에게 바치
겠으며, 300억 원의 거액을 서울시에 헌납하여 서울시의 건설과 시
민복지 향상 사업비로 쾌척하겠다는 의지가 표명되어 있었다.

이 사건으로 희생된 무고한 시민은 서른두 명이었는데 대부분이
등교 길의 어린 학생들이었다. 안타깝기 짝이 없는 일이었다. 고인
의 명복을 빌고 유족에게 사죄의 말씀을 드리지 않을 수 없었다. 후
임 시장이 부임했다. 새 시장은 경상북도의 지사로 있던 분이다. 서
울시에서 부시장으로 근무하다가 경북 지사로 영전하셨던 분이다.

우여곡절을 겪으면서 유족에 대한 보상과 부상자의 치료비 등은
거의 합의점에 다다르고 사망자의 장의 절차가 진행되고 있었다.
마침 이 날은 일요일이었다. 장의 행렬이 장제장으로 가면서 10시
에 시청 앞 광장에서 노제를 갖겠다고 통보가 왔다. 일요일임에도
일과 시간에 맞춰서 사무실로 갔다. 예상한 대로 시청 청사에는 당
직자 외에는 아무도 없고 정문은 굳게 닫혀 있었다. 장의 행렬이
시청 앞에 왜 오겠는가? 성수대교 붕괴와 관련하여, 유명을 달리하

신 분들에 대한 서울시의 태도와 자세를 보겠다는 것이 아니겠느냐? 당직실과 수위실에 얘기해서 정문을 근무일과 똑같이 열게 하고 정문에서 제일 가까운 재무국장실에 손님이 앉을 수 있는 의자를 20여 개 배치하도록 한 다음, 나는 정문 앞 보도에 서서 장의 행렬을 기다렸다.

남대문 경찰서에서 경비과장과 경찰이 왔다. 10시가 가까워지니 시장도 도착하여 "시청사의 정문을 왜 열었느냐?"고 당직자를 질책한다. 이 일은 경찰도 같은 의견이었다. 나를 보고는 문을 닫고 피하라는 것이 아닌가. 20여 분을 버티고 섰더니 경찰은 짜증을 내고 시장은 재촉을 한다. 장의 행렬이 도착했다. 나는 광장으로 나갔다. 도착하는 차량마다 찾아가서 애도의 뜻을 표하고, 시청에서 음료수 한 잔이라도 마시고 가라고 권했더니 10여 명이 들어와서 음료수를 마시면서 하는 말이 "오늘 시청 정문이 닫히고 아무도 나와 있지 않으면 행패를 좀 부리려고 했는데 이렇게라도 해 주시니 고맙다."는 것이 아닌가. 곧이어 유족들이 장제장으로 떠나고, 또 하나의 절차가 끝이 난 것이다.

당시 서울시에는 '시민의 날'이 제정되어 있지 않았으므로, 10월 28일을 '시민의 날'로 지정하고, 시청 앞 광장에서 선포식을 갖기로 함과 동시에 앞으로 600년 이후의 '시민의 날'에 개봉하기로 한 타임캡슐을 남산의 한옥 마을에 매설하기로 하는 등 다채로운 행사가 준비되어 있었으나, 타임캡슐 매설행사와 같이 이미 완성된 구조물 구축 이외의 사업은 취소되었다. 참으로 안타깝기 그지없는 일이 아닐 수 없었다.

시장이 또 바뀌고

　새로 임명된 시장에 대한 언론의 보도는 호의적인 반응이 아니었고, 이러한 상황은 며칠째 계속되었다. 대통령 비서실의 행정수석으로부터 직접 만나서 서울시의 전반적 상황을 논의해 보자는 전화가 왔다. 행정의 일반적인 상황에 관한 한 아무런 이상이 없고, 정상적으로 처리되고 있음을 강조하여 시정에 대한 걱정은 하지 않도록 하는 데에 중점을 두고 얘기는 진행되었다. 그런데 뜻밖에도 새 시장의 부임과 관련하여 언론의 반응이 호의적이지 않은 상황에 대한 대책을 제일 큰 과제로 부각시키는 것이 아닌가. 나는 그 일에 관해서라면 부시장이 있으니 부시장과 의논하는 것이 좋겠다고 말하고 나를 제외시켜 달라고 했다.

　그런데 언론은 여전히 보도 빈도를 줄여가지 않았고, 청와대에서는 매일같이 나를 찾았다. 나는 시장 임명에 대한 타당성을 다시 한 번 설명하여 언론의 협조를 구하는 것이 올바른 상황 수습의 방법이라는 점을 강조했다. 이러한 일들이 며칠째 계속되었다. 이제는 어떠한 인품을 가진 분이 적격자라고 보느냐는 논의가 나오기 시작하고, 여기에는 정무수석 외에 민정수석도 자리를 같이 하였다. 나는 "서울시가 가지고 있는 국내외적 위상이 말하듯이 시장은 중후한 인품을 가진 분이라야 하고, 매일같이 쏟아지는 업무량을 신속하게 판단하고, 또 결정한 정책과 사항에 대해서는 과감하게 추진하는 성품이 있는 분이라야 좋을 것"이라는 원론적인 얘기를 했다.

10여 일이 지났다. 여러 사람을 두고 의견을 물어왔다. 자연인에 대한 적격 여부를 논의하는 일은 참으로 신중해야 한다는 것은 알고 있었다. 최적의 인물을 발탁하기 위한 일련의 과정이라는 점을 생각하여 경솔하거나 무책임하게 의견을 제시할 수가 없는 일이었다.

드디어 결정의 날이 왔다. 하도 긴박하게 돌아가는 시기였으므로 평소보다 빨리 아침 7시가 조금 지난 시간에 사무실에 도착했다. 10여 분이 지나니 전화벨이 울린다. 행정수석으로부터 온 전화였다. "시장의 인사 방침이 결정되었으니, 시장이 직접 사퇴서를 총리에게 제출하게 하는 등 인사에 따르는 일련의 조치를 내가 취하여 줄 것"을 부탁하는 것이 아닌가. 나는 시장의 재하자가 아닌가? 참으로 난감한 일이 아닐 수 없었다. 나는 시장실로 갔다. 오늘 아침에 있었던 통화 내용을 얘기하고 조용한 가운데 신속하게 움직여서 일을 마쳤다.

이 날은 오전 10시에 시 의회에서 시장의 부임인사와 함께 시정 방침을 밝히는 연설회가 있을 예정이었다. 의회에 통보하여 의사 일정을 변경하게 하는 일이 급선무였다. 시 의회의 운영위원장(전윤구)을 찾았다. 시장의 일정이 극히 유동적이어서 시정 연설을 무기 연기하자고 전화로 통보했다. 의회의 운영위원장은 그 사유를 분명히 해 줄 것을 강력히 요구해 왔으나, 한두 시간이 경과되어야 알 수 있는 일이라고만 밝히고 대화는 종결되었다.

시간이 잠시 흐르고 11시쯤에는 후임 시장이 보도로 알려졌다.

전임시장의 임명에서부터 사퇴까지의 기간이 불과 13일간이었다. 부시장이 있음에도 이러한 일을 왜 내가 처리해야 하는 것일까? 그러나 이 동안은 나에게 숱한 일들이 명멸하며 역사가 변전하는 긴 세월 같았다.

무너진 삼풍백화점

1994년 6월 28일이었다. 그 달 23일에 실시된 민선시장 선거에서 조 순 씨가 당선되어 7월 1일부로 부임하게 되면서 임명제 시장으로 일을 하던 최병렬 시장은 6월 30일로 법정 임기가 만료되는 급박한 시정 변환의 소용돌이가 이어지던 시기였다.

이 날 오후 2시에 세종문화회관 세종홀에서 시민에게 드리는 최 시장의 퇴임 인사회가 열리기로 되어 있었다. 나 또한 시장과 운명을 함께할 수밖에 없었으므로 시장의 차에 같이 타고 30분 전쯤 세종홀을 향해 가고 있었다. 회의장에 거의 도착할 무렵, 자동차로 상기된 목소리의 전화가 걸려왔다. 내용은 "삼풍백화점이 무너졌다."는 것이었다. 최 시장은 회의장에 들러 이미 모여 있던 인사들에게 간단한 사유를 말한 다음 현장으로 가고, 나는 결례가 되지 않도록 손님들을 영접하기로 했다. 전해진 사실이 좋은 일이 아닌데다 주인공까지 없는 모임은 쉽게 그 열기가 식게 마련이었다.

나는 사무실로 돌아와 삼풍백화점의 사고 현장 사정을 알아보았다. 처음에는 건물의 난간이나 베란다와 같은 극히 일부분이 손괴된 정도의 사고로 예상했는데, 시간이 지날수록 사고의 규모가 큰 것을 알게 되었다. 숱한 인명피해가 발생했던 것이다. 재무국장을 찾아 시 금고에 연락을 했다. 30억 원의 현금을 확보하여 언제라도 지출할 수 있게 하고, 내무국장에게는 직원의 소재를 파악하여 비상근무 체제에 들어가도록 함과 동시에 보건사회국장으로 하여금 병원, 특히 강남구 소재 병원에 파견할 공무원의 명단을 뽑아 반을 편성하도록 한 다음 현장으로 나갔다. 사고 현장은 한마디로 아비규환이었다.

소방본부의 지휘차를 사태수습본부로 하고, 시의 간부급 공무원을 현장으로 소집했다. 현장 경비는 말할 것도 없이 경찰이 맡았다. 인명 구조는 소방본부가 맡고 건설본부와 주택국의 직원이 일체가 되어 지원했다. 사망자의 안치와 부상자의 치료는 보건사회국에서, 건물의 붕괴로 인해 발생되는 잔재의 처리는 환경국에서 처리하고, 사고와 구조현황의 관리는 기획관리관실에서 담당하도록 했다.

낮에는 밀물같이 밀려오는 민원을 비롯한 업무 처리를 하는 한편 사고 현장에서 일어나는 예측할 수 없는 일들에 대처해야 했다. 또한 새로 부임하는 시장에게 보고해야 할 시정 현황을 살펴보고, 떠나는 시장의 이임에 따르는 여러 가지 일들을 챙겨야 했다. 그리고 밤에는 사고 현장으로 나가, 낮에 일어난 일에 대한 분석과 내일 할 일을 점검하여 관계 처리반에 지시를 했다.

6월 30일이 되었다. 이임 시장에 대해서는 이 날 해야 할 지침을 챙기는 한편, 취임하는 시장에게는 7월 1일 새벽 0시가 시장으로서의 직무가 시작되는 순간이므로 사고 현장 취재진과 이를 관심 있게 보고 있을 시민을 위해 6월 30일의 24시이자 7월 1일 0시가 되는 순간에 신·구 시장이 다 같이 현장에서 진두지휘하는 모습을 보일 수 있도록 준비했다.

붕괴하다 남은 건물은 위험하기 이를 데 없고, 생존자를 찾는 구조 활동은 밤낮을 쉬지 않고 계속되었지만 사망자의 수는 늘어만 갔다. 시간이 갈수록 부상자 가족과 사망자 유가족의 원성이 커지고 있었다. 충격 속에 10여 일에 걸친 구조 발굴 작업이 거의 마무리 되어갔다. 이 기간 중 국무총리실에서는 매일같이 대책회의가 열렸으며 나도 빠짐없이 참석해야 했다. 정부에서는 사고 현장을 재해지역으로 선포하여 최선의 대책을 찾아 부상자의 치료와 사망자 보상에 임하도록 했다.

사고 발생 후 1주일쯤 되는 어느 날 밤 12시경, 현장에서 여느 때와 마찬가지로 대책 회의를 하고 있을 때, 난데없이 폭탄이 터지는 소리와 같은 폭음이 들려왔다. 모두가 긴장하고 폭음의 진원지를 알아보도록 했더니, 일부 유가족들이 사고 현장 깊은 지하에서 휴대용 프로판가스 연료통을 불속에 던져 넣었기 때문에 가스 용기가 폭발하면서 폭음이 난 것이라고 했다. 이 소리는 끊이지 않고 30분 이상 계속되었다.

이 시간은 인근 주민들도 깊은 잠을 잘 시간이므로, 또 다른 민원이 야기될 수 있는 일이라 판단하고 경찰의 경비본부로 찾아갔다. 지금 계속되고 있는 저 행동을 저지해야지 방관하고 있어서야 되겠느냐며 즉시 중지시켜 줄 것을 요청했다. 다시 회의하던 곳으

로 돌아와 잠시 있으려니까 유족 대표 30여 명이 시장과의 면담을
제의해 왔다.

시장이 부재중이라 내가 유족 대표를 만나기로 했다. 길 건너편
에 있는 사법 연수원의 작은 방을 빌려 이곳에서 만났다. 혹시 있
을지도 모를 돌발 사태에 대비하는 경찰의 자세가 날카로운 가운
데 마주 앉았다. 녹음기를 비롯해 정 사진기와 동 사진기를 들고
비밀리에 녹음하고 촬영하려는 모습이 보였다. 나는 "이 자리에는
여러분들이 아니라도 언론기관에서 모두를 취재하고 있다."고 알
리고 공개적으로 할 것을 당부했다. 좁은 방에 유족 대표 30여 명
과 시의 간부 6, 7명, 그리고 경찰 여러 명이 들어 서 있으니 더운
여름날의 밤은 숨이 막힐 지경이었다.

유족 대표가 제시한 요망 사항은 6가지였다.

첫째, 대통령을 비롯한 3부 요인이 직접 나와서 합동 분향소에
분향하고 사과할 것.

둘째, 사망자의 위령탑을 사고 현장에 건립할 것.

셋째, 유가족이 납득할 수 있는 보상금 지급을 보장할 것.

이밖에 장의에 관한 사항들이 포함되어 있었다.

내가 해결하기 쉬운 항목부터 답변하겠다고 했더니, 항목 순서
대로 답변하기를 요구했다. 첫번째 항목부터 대답을 해 나갔다.

"지금의 분향소는 사망자와 실종자를 함께 모신 합동 분향소입
니다. 따라서 우리들은 한 분이라도 더 살아있기를 바라면서 계속
생존자 발굴 작업을 쉬지 않고 하고 있으며, 이 일은 여러분들이
작업을 중단해도 좋겠다는 의사 표시가 있을 때까지 계속할 것입

니다. 아시다시피 실종자는 우리들이 살아있기를 바라는 분들이
아닙니까? 그런데 이 분향소에서 분향한다는 것은 우리의 미풍양
속에도 어긋날 뿐 아니라, 여러분과 우리가 애써 선출한 대통령께
서 분향해야 한다는 것은 국가의 존엄성에 비추어서라도 있을 수
없는 일이므로 이는 절대 받아들일 수가 없습니다."

"두 번째 항목, 위령탑 건립의 사항은 나도 일리 있는 사항이라
고 생각합니다. 그러나 건립의 위치에 대해서는 반드시 이 자리라
고는 오늘 결론을 낼 수가 없습니다. 왜 그런가 하면 이곳은 아파
트가 밀집된 주거지 한가운데이므로 주민의 동의가 반드시 필요하
다고 봅니다."

"세 번째 항목에 대해서는 하등의 과실도 없는 무고한 시민이 희
생된 사건이므로, 지금까지 있었던 사건의 사망 보상보다는 생각
해야 할 여지가 많다고 생각됩니다. 다만 이 기준이나 금액 등의
결정은 보상금 산정의 이론적 근거와 과거의 실례 등을 고려해서
결정하게 될 것입니다."

이렇게 하여 유족과의 1차적 대화는 종결되고 분야별로 여러 곳
에서 논의의 장이 펼쳐지기 시작했다.

두 번의 부시장

1994년 초가을이 다가왔다. 풍요로운 결실의 계절을 맞아 모두

들 마음이 넉넉해지고, 곧 다가올 추석을 앞두고 민심도 비교적 평
온하던 때에 오직 서울시청만은 무거운 찬바람이 돌고 있었다.

두어 달 전에 있었던 삼풍백화점 붕괴 사고에 대한 행정적 책임
을 규명하기 위한 수사기관의 내사가 시작되고, 건축 허가에 관련
된 직원들의 소환이 연일 계속되고 있었기 때문이다. 건축 허가와
준공을 한 지가 오래 되어 그 업무와 관련이 있는 직원은 거의 퇴직
한 상황에서 백화점의 개장에 관련된 직원을 소환하기 시작했다.

이 업무는 산업국의 상정과에서 담당하고 있었으므로 상정과의
실무자와 계·과장이 구속되고 당시에 국장으로 근무했던 내 이름
이 심심찮게 언론에 거론되었다. 사고 발생시까지 근무하고 있던
직원은 극소수였으며, 특히 상위직으로는 부시장으로 재직 중인
나밖에 없었다. 시간이 갈수록 공직자의 불성실한 공무 처리에 경
종을 울리고, 국민적 울분을 무마하기 위해 공무원에게 책임을 묻
기 시작했던 것이다. 하위직 공무원에게만 책임을 묻기가 무엇했
던지, 백화점 영업개설 허가 당시 담당국장이던 나를 검찰에서 소
환할 것이라는 언론의 보도가 이어지고 있었다.

드디어 그 날이 왔다. 검찰청에 가기 전 날, 나는 조 순 시장에게
심경을 말씀드렸다.

"저는 사실에 있어서나 혹은 양심적으로 하등의 지탄을 받을 일
이 없고, 오히려 하위직이라면 칭찬을 받아야 할 일을 했을 뿐입니
다. 하지만 검찰에 갔다 오는 시간, 현직에서 사퇴할 것입니다."

"왜 그렇게 해야 하나요?"

"서울시 5만 명 공무원의 근무자세 확립을 위한 일체의 일들을

관장하고 있는 사람이 사정기관에 소환되었다는 그 사실만 해도 이미 청신한 공직자상을 상실했다고 생각되므로 이도(吏道) 확립을 위해서나, 내 자신의 떳떳한 심경을 위해 그것이 옳다고 판단해 내린 결론입니다."

서울지방검찰청에 가기로 한 시간은 오후 5시였다. 시청에서는 어이없는 검찰의 부름에 전 조직의 분위기가 침울했고, 감사관(제타룡)이 동행을 하겠다고 따라나섰다. 나를 기다리고 있던 담당 검사는 두 명이었다. 7시부터 시작된 여러 가지 질문은 9시쯤에 끝이 났다. 그런데 "돌아가도 좋다."는 말이 없었다. "가도 되느냐."고 물으니 잠시만 기다려 달라고 하면서 설렁탕을 시켜 같이 식사를 했다. 저녁 식사가 끝난 다음 나는 "조사를 하는 것은 좋은데 공무원을 호출하여 무슨 큰 부정이나 있는 양 처리하는 것은 다소 생각해 볼 여지가 있는 부분이 아니겠는가?" 하는 의견을 말했더니 "왜 그러느냐?"고 묻는 것이었다.

"공무원의 부정이 있으면, 이는 곧 정부의 도덕성과 직결되기 때문에 국민으로 하여금 정부의 청렴성을 보전하는 측면에서 재고할 필요가 있다고 본다."고 강조한 다음 "나는 내일로써 공직 생활을 정리하기로 작정한 사람입니다. 그 이유는 내가 맡고 있는 업무 가운데 우리 서울시 전체 공무원에 대한 기강확립 분야가 있고 또한 그 일이 차지하는 비중이 적지 않은데, 사정기관에 호출된 떳떳하지 못한 사람이 또다시 전체 공무원을 향해서 '너희들은 청렴하고 기강을 확립하라'고 아무리 말을 한들 누가 믿어 주며 따라 오겠습니까." 얘기를 주고받는 사이에 자정이 넘었다.

이때에 비로소 "이제 집으로 돌아가셔도 되겠습니다."라는 말을 하기에 "그럼 다음에 또 언제쯤 부르게 되느냐?"고 물었더니 "이제 그런 일은 없을 것입니다."라고 말한다. 현관으로 나오니 수십 명의 취재진이 카메라 플래시를 들이대고 있어 앞이 보이지 않았다. 나는 이 정도의 일을 마무리하기 위해 반드시 호출을 해야 하는가 하는 생각이 들었다.

취재진의 질문이 쏟아졌다. "공직을 그만 두겠다고 말했다는데 사실입니까?" "그렇습니다. 이제까지 부끄럼 없는 공직자 직분을 지켜 왔는데 밝아오는 아침부터 어떻게 여러 후배들 앞에서 당신들은 공직자의 길을 지키라고 말할 수 있겠습니까. 그래서 공직의 길은 이것으로 마감하는 것이 온당하다고 생각합니다." 나는 이렇게 답변을 하고 내일 아침 할 일을 생각하면서 집으로 돌아왔다.

아침이 되었다. 아무 일도 없었던 것처럼 사무실에 나갔고, 사무실의 분위기는 여느 때와 다름이 없었다. 시장님도 다른 때보다 일찍 출근했다. 시장실에 단둘이 앉아 차를 나누면서 나는 흰색의 봉투를 안주머니에서 꺼내 시장님 앞으로 내밀었다. "오늘로써 제 공직 생활 33년 7개월에 종지부를 찍겠습니다." 그러자 시장의 말씀이 "반드시 이 길밖에는 없는 것입니까?"였고 "이것이 가장 떳떳한 길이라 판단했습니다."라는 것이 나의 대답이었다.

내 방으로 돌아왔다. 30여 년의 공직 생활 가운데서 진정으로 나를 사랑하고 이해해 줄 5, 6명의 선배들에게 전화를 걸어 공직에서 떠나게 되었음을 말씀드렸더니 모두가 한결같이 "너다운 결단이다." "잘 마무리했다." "이제 새로운 길을 찾아보자."는 격려를 하시면서 많은 힘을 실어 주고 용기를 잃지 말 것을 당부했다.

모처럼 한가한 시간을 갖게 되니 전신이 나른하고 힘이 빠졌다. 그러나 좀더 쉬고 싶었다. 6개월 정도 쉬면서 신체의 균형을 잡아 가는 것이 좋겠다는 생각이 간절했다. 정치를 하는 분들은 정치에 입문을 하라 권하고, 기업을 하는 분들은 자기가 경영하는 회사에서 일을 도와달라는 분들도 없지 않았다. 친히 알고 있던 교수 몇 분은 자기들이 봉직하는 학교에서 행정학 또는 행정법 실무 등의 강좌도 맡아 줄 것을 제의해 주시는 등 참으로 사회의 따뜻한 정을 느끼는 데 부족함이 없었다.

약 3개월이 흘렀다. 마침 이때에 전주와 무주에서 동계 유니버시아드 대회가 내년에 열리기로 되어 있어 이 대회의 조직위원장을 맡은 고병우 위원장이 나에게 이 대회의 사무를 총괄하는 사무총장 직을 맡아서 업무를 추진해 줄 것을 제의해 왔다. 그러나 체육에 관한 아무런 소양이 없는 나로서는 유니버시아드 대회와 같은 큰일을 맡을 수가 없다는 구실로 이를 정중히 거절했다.

그런 일이 있은 지 며칠 지나지 않아 뜻밖에도 김영수 문화체육부 장관이 '차나 한잔 나누게 장관실로 걸음을 하여 달라.'는 연락을 체육담당 차관보(최창신)를 통해 전해주시는 것이 아닌가. 기쁜 마음으로 장관실을 방문했다.

둘이서 나눈 대화의 요지는 우선 유니버시아드 대회의 사무총장 직을 맡아달라는 부탁이었다. 직명도 '상근부회장 겸 사무총장'이었다. 특히 이 대회는 우리나라가 유치한 세계적인 대회이면서 지방에서 열리는 최초의 국제대회이므로 반드시 성공해야 하겠으니 개인적인 일은 접어 두고 장관인 자기를 위해서라도 맡아 달라는 간곡한 권유였다. 거절할 수 없어서 승낙하고 체육행정과의 인연을 맺게 되었다.

세월은 빨라 어느새 전주와 무주에도 눈이 내리기 시작하는 계절이 돌아왔다. 대회 개최를 두어 달 앞두고 있던 어느 날, 서울에서 사람이 찾아왔다. "서울에는 자주 오시는지요? 자주 오시지 못한다면 빠른 시일 안으로 서울에 한 번 걸음을 해 주십시오. 조 순 시장님이 만나서 얘기를 좀 나누었으면 하신다는 전갈입니다."라고 하기에 "마침 돌아오는 일요일은 내가 서울에 갈 일이 있는데, 무슨 일이 있어 나를 보자고 하시는지 짐작되는 것이 없습니까?"라고 물어 보았으나 조금도 예상할 수가 없다고 했다.

일요일 아침에 조 시장을 만났다. 시장께서는 "서울시 행정을 좀 도와주어야 하겠다."는 것이 아닌가. 그 당시 서울시에 관한 여론과 보도 내용은 버스 요금 6.5%를 인상한 이후, 여러 가지 시정의 난맥상과 얽혀 비교적 비평기사가 많은 지면을 차지하고 있었다. 그런 사실은 전주에서도 보도를 통해 짐작하고 있었으나 나는 "거의 한평생을 서울시에서 일해 온 사람이므로 시에 대한 작은 비평이라도 있는 경우 마음이 불편한 것이 사실입니다. 하지만 전주에 있는 제가 서울시를 도울 수 있는 방법이 없는 것 같습니다." 했다 그랬더니 조 시장은 "그 방법은 나에게 맡겨 달라."는 것이었다. 나는 '시정개발연구원의 연구위원이거나, 혹은 연구원장으로 발탁해 주시려나.' 잠시 생각해 보았다. 그런 얘기를 나누는 가운데 아침을 겸한 대화가 끝이 났다. 나는 다음날 새벽에 출발하여 다시 전주로 갔다.

다시 한 달여가 흐르고 섣달 그믐께가 가까워졌다. 다음해 1월 말에 열리는 U-대회의 준비 상황과 시설 공사 진척도 등을 일제 점검할 목적으로 12월 24일 무주의 스키장에서 회의를 갖기로 했다. 회의 당일 전주의 집에서 아침 7시에 출발하여 무주의 현장에 거의 도착할 무렵인 9시경, 승용차의 전화벨이 울렸다. "서울시 내무국장(이상진)입니다. 강 부시장님이 서울시의 부시장으로 발령이 났습니다. 오늘 오후 3시까지 청와대로 오셔서 임명장을 받으셔야 합니다."라는 것이 아닌가.

무주의 현장에는 조직위원장 이하 전 직원이 모여 있었고, 시설과 업무의 종합점검 행사는 곧 나의 이임 행사장이 되었다. 그 자리에서 간단한 인사로 직원들에게 이임의 말을 전하고 나니, 조직위원장이 "다음에 정식 이임식을 갖기로 하겠다."고 말한다. 서울로 올라와 대통령 집무실에서 대통령으로부터 직접 발령장을 받으니, 두 번째로 부시장에 피명된 것이다. 한창 성탄절의 찬송이 울려 퍼지는 거리는 찬미의 기풍이 완연한 12월 24일이었다.

어느 국회의원의 귀향 보고

1986년 가을의 어느 날 아침, 출근을 하니 총무국장이 와서 오늘 할 일을 보고한다. 보고 중, "오늘은 우리 구 출신 국회의원의 귀향 보고가 선화여자고등학교의 강당에서 있는데, 이 자리는 우리 구청 관내의 전체 통 단위 유력인사와 민정당의 중견 간부도 참석하는 자리라고 합니다. 여기에는 우리 성동구 모든 행정기관의 중견 간부 이상이 참석해야 한다고 합니다." 하는 것이었다.

이상해서 몇 가지를 국장에게 물었다.

"아니, 그러면 이 일은 어제 오늘 이루어진 귀향 보고가 아니지 않습니까? 그리고 이러한 일이 오늘 아침에 보고되는 것은, 국회의원과 구청이 원활한 의사소통을 하지 못하고 있다는 사실의 반증인 것 같습니다. 그러면 우리 구청에서는 누가 참석해야 하는 겁니까?"

"며칠 전에 연락이 왔는데, 이날은 오전에 구청장의 일정을 잡지 말라고 하면서 그 행사가 확정되면 알려주겠다는 전화 연락이 있었습니다."

시간에 맞춰 보고회의장으로 갔다. 가서 보니 600명 이상의 청중이 자리를 가득 메웠고, 성동구 관내의 기관장은 모두 와 있었다. 참석한 기관장들은 하나같이 나를 찾아와서 불평을 한다. 잠시 있으려니, 국회의원이 왔다. 나는 기관장들의 원망 어린 의견이 제기되고 있음을 전했고, 10여 분의 시간이 흐른 뒤에 구청장만 남고 다른 기관에서 오신 분들은 모두 돌아가도 좋다는 말이 있었다.

이제 단상에는 중앙에 앰프만 하나 설치되어 있고 양편에 의자 두 개가 놓여 있었다. 그러다보니 회의 시작 시간은 자연히 조금 늦어져 회의장에 오신 분들 가운데 불평스럽게 웅성거리는 소리가 들려오기 시작할 무렵 나와 국회의원이 단상의 자리에 앉고 회의가 시작되었다.

국민의례를 마치고, 국회의원의 간단한 취지 설명이 있었다. 회의 개최의 취지를 요약하면 이러했다. "오늘 이 자리는 국회의원이 참석했고, 구청장이 자리를 같이했기 때문에 단순한 국회의원의 귀향 보고가 아니고 국회가 열리고 있는 것입니다. 따라서 여기서 한 발언은 속기록으로 정리되어 국회에 보고되고, 허위 진술이나 답변이 있을 때에는 국회법에 따라 위증의 벌을 받게 됩니다. 평소에 구정에 대해 민원이 있으신 분은 서슴없이 말씀해 주시면 구청장이 답변하실 것입니다. 그러면 참석하신 여러분들은 말씀해 주십시오."

이 말이 끝나기가 무섭게 연단에서 제일 가까운 곳에 앉아 있던 한 분이 일어서면서 마이크를 청했다. 그는 강당이 떠나갈 듯 큰 소리로 "나는 옥수동의 독서당 길에 접한 집에 살고 있는데 우리 집은 구청에서 수돗물을 끊어 물이 나오지 않은 지 벌써 몇 달이 됐습니다. 시민의 집에 물도 먹지 못하게 수돗물을 끊는 것이 구청입니까?" 말하고 자리에 앉는다.

나는 국회의원을 돌아보았고, 자연스럽게 눈이 마주쳤으므로 "답변을 할까요? 그렇지 않으면 여러 사람의 민원을 듣고 난 다음 한꺼번에 답변할까요?" 하고 의견을 물었다. "하나하나씩 답변하는 것이 좋겠다."는 대답이 돌아왔다. 나는 마이크가 있는 단상으로 나갔다. 그리고 제일 먼저 발언한 분의 성함과 주소를 물었다. 물론 내가 묻는 인적 사항에 대한 대답을 하지 않는다. 하는 수 없이 청중을 향해 말을 하기 시작했다.

"존경하는 성동구민 여러분. 오늘 이와 같은 좋은 자리를 국회의

원께서 만들어 줘서 참으로 감사합니다. 잠시 전에 앞에 앉아 계시는 분이 구청에서 수돗물을 끊어서 집에서 물도 마시지 못하게 되었다고 말씀했습니다. 구민 여러분, 잘 들어 주십시오. 물을 마시지 못하게 한 처분은 확실히 잘 된 조치는 아니라고 봅니다. 그러나 다음과 같은 일이 있을 때에는 구청에서 수돗물을 끊어야만 되도록 관계규정이 정해져 있고, 그렇게 해야만 질서가 유지됩니다. 수돗물을 끊어야 하는 경우는 첫째, 새로 지은 무허가 건물에 몰래 수도를 설치한 경우, 둘째, 신고도 하지 않고 수도를 설치해서 급수를 받고 있는 경우, 셋째, 수도 요금을 최소한 6개월 이상 체납하고 있는 경우 등 여러 가지가 있습니다. 저는 아까 민원을 제기하신 분에게 묻겠습니다. 선생님은 내가 먼저 얘기한 여러 가지의 조건 가운데 어디에 해당이 되시는지 말씀해 주시면 그 사정을 알아보고 좋도록 조치하겠습니다."

그러나 그 주민은 아무런 대답이 없었다. 다시 한 번 그분을 향해서 설명을 하고 답변을 독촉했더니 슬그머니 자리에서 일어나 부리나케 밖으로 줄행랑을 쳤다. "문제를 제기한 민원인이 밖으로 나가 버렸습니다. 이 일을 어떻게 처리할까요?" 하고 청중에게 말한 다음, 국회의원에게 어떻게 하는 것이 좋겠느냐고 물었다. 국회의원은 마이크를 달라고 하더니, "오늘의 귀향 보고는 이것으로 끝마치겠습니다."

이 날의 귀향 보고는 그렇게 끝나고 말았다. 구민과 충분히 대화할 수 있는 모처럼의 좋은 기회였는데….

'도장쟁이'와 '강도끼'

'도장쟁이'란 별명

　시민과장으로 자리를 지켜 온 지 2년이 되어갈 즈음, 그동안 좋지 않았던 건강도 상당히 회복되었다. 특별히 급한 일감도 없어 시간이 무료하게 느껴지는 늦은 여름 오후였다. 시민 홀을 한 바퀴 돌아보았다. 가끔 시민 홀을 돌다보면 언제나 민원인이 줄 서 있는 곳은 원산지 증명을 발행하는 창구였다.

　오늘도 많은 민원인이 줄을 서서 차례를 기다리고 있고, 실무 직원이 민원대 앞에서 제출된 서류를 보고 이것저것 지적해 가면서 시정해 올 것을 강조하는 모습이 눈에 띈다. 원산지 증명에 매달린 직원은 12명이었다. 이 업무를 담당하고 있는 주임 직원(신상육)을 오게 했다. "시정하겠다는 약속만 하면 웬만하면 증명을 발부해 주는 것이 좋겠습니다. 원산지 증명은 그 증명을 발부한 나라의 생산품이라는 사실을 증명하는 것이고, 우리나라에서 발부하는 것은 우리나라의 제품이라는 증명이지 국가적인 책임을 지는 것은 아니지 않습니까. 국제 협약에 의해서 개발도상국을 지원하기 위해 수입국의 관세를 감면하는 제도이니 사후에 보완하더라도 큰 문제는 없을 것 같습니다. 그러니 가급적 빨리 처리하여 줄을 서거나 시간을 지체하여 수출에 차질이 생기지 않도록 하는 것이 좋겠습니다."

하고 시정할 것을 말하고 돌아서는데, 서울시장의 직인을 관리하는 직원이 점심 식사도 하지 않고 서성대고 있었다.

"왜 그렇게 서성거리면서 식사도 늦추고 있소?" 했더니 "인사과에서 인사발령이 있으니 기다려 달라고 해서 있습니다." 했다. 나는 '도대체 서울시장이 책임져야 할 직인이 몇 개나 되나.' 하는 의문이 생겼다. 이를 근거 규정과 함께 숫자를 파악해, 혹시 일어날 수도 있는 직인에 관한 불미스런 일을 미리 방지하는 것이 좋겠다는 생각이 들었다. 먼저 직인 관리규정을 가져오게 했다. 시장이 인과(印稞)를 새겨서 시보와 관보에 게재함으로써 그 효력이 발생하는 직인 이외에 시장이 사용을 승인함으로써 효력이 생기는 인과를 합해 무려 250개가 넘는다. 이 사실을 윗분들께 보고했더니 그 다음날부터 시장은 나만 보면 어디서라도 애정 어린 어조로 '도장쟁이'라고 부르는 것이었다.

어느 날 사무실에서 책을 볼 수 있을 정도로 여유 있는 시간을 맞았는데, '지체하지 말고 시장실로 오라.'는 전화가 걸려 왔다. 시장(구자춘) 집무실에 들어갔다. 도시계획국장과 주택국장을 앞에 앉혀 놓고 한참 동안 열심히 말씀을 하더니 "이 일은 '도장쟁이' 자네하고 내가 해야지 앞에 있는 두 사람하고는 얘기가 안 되네. 이제 '도장쟁이'가 챙겨 주게." 하시는 게 아닌가. 나는 얘기의 중간에서 말을 들었으므로 무슨 일을 하라는 것인지 알 수가 없었다. "제가 해야 할 일이 무엇입니까?" 하고 물으니 "건축허가를 할 때에는 반드시 '셋백(set back)'을 하라고 지시했는데 이 사람들이 제 마음대로 건축 허가를 하고 있으니, 앞으로 건축 허가는 전결 규정 없이 반드시 시장의 결재가 있어야 하네. 그러니 시장의 결재가 없는 건축 허가 문서는 직인을 찍어 주지 말라는 말이네.” 하신다.

‘강도끼’란 별명

1966년에 나는 시장(재래시장)의 관리 즉 신설하는 시장의 허가와 기존 시장 시설 개선 등의 업무를 맡아보고 있었는데 과장이 바뀌었다. 새로 부임한 안찬희 과장은 오래도록 군인 생활을 하신 분으로 성격이 날카롭고 직선적이며 모든 일을 신속하게 처리해야 했다. 상대가 있는 일은 반드시 이겨야 하고, 지고 오는 경우에는 날벼락이 났다. 동료 직원이 일을 성공적으로 처리했을 경우에는 최고의 환대와 축의를 표하는 분이라 예하 직원의 존경을 받았다.

안 과장이 부임한 지 2, 3일이 되었을 무렵, 나는 소송업무를 수행하기 위하여 법원으로 출장을 가야 했다. 출장부에 기재하고 갔다 오겠다는 말을 했더니 느닷없이 책상 앞에서 차려 자세를 갖추라고 하면서, 과장 자신이 먼저 정자세를 취하신다. 엉거주춤하고 서 있으려니 하시는 말이 “자네도 대학을 나왔지? 대학을 나왔으면 소송은 반드시 이겨야 한다는 것쯤은 알고 있겠지?” “소송은 해봐야 아는 것이지 어찌 소송을 진행하기도 전에 이긴다고 장담을 하겠습니까?” 하고 대꾸를 했더니 “패소하는 경우에는 사무실에 들어 올 생각을 하지 말아야 해.” 하신다.

다행히 그 소송은 승소했다. 당시 우리 과에서 진행 중이던 소송 3건 모두 승소했더니 나를 위해 과 전체 직원이 참석하는 자축연을 베풀어 주었다. 또 시청 안을 다니면서 "그 친구는 도끼같이 일을 하는 '강도끼'다."라고 말을 퍼뜨리는 바람에 시청 안에서 나는 강도끼라는 별명으로 불리기 시작했다.

이 별명은 알게 모르게 밖으로도 퍼져 나갔다. 내가 서울적십자사의 회장으로 있을 때 대한적십자사 총재(한완상)가 "이번에는 강 회장이 이산가족상봉단의 단장으로 좀 다녀오시는 수고를 하여주시오."라고 하는 전화를 받았다. 나는 "북쪽의 나의 상대는 어떤 분입니까?"라고 했더니 북쪽은 북쪽의 적십자 총재라고 한다. 그러면 북쪽의 적십자 총재는 얼마나 훌륭하신 인품을 가지신 분인가 하는 호기심도 있고 하여 가기로 했다. 2008년 봄, 남북 이산가족 상봉단의 단장으로 금강산 면회소에서 북쪽의 장재언 적십자위원장을 만났을 때에 장 위원장이 누구에게 들었는지 나를 보고 "어떻게 도끼라는 별명을 얻게 되었느냐?"는 뜻밖의 질문을 던져 잠시 흥미 있는 얘기를 주고받는 시간을 갖기도 했다.

기합과 벌

공직을 떠난 지 10여 년이 넘고 보니 그리운 사람을 만나는 것이 일상의 큰 즐거움이다. 더군다나 지난날 같은 일터에서 아옹다옹 일하던 동료들과 부담 없는 애기를 나누는 시간에는 열심히 일하던 그때로 돌아간 기분이 되므로 젊음이 샘솟고 힘이 넘쳐, 시간

가는 줄 모르고 말소리들이 높아진다.

나는 선배 동료와 후배들을 자주 만나는 편이다. 운동도 하고 산에도 가고, 자그마한 음식점에 이마를 맞대고 앉아 빈대떡에 소주 한 잔을 곁들이는 즐거움도 맛본다. 시간이 흐르고 여담이 무르익어 가면 내가 듣는 여러 가지 말 가운데서도 심심치 않게 듣는 것이 선배들로부터는 '도끼'라는 별명이고, 후배들로부터는 "옛날에 기합 많이 받았습니다."라는 말이다.

그런데 기합이란 무엇인가. 어떤 특별한 힘을 내기 위한 정신과 힘의 집중, 또는 그런 집중을 위해 개인 또는 단체 구성원에게 가하는 유형 또는 무형의 제재를 말한다. 그렇다면 기합은 어떤 일의 목표 달성을 목적으로 하거나, 혹은 목표의 성취는 이미 가능하다 하더라도 그 일을 능률적으로 실행하기 위해 가하는 사전적 조치라야 하는 것이다. 목적했던 일이 성취되었거나 혹은 실패했을 경우 사후에 가하는 제재는 이미 기합이 아니고 벌이다. 따라서 벌은 일반적으로 '사회 조직체나 사회집단이 정해진 규칙을 위반한 사람에게 고통을 가하는 것'이라고 할 수 있다.

친구들과 함께 유럽으로 여행을 간 적이 있었다. 파리 시내를 관광하고 나니 피곤하기도 할 뿐 아니라 다음날은 또 다른 도시를 향해 비행기를 타야 하므로 호텔에 들어와 일찍이 잠자리에 들었다. 비행장으로 가는 버스 안에서 항공기 탑승을 위해 각자가 소지하고 있던 여권을 수합하는데 나의 것과 내자의 여권이 없었다.

이 일이 알려지자 버스 안에 있던 14, 5명의 일행은 일제히 말을 멈추고 사태의 추이를 숨죽인 듯 조용하게 관망하고 있었다. 나는 전화기를 빌려 파리에서 일하고 있던 서울시의 국장(김병일)에게로 전화를 했다. 사정을 얘기하고 우리 일행이 대사관으로 가고 있으니 길이 있다면 대사관에 협조를 받아 우리 일행의 여정에 차질이 생기지 아니하도록 도와주기를 부탁했다. 대사관으로 갔다. 버스는 도로변에 세워 둔 채로 나만 대사관 안으로 들어갔다. 이미 임시 여행 서류의 작성은 거의 완료된 상황이었고, 영사의 서명만 하면 되도록 해놓았다. 서명을 하려는 순간 전화벨이 울리는데, 들리는 말은 베르사유 경찰서에서 여권 2개를 보관하고 있으니 찾아가라는 말이었다.

이렇게 일이 잘 해결되어 버스로 돌아오니 일행 중 한 분(김정탁 교수)이 내게 묻는다. "내가 듣기로는 강 시장님은 기합을 잘 주고 화를 잘 내신다고 들었는데, 어떻게 그렇게 침착할 수가 있습니까?" 나는 "기합은 일을 실수 없이 잘 하자는 뜻에서 정신을 집중하라고 하는 것입니다. 그러나 사후에는 아무리 호통을 치고 엄한 벌을 가해도 이미 잘못된 일이 고쳐질 수 없으니 지난 일을 가지고 시비를 거는 짓은 하지 않습니다." 설명한 후 한 걸음 더 나아가서 "기합은 기합을 주어서 그 효과를 거둘 만한 사람에게는 가할 필요가 있지만 기합을 주어도 효과를 기대할 수 없는 사람에게는 괜히 혼자서 속만 썩이는 결과가 되니 그럴 필요도 없다."는 것이 나의 평소 생각임을 말해 주었다.

또 한 번은 중랑천의 홍수가 지하철 공사장으로 넘쳐 들어가 지하철 7호선의 5개 역이 침수되는 바람에 7일간이나 지하철을 운행하지 못해 시민들에게 극심한 교통 불편을 끼치고 많은 예산을 복구비에 투자해야 하는 일이 있었다. 복구사업이 끝나고 하루가 지났는데 감사관이 왔다. 문책 범위를 정해야 하겠다는 것이다. 나는 "침수가 되지 않도록 현장을 철저하게 관리하지 못한 것은 사실이지만 열심히 일해, 한 달 걸려야 할 복구공사를 1주일 만에 마무리했으니 사후에 벌을 주는 문책은 하지 말고 불문처리 하시오."라고 조치하여 유능한 기술자들을 보호할 수 있었다. 이 일로 인하여 외부의 감사기관이나 감독기관으로부터 감사관은 많은 질책을 받아야 했다. 이분들은 훗날 서울시의 최고 기술직 간부로 봉직함으로써 보다 큰일을 해냈다.

사당동에 3·1 공원을 조성하다

내가 동작구청장으로 부임한 것은 1988년의 1월이다. 이 시기의 동작구는 아직도 개발되지 않은 사당동에 저소득민 집단지역이 있어서, 거의 매일 집단 시위가 그치지 아니하는 어려운 행정여건의 아주 낙후된 곳이었다. 이곳에 다수의 주민이 정착한 경위는, 인근의 봉천동과 함께 서울의 시내 개발에서 밀려난 철거민을 이곳으로 정착시키므로 시작된 것이다. 집들이 정상적일 수가 없고, 가마니와 값싼 자재를 이용한 임시 주거형태를 벗어나지 못하였으므로 속칭 '가마니' 골로 불리던 곳이었다.

그러니 많은 주민들은 구청과 시에 대하여 불평과 불만으로 가득찬 생활을 하고 있는가 하면, 매일같이 구청으로 찾아와 울분을 토했다. 나는 수많은 시위주민이 구청에까지 오는 번거로움을 없애고, 구 행정이 안정된 모습을 보이도록 하고 또 많은 사람의 의견을 충분히 들을 겸하여 주민들이 모인다는 소식이 들어오면, 내가 먼저 주민이 모이는 곳으로 찾아가서 대화를 하기로 했다. 그러다 보니 자연히 사당동과 봉천동으로 나가는 일이 잦았고, 여기를 찾아간 나의 눈에도 행정적 배려가 소원하다는 생각이 들었다. 그런데 소로의 길을 따라 약 1km나 되는 그리 높지 아니하고 개발되지 않은 야산을 3·1 공원이라 부르고 있음을 알게 되었으나, 왜 여기가 3·1 공원인지를 아는 사람은 아무도 없었다.

하루는 시위를 위하여 모인 수백 명의 군중 속으로 찾아들면서, "여러분들이 구청으로 가서 시위를 하기 위하여 모인다는 얘기를 듣고, 여러분들이 구청까지 오는 것보다는 구청장인 내가 여러분을 찾아오는 것이 여러 가지로 편할 것 같아서 이렇게 왔습니다. 우리 오늘 몇 시간이 걸려도 좋으니 미주알고주알 얘기 한번 해봅시다."라고 했더니 주민들이 서로의 얼굴을 바라보면서 하는 말이, "구청장이 아니다."라는 것이 아닌가. 간신히 구청장임을 설명하고 대화를 하는데 참으로 시위를 할 만한 요구사항이 전혀 없다. 그래서 나는 "여러분들 그렇게도 시위할 거리가 없으십니까? 이제 구청장인 내가 시위할 거리를 드릴 터이니 내 말을 잘 듣고 내일부터는 알맹이가 있는 시위를 하십시다. 그리해야 여론도 언론도 여러분의 편이 될 것이 아닙니까? 먼저 이곳은 오지라서 동작대로의 큰 길에서 여기까지는 무려 2km가 넘는데도 버스도 없으니 여러

분들은 버스에서 내려 걸어 오셔야만 되지 않습니까? 그러니 버스를 다니게 해달라고 하십시오. 또 여러분들이 살고 있는 이곳은 도로가 포장도 되지 않아서 날이 좋으면 먼지가 나고 비가 오는 날은 장화가 없으면 다니지를 못합니다. 그러니 길을 포장해 달라고 하십시오. 또 있습니다, 이 지역에는 웬만한 음식점도 없고, 제법 넓은 회관도 하나 없어서, 부모님의 회갑이나 아들딸과 손자의 돌이 되어도 가족들이 모일 장소가 없으니 마을 회관을 지어 달라고 하십시오, 또 우체국도 없고, 은행도 없으니 얼마나 생활이 불편하시겠습니까? 이러한 일들을 요구하신다면 아마도 구청장인 나는 여러분들을 존경하고 뜻을 받들겠다는 대답을 할 것입니다. 그러니 이제는 주민 여러분과 구청이 하나가 되어 여러분의 생활 안정과 편익을 위하는 일을 하기로 하고, 이다음부터는 좋은 생각이 있을 때에는 언제라도 나를 찾아 주십시오."라고 했더니 조용한 가운데 경청을 하신다.

그러고 나서 "여기 여러분들이 모이신 이곳을 3·1 공원 예정지라고 하는데 그 유래가 어떠한지 아시는 분이 계시면 저를 좀 가르쳐 주십시오. 그리 해야만 시청에 가서 예산을 얻어 올 수가 있겠습니다."라고 했다. 그러나 이에 관해서 아는 사람은 아무도 없고, 집단시위는 수그러 들어갔다. 물론 구청의 직원도 그 내력을 모르고 있으므로 나는 이곳 사당동 주민의 의식을 바꾸고, 여기에도 행정의 손길이 미친다는 사실을 밝히기 위하여, 3·1공원 조성계획을 기자실에서 발표했다. 기자의 질문은 "왜 그곳에 3·1 공원부지가 있느냐?"라는 질문을 하는데 "나도 그 사유를 모르는 것이 사실입니다, 그리고 그 연유는 천천히 밝힐 것입니다. 다만 3·1 독립 운동과 깊은 관련이 있는 것은 분명합니다."라고 했다. 4, 5일이 지난 다음, 조선일보의 엄지도 기자가 전화를 걸어 왔는데 3·1 공원의 내력을 알아냈다는 것이다.

'우리나라 최초의 여류기자인 최은희 여사가, 유관순 열사를 비롯한 여성 독립운동가도 많은데 여성 독립운동가를 기리는 일을 한 가지 해주실 것을 대통령께 건의했고, 대통령께서는 이를 서울 시장에게 여류 명사들이 쉴 수 있는 공원을 만들어보라는 지시'를 함으로써 이루어진 일이라는 것이다. 공원조성공사는 착실하게 진행되었다. 이 사실이 보도되자 최 여사의 아들인 수원대학교 이달순 교수가 찾아와서 감사의 뜻을 전하였고, 이 공원은 이후 주민의 사랑을 받으면서 3·1 여성 동지회와 동작구청이 잘 보존 관리하고 있다.

전파를 탄 '진주라 천리 길'

1998년 6월 30일, 나는 정들었던 공직에서 물러났다. 민선 1기의 시장 임기가 끝나고 7월 1일부터는 민선 2기의 새로 선출된 시장이 부임했다. 1기의 조 순 시장이 개인적으로 뜻한 바 있어 임기 중에 사퇴함으로써 잔여 임기를 이어받은 나는 그동안 시장 직무 대리라는 직책을 나름대로 열심히 수행해 왔는데 이 자리를 퇴임

하는 동시에 공직생활도 마감을 하게 된 것이다.

그간 자주 찾지 못했던 고향으로 달려가 부모님과 조부모님의 산소에 성묘하고, 40년 가까운 공직 생활을 큰 허물없이 마무리할 수 있었던 것은 언제나 떳떳한 공인의 길을 가라는 부모님의 교훈 과 '지례가(智禮家)'와 '유인재(唯人齋)'[*] 후손의 긍지에서 솟아난 힘이었음을 보고 드렸다. 그리고 집안 어른들을 두루 찾아뵙고 정년과 법이 정하는 바에 따라 현직에서 물러났다는 인사를 드리고 나니 마음이 한결 가볍고 평온해졌다.

이틀간의 귀성 인사를 마치고 서울로 왔다. 마침 전날 한국방송공사(KBS)의 라디오 제작부에서 연락을 바라는 전화가 왔더라는 말을 전해 듣고 무슨 일인가 싶어 지체 없이 전화를 했다. 전화를 받은 이는 "내일도 좋지만 여의치 않으면 시간이 되는 대로 KBS로 나와 주시면 대담하는 기회를 갖겠으니 가급적이면 빠른 시일 안으로 방문해 줄 것을 바란다."고 했다. 마침 고향에도 다녀왔으며, 공직에서 퇴임한 지 3일밖에 되지 않았으므로 그다지 바쁜 선약도 없는 처지인지라 다음날 10시경에 가겠다는 약속을 했다.

7월 5일, KBS의 라디오 제작국으로 안내되어 만난 분은 유애리 아나운서였다. 유 아나운서의 대담 프로는 '명사와의 대담'이었다. 1주일에 4일 정도 오전 11시에서 12시까지 방송되는데, 그 날 녹음하여 다음날부터 이틀간 방송되므로 녹음 시간이 상당히 길 것이

---

[*] 知禮家와 唯人齋 : 할아버지께서는 면우 곽종석(俛宇 郭鍾錫) 선생의 제자이시고, 면우 선생께서는 우리 할아버지께 자주 놀러 오셔서 우리 집안의 재실을 보시고 '유인재' 라 명명하시고, 재실의 기문(記文)에 우리 집을 '지례가'라 불러 주셨다.

라는 얘기를 듣고 대담을 시작했다. 공직에 몸을 담게 된 동기와 최하위직에서 시작하여 서울시 행정의 수장에 이르기까지 있었던 어려웠던 일들, 그리고 보람 있었다고 생각되는 일 등을 얘기했다. 중간에 쉬는 시간까지 무려 3시간 이상이 소요되었다.

녹음된 자료를 1시간씩 방송하는 동안 청취자가 지루하지 않도록 중간에 음악을 송출하는 시간이 있는데, 그 음악도 내가 특별히 좋아하는 곡이 있으면 추천해 달라고 했다. 또는 고향에 관한 노래도 좋다는 것이었다. 별로 생각나는 곡이 없어 잠시 망설이는 사이 유 아나운서는 고향이 경남 진주이시니, '진주라 천리 길'이 좋지 않겠느냐고 제의했다. 나 역시 기쁘게 동의하였고, 유 아나운서는 음악실에 연락해 이 곡을 찾아 줄 것을 부탁했다. 그런데 이 곡은 지난날 금지곡으로 분류되어 있어 KBS에서는 보관하지 않는 곡이라는 연락이 왔다. 그럼에도 불구하고 유 아나운서는 외부의 개인이 소장하고 있는 레코드를 빌려서라도 이 곡을 간주곡으로 방송하겠다는 뜻을 확실히 했다. 첫날은 '가고파'로 하고, 둘째 날에는 '진주라 천리 길'을 송출했다.

유 아나운서의 고마운 정이 담긴 결과, 사람들의 기억에서 사라져 가던 '진주라 천리 길'이 전파를 타게 되었다. 7월 7일 방송된 '명사와의 대담'과 그 사이에 들려온 이 노래는 나에게 많은 추억들을 불러 일으켜 한층 감명 깊게 들렸다.